ENERGIE **B**EWEGT **M**ENSCHEN

ENERGIE

© 1997 Verlag INFEL, Zürich
ISBN 3-9520210-1-6

Herausgeber: Elektra Birseck, 4142 Münchenstein
Projektleitung: Dölf Brodbeck, EBM

Verlag: INFEL, Informationsstelle
für Elektrizititätsanwendung, 8021 Zürich
Verlagsleitung: Paul Widmer, INFEL

Produktion/Redaktion: Pascal Hollenstein, INFEL
Autoren: Adrian Ballmer, Dr. Hans Büttiker,
Pascal Hollenstein, Dr. h.c. sc. techn. Michael Kohn,
Matthias Kreher, Dr. Rainer Schaub, Steven
Schneider, Michèle Thüring, Christoph Zurfluh
Historische Grundlagen: Thomas Bitterli,
Christoph Döbeli, Peter Kaiser

Typografie & Gestaltung: Roland Buergi (AfIT), Oberglatt
Fotografen: Marcel Studer, Zürich (Kundenportraits),
Hugo Jaeggi, Burg im Leimental (Mitarbeiterportraits)
Bildredaktion: Kata Rodriguez, Zürich
Korrektorat: Wolfgang Lichtensteiger, Niederhasli

Druck: Lüdin AG, Liestal
Lithos: Lüdin AG, Liestal, und Interrepro, Münchenstein
Buchbinderei: Grollimund AG, Reinach

Gedruckt auf chlorfrei gebleichtes Papier und
Recyclingpapier aus der Schweiz

BEWEGT MENSCHEN

100 Jahre Elektra Birseck Münchenstein

Inhalt

Spannende Herausforderungen anpacken
Vorwort von VR-Präsident Dr. Rainer Schaub

Seite 6

Seite 8

Seite 56

Seite 71

Seite 146

Seite 164

Seite 184

Seite 190

EBM Elektra Birseck

1897–1997
100 JAHRE
ENERGIE BEWEGT MENSCHEN

Die EBM und ihre Kunden

Elektrizität für Madame Icard und Pater Norbert

Von Steven Schneider & Christoph Zurfluh

100 Jahre Energie-Dienstleistungen

Die bewegte Geschichte der EBM von 1897 bis heute

Von Michèle Thüring

Galerie

Menschen hinter der Steckdose. Die 395 Mitarbeiterinnen und Mitarbeiter der EBM, porträtiert von Hugo Jaeggi

Die Elektrizität im Wandel der Zeit

Aus-, Ein- und Seitenblicke auf die Energiepolitik

Von Dr. h.c. sc. techn. Michael Kohn

Energiekonzepte für die Zukunft

Wie die EBM die Energieprobleme der Zukunft anpacken will

Von Adrian Ballmer & Matthias Kreher

Perspektiven für die Zukunft

EBM-Direktor Dr. Hans Büttiker im Gespräch mit Pascal Hollenstein

Glossar, Quellen-/Literaturverzeichnis

Vorwort: Dr. Rainer Schaub,
Präsident des Verwaltungsrates

Wege in eine spannende Zukunft

Als der Aargauer Ständerat Kellersberger 1894 prophezeite, die Elektrizität werde möglicherweise «einmal so sehr unsere täglichen Bedürfnisse und Verhältnisse beherrschen, dass wir sie im Gilettäschchen, wie die Uhr, für den Kleingebrauch in den verschiedensten Dingen nötig haben», waren die Zweifel seiner Zeitgenossen gross. Der neuen Energie, jener «allmächtigen Zaubrerin unserer Zeit», wie die ‹Neue Zürcher Zeitung› schrieb, begegneten noch zu viele mit Misstrauen, so dass das erste Projekt für die Elektrifizierung des Birsecks und der angrenzenden Gemeinden zunächst an der Skepsis der Banken und damit am Geldmangel scheiterte.

Hätte der Ingenieur Fritz Eckinger nicht im sozialdemokratischen Politiker Stefan Gschwind, einem Pionier des Genossenschaftswesens, einen engagierten Partner gefunden – die Elektra Birseck wäre wohl so nicht gegründet worden. Die Verbindung dieser beiden Pioniere aber machte den Aufbau eines leistungsfähigen Stromverteilers möglich. Als nicht profitorientierte Genossenschaft bewegte die EBM nicht nur Energie, sondern auch Menschen. Von Beginn an standen die Konsumentin und der Konsument bei der Elektra Birseck im Vordergrund. Ihnen sollte die neue Energie Nutzen bringen.

Das Rezept hat sich bewährt. Die Elektra Birseck ist sich auch heute noch, ein Jahrhundert nach der Gründung, ihrer Verantwortung gegenüber den Menschen bewusst. Deshalb strebt sie als innovative Dienstleisterin nach einer Energieversorgung, die Wirtschaft, Menschen und Natur gleichermassen dient. Deshalb ist sie für die rund 400 Mitarbeiterinnen und Mitarbeiter eine faire und verlässliche Arbeitgeberin. Und deshalb legt sie dieses Buch vor. Es soll zum Nachdenken über 100 Jahre Energiegeschichte anregen. Und es soll Wege in die Zukunft zeigen. Denn nach 100 Jahren steht die Elektra Birseck auf dem Weg zu einem liberalisierten europäischen Elektrizitätsmarkt vor einer echten und zugleich spannenden Herausforderung. Sie ist sich ihrer Verpflichtung, sie zu meistern, bewusst. Und sie steht gut gerüstet da. ▲

Hundert Jahre Elektra Birseck. Hundert Jahre Energie für eine vielfältige Region. Und eine ebenso vielschichtige Kundschaft mit unterschiedlichen Bedürfnissen: Grosskunden wie das Kantonsspital Bruderholz, die Clariant in Muttenz und die Ultra-Brag in Birsfelden verlangen nach einer ungleich komplexeren Infrastruktur und Betreuung als die annähernd 100 000 Privathaushalte im Einzugsgebiet der EBM. Doch sie alle – ob im benachbarten Elsass oder im Industriegebiet von Schweizerhalle – sind nicht einfach Strombezüger; hinter ihnen stehen Menschen mit eigener Geschichte. Von 14 persönlichen Begegnungen erzählt dieses Kapitel, welches wir unseren mehr als 200 000 Kunden widmen möchten.

Texte: Christoph Zurfluh
& Steven Schneider

Nie würde sie in die Fussstapfen ihrer Mutter treten und Wirtin werden, hat sich Françoise Icard als Teenager geschworen. Heute führt sie zusammen mit ihrem Mann André die «Auberge Belle-Vue» im elsässischen Wentzwiller. Und das mit Leib und Seele.

Eigentlich gäbe es keinen triftigen Grund, ins elsässische Wentzwiller zu reisen. Der Ort wartet mit keinerlei historischen oder architektonischen Preziosen auf, und auch der landschaftliche Reiz hält sich in Grenzen. Wäre da nicht dieses bezaubernde Lächeln von Madame Icard und die exquisite Saisonküche der «Auberge Belle-Vue», diese köstliche Kombination von charmanter Herzlichkeit und Gaumenschmaus, die für zahlreiche Gourmets aus dem Baselbiet längst zur ausgesuchten und regelmässig aufgesuchten Adresse geworden ist. Die Spargeln sind delikat, das Wild zart, die Gänseleber hausgemacht, der Lachs selber geräuchert. Und die Weinkarte? Sehr erlesen. Bleibt festzuhalten: Wentzwiller hat durchaus etwas zu bieten. Zumindest kulinarisch.

Françoise Icard wirbelt im Restaurant umher, begrüsst Gäste an der Tür, erkundigt sich an den Tischen nach dem Befinden, empfiehlt Wein und Speisen, macht da und dort ein Spässchen. Und stets umspielt ein aufrichtiges Lächeln ihre Lippen. «Ich liebe meine Arbeit», sagt sie. «Das wird mir immer dann bewusst, wenn meine Gäste beim Weggehen sagen: ‹Wir kommen gerne wieder.› Für diese wenigen, aber für mich so bedeutsamen Worte bin ich gerne den ganzen Tag auf den Beinen.» Madame Icard bekommt sie oft zu hören.

Dabei wollte die gebürtige Elsässerin auf gar keinen Fall in der Gastronomie Fuss fassen. Obschon – oder gerade weil – das «Belle-Vue» bereits von Kindesbeinen an ihre Heimat war. Die Grossmutter hatte das damals noch kleine Restaurant im Jahr 1936 übernommen. «Später arbeitete auch meine Maman in der Gaststube», erzählt Françoise Icard. «Und als kleines Mädchen konnte ich einfach nicht verstehen, weshalb Maman immer wieder vom gemeinsamen Nachtessen weglief, bloss weil ein Gast eingetreten war.» Dieses Erlebnis prägte die kleine Françoise und liess in ihr den Entschluss reifen, nie in die Fussstapfen ihrer Mutter zu treten. Als sie mit 16 Jahren vor der Berufswahl stand, hatte sie denn auch kein offenes Ohr für den Wunsch ihres Vaters, sie solle doch eine Hotelfachschule besuchen. «In diesem Alter hat man noch viele Träume», erinnert sich Madame Icard. «Man malt sich das Leben mit all seinen unendlichen Möglichkeiten aus. Und glaubt vor allem zu wissen, was man nicht will: Für mich war dies das Leben in einem Restaurant. Wissen Sie, Wirtin zu sein ist ein harter Beruf. Und ich war sicher, es müsse im Leben mehr geben, als tagein, tagaus in der Gaststube zu stehen.» Dann, plötzlich, hält Françoise Icard inne und lacht verschmitzt. «Heute tue ich genau das – und, glauben Sie mir, es gibt nichts, was ich lieber täte.»

Statt die Hotelfachschule zu besuchen, machte der Teenager eine kaufmännische Ausbildung und arbeitete danach einige Jahre bei der Sandoz in Basel. In der Zwischenzeit nun hatten Grossmutter und Mutter das

Über die Grenze hinaus bekannt: Die «Auberge Belle-Vue» im elsässischen Wentzwiller ist ein Mekka für Gourmets.

«Ich bin unter einem guten Stern geboren»

Françoise Icard, Wirtin der «Auberge Belle-Vue», Wentzwiller

Französischer Charme und Elsässer Herzlichkeit: Françoise Icard ist die perfekte Gastgeberin. Ihre Gäste schätzen die familiäre Ambiance. Und die auserlesene Karte.

«Belle-Vue» an einen jungen, unternehmungslustigen Koch aus Strassburg, André Icard, verpachtet. Und ohne zu wollen, gaben sie dem Leben von Françoise damit jene Richtung, die diese mit allen Mitteln zu verhindern suchte. «Wie das Leben so spielt: Ich lernte ihn näher kennen, verliebte mich – und landete wieder im ‹Belle-Vue›. 1974 haben wir geheiratet, zwei Jahre später kam unsere Tochter Barbara zur Welt.»

Es scheint ganz einfach keinen Weg zu geben, seinem Schicksal zu entfliehen. Jedenfalls nicht in der Familie Icard: Die genau gleiche Geschichte spielte sich eine Generation später erneut ab. Was bedeutet: Auch Barbara arbeitet mittlerweile an der Seite ihrer Mutter im «Belle-Vue» – nachdem sie mit 16 Jahren noch der festen Überzeugung war, sie würde das nie, ganz sicher nie tun.

Lange hat sie sich an diesen Grundsatz nicht gehalten. Barbara begann nach der Matura zwar mit einem Jus-Studium, doch dann verliebte sie sich in einen der jungen Köche im «Belle-Vue». Madame Icard kann sich ein Schmunzeln nicht verkneifen: «Barbara wird dereinst die Auberge übernehmen – aber noch ist das kein Thema. Es gefällt mir zu gut hier.» Und es gefällt den Gästen. Das «Belle-Vue» hat eine treue Stammkundschaft, die zu einem grossen Teil aus der Schweiz stammt und auch dann nicht ausbleibt, wenn die Zeiten schlechter werden und andere Restaurants ganz schön zu kämpfen haben. Françoise Icard kann ihr Glück manchmal kaum fassen: «Ich muss schon sagen, ich bin unter einem guten Stern geboren.»

DIE «AUBERGE BELLE-VUE».
Auch wenn sie sich «Auberge» nennt: Zimmer gibt es im Gourmetlokal «Belle-Vue» in Wentzwiller keine. Dafür aber ausgezeichnete Saisonspezialitäten und delikate Fischspeisen. Seit 1974 führen Françoise Icard und ihr Mann André das Restaurant mit der Gartenterrasse in der dritten Generation. Ruhetage: Dienstag und Mittwoch. Parkplätze sind genügend vorhanden.

Grenzgänge: Die Gemeindekonzessions-Verträge mit dem Elsass

Rund 6200 der über 41 000 Genossenschafter der EBM wohnen im französischen Elsass; allein 180 zählt die Gemeinde Wentzwiller, wo Françoise Icard ihre «Auberge Belle-Vue» betreibt. Das elsässische Versorgungsgebiet mit der Stadt Saint-Louis und den elf benachbarten Landgemeinden wird technisch und administrativ von der EBM-Zweigniederlassung in Saint-Louis betreut, die mit dem Hauptsitz in Münchenstein vernetzt ist, so dass sämtliche Daten online ausgetauscht werden können. Das Elsass bezog 1996 rund 9 Prozent des von der EBM verkauften Stroms, 6 Prozent mehr als im Vorjahr. Seit 1964 waren Kreismonteurposten und Administration mit rund 20 Angestellten in einem alten Fabrikgebäude untergebracht, das Mitte der neunziger Jahre allerdings nicht mehr den Anforderungen genügte. Nachdem die Elsässer Konzessionsgemeinden 1993 einen neuen, auf dreissig Jahre befristeten Konzessionsvertrag mit der EBM unterzeichneten und damit für die elf Landgemeinden einen jahrzehntelangen vertragslosen Zustand beendeten, investierte die EBM über 10 Millionen Francs (zirka 2,5 Millionen Schweizer Franken) in den Neubau an der Rue du Rhône, der im Sommer 1997 bezogen werden konnte.

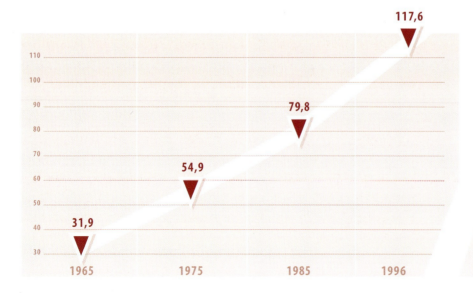

Stromverbrauch der Elsässer Kunden in Millionen Kilowattstunden.

1965	1975	1985	1996
31,9	54,9	79,8	117,6

«Ich glaube, ich habe eine glückliche Hand»

Pater Norbert Cueni, Klosterverwalter, Mariastein

Manager im Dienste Gottes: Als Klosterverwalter ist Pater Norbert verantwortlich für das Wohl von dreissig Ordensbrüdern und zehn Angestellten des Klosters Mariastein.

Er lernte Schreiner wie seine beiden Brüder. Doch dann folgte Norbert Cueni seiner **Berufung** und trat ins Benediktinerkloster Mariastein ein. Wenn's denn sein muss, greift er aber noch heute zu Hammer und Hobel.

Just am Morgen in aller Herrgottsfrühe hat ein Schaf ein Lamm geboren und verstossen. Zitternd lag das Kleine im frischen Stroh und suchte vergeblich die Zitzen der Mutter. Pater Norbert hat keine Zeit verloren und sich sogleich mit einem Mitbruder beraten, der früher Schafe gehütet hatte. Dieser wusste, was in einem solchen Fall zu tun ist: Also zimmerte Pater Norbert in einer Ecke des Stalls eine enge Koppel, in die er Mutter und Junges steckte. Doch der erhoffte Erfolg blieb bisher aus. Und noch Stunden später ist Pater Norbert aufgewühlt.

Schafe sind im Benediktinerkloster Mariastein eben noch wenig heimisch, erst recht gebärende. Kaum ein Jahr ist es her, seit Kosovo-Albaner den Ordensbrüdern zu Ostern ein Schaf schenkten. So, wie es in ihrer Heimat Brauch ist. Pater Norbert, der Klosterverwalter, nahm es damals dankbar entgegen und beschloss nicht bloss, es nicht zu schlachten – nein, er kaufte, um dem Tier ein einsames Dasein zu ersparen, ein weiteres Schaf und einen Bock, der genau das tat, was ein Schafbock nun mal zu tun pflegt: Er sorgte für Nachwuchs. Ganz zur Freude von Pater Norbert, dem «seine» Tiere sehr am Herzen liegen. Vor einigen Jahren übernahm er auch die Verantwortung für das klostereigene Bienenhaus, dessen Ertrag mittlerweile geradezu himmlische Dimensionen angenommen haben soll. Wieviel Honig Jahr für Jahr anfällt, will Pater Norbert allerdings nicht verraten. «Das glaubt mir ja doch keiner», lächelt er verlegen. «Offenbar habe ich eine glückliche Hand.» Allzuviel Musse bleibt ihm allerdings nicht, sich um die Tiere zu kümmern oder Honig zu schleudern, denn der klösterliche Zeitplan ist gedrängt:

05.00	**Tagwache**
05.30	**Beten in der Kirche**
07.00	**Frühstück**
08.00	**Geistliche Lesung auf dem Zimmer**
09.00	**Eucharistiefeier**
10.00	**Arbeit**
12.00	**Mittagessen**
14.00	**Arbeit**
15.00	**Singen in der Kirche, anschliessend Zvieri**
15.30	**Arbeit im Büro**
18.00	**Vesper in der Kirche**
18.45	**Nachtessen**
20.00	**Nachtgebet in der Kirche**

Als Verwalter ist Pater Norbert zuständig für die gesamte Administration des Klosters mit seinen dreissig Brüdern und zehn Angestellten. Er kümmert sich um Versicherungen, bezahlt die Löhne und ist verantwortlich für den Garten, den angegliederten Bauernhof sowie den Souvenirladen des Wallfahrtsortes. Und das hält ihn jung. Zwar hat er weisses, aber noch volles Haar. Doch seine Gesichtszüge sind weich, die Augen wach und sein Lächeln überaus liebenswürdig. Martin Luther muss wohl recht gehabt haben, als er sagte: «Wo der Glaube ist, da ist auch Lachen.»

Beides wurde Pater Norbert in die Wiege gelegt. Er wuchs im benachbarten Blauen auf und besuchte schon als Bub häufig das Kloster Mariastein. «Meine Eltern waren sehr religiös», sagt er. Was Wunder, dass er schon als Knabe mehr tat, als nur den Gottesdienst zu besuchen: Er wurde Ministrant. «Allerdings verkrachte ich mich bald mit dem Pfarrer», lächelt er. «Ich glaube, ich habe zuviel mitgedacht. Das hat ihm gar nicht gefallen, denn er lehrte streng nach dem

Seit über 350 Jahren ein Ort der Besinnung: Das Kloster Mariastein im solothurnischen Leimental.

DAS KLOSTER MARIASTEIN.

1648 wurde das Benediktinerkloster Mariastein auf einer Felsenhöhe im solothurnischen Leimental errichtet. Und zwar an genau jener Stelle, die durch zwei sogenannte «Fallwunder» (Menschen stürzten über die Felsen und blieben unversehrt oder nur leicht verletzt) bereits zuvor der Mutter Gottes geweiht worden war und bis zum heutigen Tag Wallfahrtsort geblieben ist. Zurzeit leben dreissig Brüder im Kloster, das ausserdem rund zehn Angestellte beschäftigt.

SCHUTZLEITER
steht unter Spannung

STECKDOSE
nicht geeignet

STECKDOSE
falsch plaziert

SCHUTZLEITER
Anschluss in Steckdose fehlt

2%
5,5%
7,0%
13,0%

INSTALLATIONEN
mangelhaft geerdet
34,5%

INSTALLATIONSTEILE
falsch beschriftet
23,5%

**Beanstandet:
Die gravierendsten
Installationsmängel.**

Buchstaben.» Nach der Schule machte Norbert Cueni wie seine beiden Brüder eine Schreinerlehre in Laufen. «Dann musste ich mich entscheiden: Entweder Schreiner bleiben oder einen geistlichen Beruf wählen.» Zu seinem Glück fanden sich in Laufen vier wohlangesehene Männer, die es dem jungen Norbert ermöglichten, das Gymnasium für Spätberufene, St. Klemens in Ebikon, und das Kollegium in Altdorf zu besuchen und die Matura zu machen. Seine Eltern hätten das nicht finanzieren können. «Sie hatten gerade genug Geld, allen fünf Kindern eine Lehre zu ermöglichen», erinnert sich Pater Norbert. 1963, mit 27 Jahren, trat er in Mariastein ins Noviziat ein – und hat diesen Schritt noch nie bereut. Höchste Zeit, noch einmal nach den Schafen zu sehen. In seiner schwarzen Sutane schreitet Pater Norbert Richtung Schafstall. Neugierig nähert er sich der kleinen Koppel in der Ecke. Friedlich steht das Mutterschaf im frischen Stroh, und das Lämmchen nuckelt zufrieden. Pater Norbert lächelt. ▲

Gratis-Dienstleistung für mehr Sicherheit: Die Installationskontrolle

Wenn, wo oder wie auch immer im Kloster Mariastein der Strom fliesst – es geschieht gewissermassen mit dem Segen der EBM. Denn seit der Bund im Jahr 1902 das Elektrizitätsgesetz erliess, das – im wesentlichen unverändert – auch heute noch Gültigkeit hat, sind die Verteilwerke als Stromlieferanten verpflichtet, die elektrischen Hausinstallationen ihrer Kunden zu kontrollieren. Im Falle des Klosters Mariastein ist dies die EBM.

Das Elektrizitätsverteilwerk selber sowie Grosskunden mit eigenen Hochspannungsanlagen unterstehen hingegen der Aufsicht und Kontrolle des Eidgenössischen Starkstrominspektorates. Die Kontrollpflicht des Werks besteht darin, die Niederspannungsinstallationen daraufhin zu prüfen, ob sie sowohl bei sachgemässem als auch bei voraussehbarem unsachgemässem Gebrauch sowie bei voraussehbaren Störungsfällen weder Menschen noch Sachen gefährden. Der Installationsinhaber (Liegenschaftseigentümer oder Mieter) seinerseits ist dafür verantwortlich, dass die Installationen von fachkundigen Elektroinstallateuren ordnungsgemäss erstellt und unterhalten werden.

Wer elektrische Installationen erstellt oder unterhält, benötigt dazu eine Bewilligung des Verteilwerks. Zurzeit sind dies 173 Elektroinstallationsfirmen. Aufgrund der Meldung des Elektroinstallateurs kontrolliert das Werk neu erstellte Installationen im Auftrag des Bundes und nimmt sie ab. Später werden die Installationen periodisch überprüft – bei Wohnliegenschaften im Abstand von zwanzig Jahren, bei Gewerbebetrieben alle fünf oder zehn Jahre. 1996 erledigte die EBM 4558 Abnahme- und 3488 periodische Kontrollen. Im elsässischen Netzteil übernimmt die französische Kontrollbehörde CONSUEL diese Aufgabe.

Die Installationskontrolle der EBM ist eine Gratisleistung im Dienste der Sicherheit ihrer Kunden. Für die Abnahme und Kontrolle der rund 100 000 elektrischen Niederspannungsinstallationen in ihrem Einzugsgebiet setzt die EBM zehn Mitarbeiter ein, die unter anderem auch fremde Mandate für Schadenexpertisen übernehmen. ▲

1600 Strassenlampen sorgen in Binningen dafür, dass nachts niemand schwarz sieht. «Herr der Leuchten» ist Gemeindearbeiter Hansjörg Baumann. Seit vielen Jahren steht er im Dienste der Binninger Bevölkerung.

Schwer sitzt er auf dem Stuhl in der Kantine des Binninger Werkhofs. Bedächtig legt er seine riesigen Hände auf den Tisch. Dann beginnt Hansjörg Baumann langsam zu reden: «Gefällt mir gut», sagt der Gemeindearbeiter, «wirklich, gefällt mir gut, die Arbeit mit den Strassenlampen.» Baumann denkt einen Moment nach. Immerhin wird er ja nicht jeden Tag interviewt. Und vermutlich wird er auch selten danach gefragt, was er an seiner Arbeit denn besonders schätze. «Ich bin ein Typ», sagt er schliesslich, «der gern alleine arbeitet und sich die Zeit selbst einteilen will. Ich bekomme ‹von oben› meine Termine, und die muss ich einhalten.» ‹Von oben› meint soviel wie: von der Bauverwaltung. Und dass er sich daran hält, hat er in den vergangenen Jahren zur Genüge bewiesen.

Seit Jahren ist Hansjörg Baumann so etwas wie der «Herr der Leuchten» in der rund 20köpfigen Crew des Werkhofs, zuständig für die Strassenbeleuchtung der Gemeinde, damit nachts niemand im Dunkeln tappen muss. Ausserdem ist er verantwortlich für die Signalisation im Ort, für die Kadaver-Entsorgung, das Leeren der öffentlichen Papierkörbe und das Aufhängen von Plakaten. Die Strassenbeleuchtung mag er am besten.

Jeden zweiten Dienstag nach der Dämmerung fährt er alle 1600 Laternen der Gemeinde ab, zweieinhalb Stunden lang, 40 Kilometer weit. Früher tat er das mit dem Solex, heute benutzt er das Auto. Dabei notiert er den exakten Standort jener Lampen, die defekt sind. Zwei Tage später ist Baumann mit dem Hebebühnenfahrzeug unterwegs, um die defekten Leuchten zu ersetzen. «Ich fahre neben den Lampenmast und bediene vom Fahrersitz aus die zwei Stützen, die den Wagen stabilisieren, wenn die Hebebühne hoch geht», erklärt er und lässt bereits durchblicken, dass demnächst eine amüsante Episode aus dem Werkhofalltag folgt. «Beide Stützen müssen Kontakt haben mit dem Boden, sonst blockiert die Hebebühne.» Was einem seiner Kollegen vor noch nicht allzu langer Zeit passiert sei. Durch die Gewichtsverlagerung habe die eine der beiden Stützen den Bodenkontakt verloren, wodurch die Hebebühne manövrierunfähig wurde. «In elf Meter Höhe stand er also auf der Bühne», fährt Baumann weiter und kann sich ein Grinsen nicht verkneifen, «er konnte weder rauf noch runter. Zum Glück hatte er ein Natel dabei.» Und mit einem schelmischen Lächeln fügt er an: «Ich habe jetzt übrigens auch ein Natel.»

Die Arbeit in luftiger Höhe ist nicht jedermanns Sache, und es gibt Tage, da fühlt sich auch der alte Routinier nicht ganz wohl dabei. «Also, etwa zu drei Vierteln bin ich schwindelfrei», gesteht Baumann. «Denn wenn ich in zehn Metern Höhe eine kaputte Leuchte ersetzen muss, wackelt es manchmal ganz gewaltig. Meistens macht mir das zwar nichts aus, aber es gibt Tage, da kralle ich mich durch die Schuhe mit den Zehen

Rund zwanzig Angestellte des Werkhofs halten die Infrastruktur der Gemeinde Binningen in Schwung.

«Es wackelt manchmal gewaltig»

Hansjörg Baumann, Gemeindearbeiter, Binningen

Arbeitsplatz in luftiger Höhe: Regelmässig ersetzt Hansjörg Baumann die defekten Strassenlampen der Gemeinde – ab und zu mit einem Kribbeln im Magen.

in die Plattform der Hebebühne. Als ob das etwas nützen täte.» Auffällig öfter auf die Hebebühne muss Hansjörg Baumann immer nach Vollmondnächten. Dann nämlich würden gewisse Spitzbuben mit Vorliebe Strassenlampen in Scherben schiessen. Ganz allgemein gesehen ersetze er heute aber bedeutend weniger defekte Leuchten als früher: «Seit einigen Jahren tauschen wir die alten Quecksilberleuchten durch länger haltende Natriumleuchten aus. Die sind erst noch stromsparender», sagt Baumann und ergänzt: «Es haben aber auch schon Leute reklamiert, sie würden weniger sehen.

Was aber nicht sein kann, denn diese Leuchten sind sogar stärker, nur eben noch ungewohnt, weil ihr Licht ein wenig hellrötlich ist.» Ab und zu kann es schon vorkommen, dass Hansjörg Baumann Anrufe von besorgten Binninger Einwohnern erhält: «Eine ältere Dame liess mich einmal bei ihr vorfahren, weil die Laterne vor dem Haus nicht mehr brannte. Sie war überzeugt, ein Einbrecher hätte daran herummanipuliert, um in der folgenden Nacht unbemerkt einsteigen zu können.» Sowas, meint Baumann, müsse man auch ernst nehmen: «Gewisse Leute haben eben Bedenken wegen ihrer Sicherheit. Ist auch klar, passiert ja genug, oder?» Und schliesslich, so Baumann, gebe es jene, die reklamieren, weil ihnen die Strassenlaternen zu hell ins Schlafzimmer leuchten. «Jene Leute eben, die keine Läden oder Vorhänge an den Fenstern haben. Ist ja nicht Vorschrift. Dann muss ich eben versuchen, das Licht irgendwie abzuschirmen – mit einer Metallplatte oder so.»

Durch seine Arbeit in der Gemeinde ist Hansjörg Baumann, zweifacher Vater, Feuerwehrmann und Hobby-Faustballer, mittlerweile vielen Binningern bekannt. «Ich glaube schon, dass mich die Leute kennen», sagt er. Und fügt grinsend an: «Jedenfalls sagen alle, mein Vorgänger sei besser gewesen.» ▲

DIE GEMEINDE BINNINGEN.

Die Agglomerationsgemeinde Binningen grenzt an die Stadt Basel und hat rund 14 000 Einwohner. Von der Gesamtfläche von 443 ha sind 281 ha Siedlungsgebiet, 119 ha landwirtschaftliche Nutzfläche und 45 ha Wald. Rund 1600 Einfamilienhäuser stehen in Binningen. Der Bodenpreis betrug im Jahr 1994 885 Franken pro Quadratmeter. Der Steuerertrag belief sich im gleichen Jahr auf 39,5 Millionen Franken. Die Gemeindeverwaltung setzt sich aus über 90 Mitarbeitern und Mitarbeiterinnen zusammen, im Werkhof sind 22 Personen beschäftigt.

Kunden- statt gewinnorientiert: Die EBM als Selbsthilfeorganisation

Als privatrechtliche Genossenschaft ist die EBM eine Non-Profit-Organisation, die – im Gegensatz zu einer AG – nicht Shareholder Value für ihre Eigentümer erwirtschaftet, sondern als Selbsthilfeorganisation ihre Kunden mit elektrischer Energie und Energiedienstleistungen zu möglichst vorteilhaften Bedingungen versorgt. Mitglieder der Genossenschaft sind – ohne Beitrittszwang, Anteilscheine und Nachschusspflicht – alle 58 Gemeinden sowie der grösste Teil der Liegenschaftsbesitzer im Versorgungsgebiet. Über 40 000 Genossenschafter, vorwiegend aus dem Kanton Basel-Land (68 Prozent), aber auch aus dem Kanton Solothurn (19) und dem Elsass (13), zählt die EBM heute. Diese wählen alle vier Jahre zwei Drittel der Delegiertenversammlung. Die übrigen Delegierten werden von den Grosskunden gestellt. Das Genossenschaftsprinzip zeigt sich am eindrücklichsten beim Tarif: Die EBM versorgt ihre Kunden zu kostendeckenden, nicht-gewinnorientierten Tarifen. Es gelten ganz allgemein die Prinzipien der Solidarität und der Gleichbehandlung.

Die EBM ist allerdings weit mehr als ein reiner Energielieferant, denn ihre Kunden wollen letztlich nicht Rohstoffe wie Öl, Gas, Strom oder Fernwärme – sie verlangen nach eigentlichen Dienstleistungen in Form von Raumwärme, Warmwasser, Kälte oder Licht. Da in der Region Basel als Folge der Diskussion um das abgelehnte Atomkraftwerk Kaiseraugst ein überdurchschnittlich sensibles Energiebewusstsein herrscht, setzt sich die EBM insbesondere für eine sparsame und rationelle Energienutzung ein. Als eine der erfahrensten Blockheizkraftwerk-Betreiberinnen überhaupt entwirft und realisiert sie energetisch optimale Wärmeversorgungs-Konzepte für Quartiere, Überbauungen und Einfamilienhäuser. Die Kombination von Blockheizkraftwerk und Elektro-Wärmepumpe beispielsweise macht es möglich, Strom und Wärme so zu produzieren, dass sich die Zuführung von sogenannter Primärenergie (fossile Brennstoffe, Elektrizität) erheblich reduziert. Sie ist damit bedeutend umweltfreundlicher als herkömmliche Systeme. Und die EBM erfüllt damit einen weiteren statutarischen Genossenschaftszweck: die Förderung umweltfreundlicher Stromerzeugung aus erneuerbaren Energien. ▲

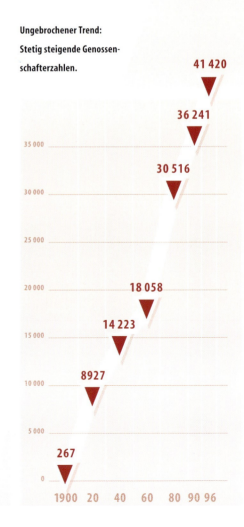

Ungebrochener Trend: Stetig steigende Genossenschafterzahlen.

Jahr	Genossenschafter
1900	267
20	8 927
40	14 223
60	18 058
80	30 516
90	36 241
96	41 420

«Die Pferde sind wohl ein Virus»

Andreas Spring, Metallbau, Biel-Benken

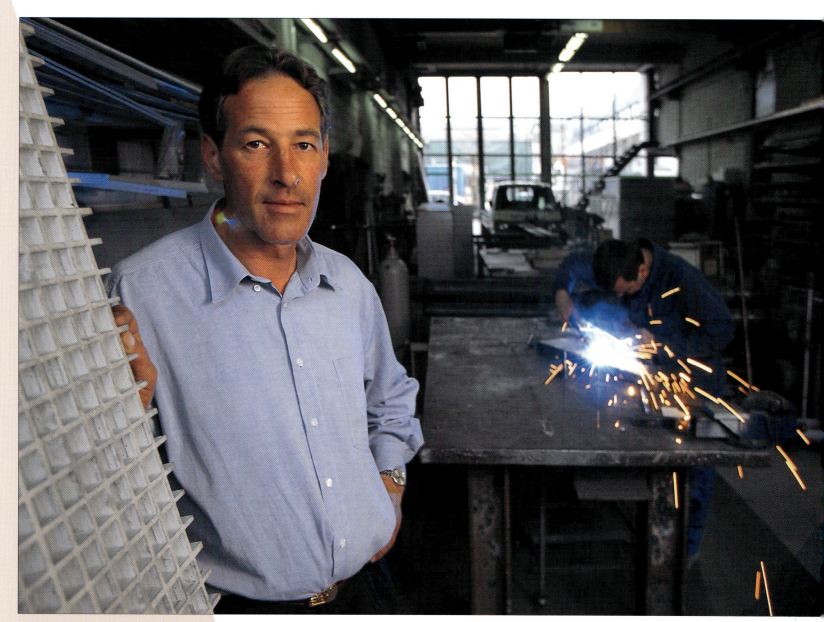

Hat kaum noch Zeit, selber Hand anzulegen: Metallbau-Unternehmer Andreas Spring setzt auf Eigenverantwortung und Kompetenz seiner Mitarbeiter.

Er musste manchen Rückschlag hinnehmen. Aufgegeben hat der gelernte **Huf- und Fahrzeugschmied** aber nie. Und so kann sich Andreas Spring heute wieder unbesorgter seiner ganz grossen Liebe widmen: den Pferden.

Das muss eine Art Krankheit sein», lächelt Andreas Spring und deutet auf die Stallungen und die dahinter liegenden Koppeln. «Die Liebe zu den Pferden liegt bei uns in der Familie.» Doch während seine Grosseltern als Fuhrunternehmer noch von den Pferden lebten, lebt Andreas Spring für sie. «Und wenn meine Zeit gekommen ist», sagt er, «möchte ich tot vom Pferd fallen.» Das allerdings, meint der sportliche Endvierziger grinsend, habe noch ein Weilchen Zeit.

Ein Pferdenarr: Bereits als 17jähriger hatte der in bescheidenen Verhältnissen aufgewachsene Berner sein erstes Pferd, ein «ausrangiertes Kavallerie-Ross», das er mit viel Hingabe pflegte. Mit 20 erfüllte sich dann sein Jugendtraum: Spring kam zur Kavallerie. «Ich war zwar nie ein guter Soldat, aber der Dienst mit den Pferden machte mir viel Spass.» Von da an begleiteten ihn die stolzen Vierbeiner durch dick und dünn. Was nicht immer ganz einfach war, denn Pferde sind kein billiges Hobby, zumal für einen einfachen Arbeiter. Doch ebenso hartnäckig, wie Spring an seinen Pferden festhielt, verfolgte er seine berufliche Karriere. Nach der Lehre als Huf- und Fahrzeugschmied arbeitete Andreas Spring als Konstruktionsschlosser in Langenthal BE, begann sich aber bald zu langweilen. «Sobald ich etwas verstanden hatte, brauchte ich eine neue Herausforderung.» Er belegte die Samstags-Handelsschule und arbeitete danach als kaufmännischer Angestellter, musste aber bald einmal feststellen, dass sein Lohn für Frau, Kind und Kavallerie-Ross ganz einfach nicht reichte. Spring schaute sich nach einer Alternative um. Und fand sie. 1975 zog er auf Drängen von Freunden ins Baselbiet, wo er mit 27 Jahren seine erste Firma – Hufbeschlag und fahrender Hufschmied – gründete. Doch die Rezession machte dem jungen Geschäftsmann einen dicken Strich durch die Rechnung. Und als er durch einen unverschuldeten Autounfall auch noch fast zwei Jahre arbeitsunfähig wurde, war am Ende nicht bloss der stattliche Bankkredit weg, sondern Spring stand auch ohne Aufträge da. «Doch ich hatte ein Ziel, und ich hatte Verpflichtungen», sagt er rückblickend, «also habe ich einfach wieder von vorne angefangen.» Spring bildete sich als Metallbauer weiter und legte damit den Grundstein für sein florierendes Unternehmen. «Ich war mir nie zu schön, jemanden um Rat zu fragen oder für drei zu arbeiten», sagt er und erinnert sich daran, wie ein Besessener Spitzeisen geschmiedet zu haben – für 1.80 Franken das Stück. «Davon produzierte ich allerdings um die hundert Stück pro Stunde...»

Mittlerweile hat sich die Firma in Biel-Benken vom Ein-Mann-Betrieb zum Metallbau-Unternehmen mit sieben Mitarbeitern entwickelt. «Eine ideale Grösse», sagt Spring. «Das Betriebsklima ist familiär, man hat die Übersicht und ist den konjunkturellen Schwankungen nicht dermassen ausge-

Vom Ein-Mann-Unternehmen zum florierenden Kleinbetrieb: Metallbau Andreas Spring in Biel-Benken.

METALLBAU ANDREAS SPRING.

Nach sieben Jahren in Aesch und sieben in Rodersdorf hat die Metallbaufirma Spring seit fünf Jahren ihren Sitz im Industriegebiet von Biel-Benken. Entgegen der allgemein schlechten wirtschaftlichen Entwicklung konnte Spring 1996 das beste Jahr überhaupt verbuchen. Seine Angestellten – momentan sieben – halten der Firma in der Regel «überdurchschnittlich lange die Treue», was Spring vor allem darauf zurückführt, dass er seinen Fachkräften «möglichst viele Freiheiten und Kompetenzen» zugesteht – solange das Resultat stimmt.

setzt.» An einen Ausbau denkt er nicht. Zwar sei es kein Problem, eine Firma mit hundert Angestellten zu führen, meint er mit der Selbstsicherheit von einem, der es geschafft hat. «Die Schwierigkeit ist nur, Arbeit für alle zu finden.»

Daran mangelt es dem Metallbauer nicht. Die Treppen, Küchenerichtungen und Spezialanfertigungen aller Art sind gefragter denn je. «Weil wir auf die individuellen Wünsche unserer Kunden eingehen können. Alles, was wir machen, sind letztlich Einzelstücke.» Und so sind auch die Angestellten ständig gefordert. «Bei mir wird kein Arbeiter blöd», lacht Spring, der sich heute vor allem mit Administration, Planung oder Beratung befasst. Und mit seinen Pferden. Vier sind es, und mit ihnen trainiert der Military-Reiter, wann immer es seine Zeit erlaubt. Denn Springs Leidenschaft für Pferde erschöpft sich nicht im abendlichen Ausritt: Der grossgewachsene Sportler zählt zu den besten Military-Reitern überhaupt. Als ehemaliger Schweizermeister braucht er bis heute den internationalen Vergleich nicht zu scheuen und reitet immer noch in Profikreisen. Ruhm und Ehre allerdings sind seine Sache nicht. «Ich gebe am Wettkampf zwar immer alles, und es kann mich ärgern, wenn ich unter meinem Wert geschlagen werde. Aber das Wichtigste ist, dass mein Pferd wieder heil nach Hause kommt.» Und deshalb bricht er schon mal einen Wettkampf ab, wenn der vierbeinige Partner schlecht im Strumpf ist. Dennoch hat Spring in den vergangenen drei Jahrzehnten an die 300 Kilogramm «Stallplaketten» gesammelt, die in einer Kiste vor sich hin rotten. «Wichtig ist doch der Moment», sagt Spring. «Sportliche Erfolge bedeuten mir im nachhinein wenig. Und wichtig ist das Pferd, nicht die Auszeichnung.»

So darf denn auch der alte, einäugige Schimmel, der längst nicht mehr für den Wettkampf taugt, auf seinem Land den wohlverdienten Lebensabend fristen. «Der letzte Abnehmer meiner Pferde ist in der Regel der Metzger», sagt Spring. «Und dann bleibe ich an der Seite des Tieres, bis es seine letzte Reise antritt. Das habe ich mir geschworen.» ▲

Rund um die Uhr einsatzbereit: Die acht Kreismonteurposten im EBM-Versorgungsgebiet verfügen über Materiallager, damit Störungen im Netz unverzüglich behoben werden können.

Für unterbruchsarme Stromversorgung: Die EBM-Logistik

«Ohne Strom kann ich den Laden gleich dicht machen», sagt Andreas Spring. «Dann läuft bei uns schlicht gar nichts mehr.» Zwar könnte das Metallbau-Unternehmen einen kleinen Stromausfall durchaus verkraften – bei längeren Unterbrüchen hingegen wäre der wirtschaftliche Schaden nicht abzusehen. Eine möglichst unterbruchsarme Stromversorgung ist für die EBM deshalb erstes Gebot. Und um diese gewährleisten zu können, unterhält sie nicht bloss einen rund um die Uhr einsatzbereiten Pikettdienst, sondern auch ein umfangreiches Materiallager. Es umfasst 4000 Artikel im Wert von über sechs Millionen Franken. Alles, was bei Störungen im Netz unverzüglich gebraucht wird, ist in genügender Menge vorhanden, und eine «strategische Reserve» erlaubt es, Beschaffungsengpässe in Krisenzeiten zu überbrücken. Der Grossteil des Materials lagert zentral im Magazin in Münchenstein. Um die Transportwege – und damit die Unterbruchszeiten – im Schadenfall jedoch möglichst kurz zu halten, verfügen die dezentralen Kreismonteurposten ebenfalls über ein angemessenes Lager. Bei ihrer Materialbeschaffung bevorzugt die EBM im Rahmen der technischen und wirtschaftlichen Kriterien Lieferanten aus ihrem Versorgungsgebiet. Einer dieser Lieferanten ist auch das Metallbau-Unternehmen Spring in Biel-Benken. ▲

Erst hätte sie gerne eine ganz andere Ausbildung gemacht. Dann wollte sie auswandern. Schliesslich landete Bea Flury dort, wo sie aufgewachsen ist: im Laufental. Stehengeblieben ist sie deswegen nicht. Im Gegenteil.

Eigentlich ist von Anfang an alles schiefgelaufen. Oder jedenfalls ganz anders, als sich das Beatrice Flury als Teenager vorgestellt hatte. War da nicht der grosse Traum, Hauswirtschaftslehrerin zu werden? Die bittere Enttäuschung, als dies nicht geklappt hat? Folgte die totale Ernüchterung nicht auf dem Fuss, als Bea – wie ihre Freunde sie nennen – exakt dort landete, wo sie nie im Leben enden wollte: als kaufmännische Angestellte? Und war da nicht auch noch der Wunsch, ihr Glück in der weiten Welt zu versuchen und auszuwandern?

Und heute? Gerade mal sieben Kilometer vom solothurnischen Kleinlützel entfernt, jenem Ort also, wo sie eine unbeschwerte Kindheit verbrachte, befindet sich ihr Arbeitsplatz bei der Schweizer Traditionsfirma Keramik Laufen. «Ironie des Schicksals», sagt Bea Flury lächelnd. «Da planst du, die Welt zu erobern, und schaffst es gerade mal knapp bis vor die eigene Haustür...» Enttäuscht ist sie deswegen nicht. «Ich fühle mich mit meiner Heimat verbunden, auch wenn ich mir gut vorstellen könnte, woanders zu leben.» Zum Beispiel? «Was weiss ich? Dort halt, wo's eine interessante Arbeit für mich gibt.»

Vorderhand hat sie allerdings nicht die Absicht, ihren Job als Personalassistentin an den Nagel zu hängen. Im Gegenteil: Mehr denn je fühlt sie sich von ihrer Aufgabe ausgefüllt. Und mitunter auch ganz schön gefordert. «Die Zeiten sind härter geworden», sagt sie nachdenklich. «Vermeintlich sichere Arbeitsplätze werden abgebaut, Strukturen verändern sich, und als Personalassistentin wirst du öfter auch mit Entlassungen konfrontiert.» Das ist zwar seit je Teil ihres Jobs, unberührt lässt es die knapp 30jährige jedoch nicht. «Plötzlich bist du mit tragischen Schicksalen konfrontiert. Leute kommen in dein Büro, sind enttäuscht, verzweifelt, ratlos. Du hörst zu und wirst dir deiner Hilflosigkeit bewusst.»

Abends, zu Hause, braucht Bea Flury deshalb mehr Zeit zum Abschalten. Und nicht selten trifft sie privat auf jene Leute, deren Schicksal sie kennt. In einer ländlichen Gegend wie dem Laufental ist es nun mal schwierig, sich aus dem Weg zu gehen. «Dann darfst du dir nichts anmerken lassen, denn als Personalassistentin bist du eine Vertrauensperson, fast eine Art Beichtvater, und musst alle Informationen für dich behalten können: wer kündigt oder wem gekündigt wird beispielsweise, wer sich bewirbt und – natürlich – wer was verdient.» Ganz besonders hier ist Stillschweigen erstes Gebot – und die Neugier gross. «Anfänglich war es spannend, Einblick ins Gehaltssystem zu haben», gibt Bea zu. «Heute interessiert mich das kaum mehr.»

Drei Jahre schon arbeitet sie im Personaldienst der Keramik Laufen. Drei bewegte Jahre. «Die Anforderungen werden immer höher», ist sie überzeugt, «und der Job verlangt be-

Bürgt weltweit für Qualität: Die Keramik Laufen ist einer der wichtigsten Arbeitgeber der Region.

«Es macht mir Spass, mein Wissen weiterzugeben»

Beatrice Flury, Personalassistentin, Keramik Laufen AG

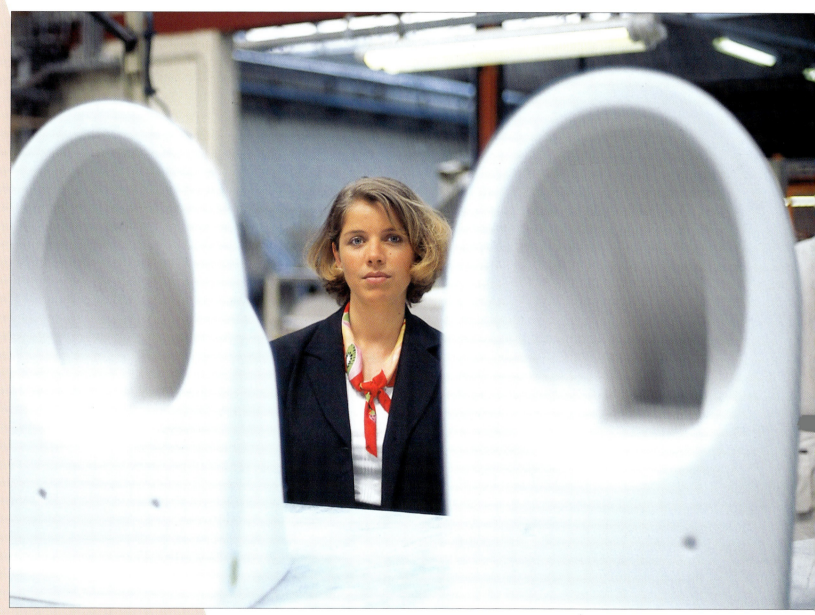

Bewahrt auch in hektischen Zeiten einen kühlen Kopf: Als Personalassistentin hat Bea Flury für die Anliegen der Angestellten immer ein offenes Ohr.

deutend mehr Einsatz und Flexibilität.» Doch den beruflichen Herausforderungen hat sie sich noch immer gestellt, hat sie geradezu gesucht. Nie hätte sie sich mit einer Karriere als Sekretärin zufriedengegeben. So schlug sie nach ihrer Lehre denn auch gleich neue Wege ein und wurde zur «ewigen Schülerin». Im Zweijahresrhythmus stand sie abwechslungsweise fest im Arbeitsleben oder drückte die Schulbank. Auf die Lehre zur kaufmännischen Angestellten folgte der nächste Schritt: das Höhere Wirtschaftsdiplom. «Alles deutete darauf hin, dass ich später in den Marketingbereich einsteigen würde», sagt sie rückblickend. Doch wie das Leben so spielt: bei der Keramik Laufen wurde eine Stelle im Personaldienst frei, und Bea packte die Gelegenheit beim Schopf. Ein neues Arbeitsgebiet wartete darauf, entdeckt zu werden. Sie besuchte berufsbegleitend die Neue Sprach- und Handelsschule Basel und bildete sich zur Personalassistentin weiter. Ein Job, den sie mit viel Engagement ausübt. «Weil die Arbeit nie zur Routine wird», sagt sie, «und weil ich mich mit der Firma identifizieren kann.»

Doch so ganz ohne Schule kommt Bea Flury auch heute nicht aus. Weil sich für sie im Moment eine weitere Ausbildung nicht aufdrängt, hat sie den Spiess umgekehrt und steht nun selber vor der Klasse – als Dozentin. «Das ist sozusagen mein Hobby. Es macht mir Spass, mein Wissen zu vermitteln.» Dass die meisten Kursbesucher älter sind als die junge Lehrerin, macht ihr keine Mühe. «Anfänglich hatte ich zwar ein mulmiges Gefühl», gibt Bea Flury zu, «doch bereits nach den ersten zwei, drei Stunden habe ich bewiesen, dass ich mein Metier verstehe. Von da an war ich akzeptiert.»

Trotz ihrem Engagement als Dozentin hat Bea Flury nie daran gedacht, ihr Arbeitspensum zu reduzieren. «Ich brauche eine dauernde Herausforderung», lacht sie, «sonst wird es mir langweilig.» Und die berufliche Karriere? «Im Moment habe ich noch keine konkreten Ziele. Höchstens dies, dass ich nicht bis zur Pensionierung voll arbeiten möchte.» Sondern? «In meinem Leben soll's irgendwann auch mal Platz für eine Familie haben.» ▲

KERAMIK HOLDING LAUFEN AG.

Die 1892 gegründete Schweizer Traditionsfirma Keramik Laufen ist in den Bereichen Sanitär, Wand- und Bodenfliesen, Grobkeramik sowie Geschirrporzellan tätig. Die Keramik Holding Laufen AG umfasst heute 37 Unternehmen in 14 Ländern und erschliesst die wichtigsten Märkte in Europa, Nord- und Südamerika sowie Asien. Die rund 9100 Angestellten der Laufen-Gruppe (davon über 700 in der Schweiz) erarbeiteten 1996 einen Umsatz von 945 Millionen Franken. Den grössten Anteil daran (449 Millionen Franken) hat die Fliesenproduktion, gefolgt vom Sanitärbereich mit 282 Millionen Franken. Hauptsitz der Laufen-Gruppe ist Laufen BL.

Kunden- und umweltorientiert: Das Leitbild der EBM

Die EBM ist eine eigenständige Genossenschaft, die ihre Aufgabe im Dienste der Öffentlichkeit erfüllt. Sie ist besorgt um eine sichere, wirtschaftliche und umweltgerechte Energieversorgung mit Strom und Wärme. Dabei hat die Sicherheit des Menschen erste Priorität – vor Versorgungssicherheit und Wirtschaftlichkeit. Bedarfsdeckung, nicht Absatzförderung, steht im Mittelpunkt. Die EBM setzt sich deshalb ein für eine sparsame und rationale Energieverwendung. Sie wahrt die Kundeninteressen im Sinne der Genossenschaftsprinzipien und versteht sich als dienstbereiter und fairer Partner gegenüber ihrer Umwelt – und nicht als «Monopolist». Gegenseitiges Verstehen, Vertrauen und Zustimmung stehen dabei im Mittelpunkt. Die EBM pflegt insbesondere die Beziehungen zu Gemeinden und Kantonen und informiert über ihre Öffentlichkeitsarbeit sachlich, offen und klar. Sie stellt an ihre Mitarbeiterinnen und Mitarbeiter hohe Anforderungen in bezug auf Einsatzbereitschaft, Verantwortungsbewusstsein und Zuverlässigkeit, denn sie sind für die Erfüllung des Auftrages sowie für das Image der EBM von wesentlicher Bedeutung. Die EBM pflegt einen kooperativen Führungsstil, bietet faire Anstellungs- und Arbeitsbedingungen und fördert die berufliche und persönliche Entwicklung ihrer Mitarbeiter. Sie arbeitet mit ihren Lieferanten eng zusammen, um ihren Versorgungsauftrag langfristig sicherzustellen. Die EBM will ihre gesunde Ertragssubstanz, Liquidität und Kapitalstruktur erhalten und die Mittel wirtschaftlich einsetzen. Der Tarif soll im Sinne der Genossenschaftsprinzipien kostendeckend, aber nicht gewinnstrebend sein. ▲

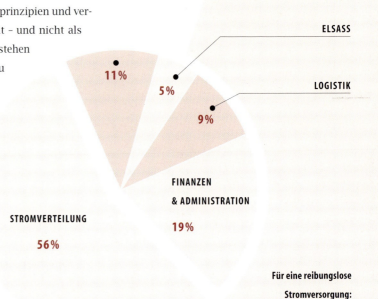

Für eine reibungslose Stromversorgung: Die Organisation der EBM.

ÜBRIGE ENERGIEDIENSTLEISTUNGEN 11%
ELSASS 5%
LOGISTIK 9%
FINANZEN & ADMINISTRATION 19%
STROMVERTEILUNG 56%

«Neidisch war uns gewiss niemand»

Urs Schneider, Landwirt, Lauwil

«An Wochenenden ab und zu Besuch»: Urs Schneider liebt die Abgeschiedenheit der «Ulmet». Ein Leben in der Stadt könnte er sich unmöglich vorstellen.

Das Ende der Welt hat einen Namen: «Ulmet». Hoch über Lauwil, in idyllischer Juralandschaft, liegt der Hof, den die Bauernfamilie Schneider seit 1929 bewirtschaftet. Weitab von jeglicher Zivilisation.

Hart waren die Winter damals, in den sechziger Jahren. Und einsam. Man sah den Lauwiler Pöstler Mitte November zum letzten Mal auf dem Sennhof «Ulmet», und vier Monate dauerte es, bis Tauwetter einsetzte und man ihn wieder zu Gesicht bekam. So lange war der Hof abgeschnitten von der Welt, selbstversorgend wie eh und je, allein gelassen in einer tiefverschneiten Juralandschaft. Noch heute liegt die «Ulmet» weit entfernt von jeglicher Zivilisation. Nur die Winter, so heisst es, seien nicht mehr derart hart. Auch nicht in Lauwil, das sich hinter einem Wald am Westzipfel des Bezirks Waldenburg versteckt. Vom Dorf her windet sich eine enge Serpentinenstrasse viereinhalb Kilometer lang steil bergauf zu den Höhen des Juras. Bis auf 950 Meter, wo, endlich, die prächtige «Ulmet» steht – in einer Gegend, die an die rauhe Einsamkeit Kanadas oder Neuseelands erinnert. Und wo vor 200 Jahren der letzte Bär auf Baselbieter Boden geschossen wurde. «Ulmet»-Bauer Urs Schneider macht keinen hemdsärmeligen Eindruck, geschweige denn einen bärbeissigen, rauhbeinigen, was besser in diese Wildnis zu passen schiene. Der junge Landwirt wirkt vielmehr sanft, und wenn er erzählt, tut er dies mit ruhiger, weicher Stimme. Man sei, so findet er, doch gar nicht sehr abgelegen hier oben: «Wir haben ab und zu Besuch an den Wochenenden. Verwandte oder Bekannte kommen zu uns hoch.» Er selber gehe auch mindestens einmal wöchentlich runter ins Dorf. «Manchmal auch in den Ausgang», sagt er und lächelt, als ob er sich dafür entschuldigen müsste. Ansonsten wird auf dem Sennhof vor allem gearbeitet. Und da packen auch die Eltern, der Bruder und die Schwägerin, die aus dem Fricktal stammt, tüchtig mit an. Seit kurzem hilft sogar der kleine Severin mit, der Göttibub und Neffe von Urs Schneider. Sofern der Dreikäsehoch Lust dazu hat.

Es ist still – drinnen in der Bauernstube, draussen auf den steilen Matten. Schneiders Schwägerin hängt Wäsche auf. Ein mit der Flasche aufgezogenes Lämmchen trippelt hinter dem kleinen Severin her, der mit roten Backen und einem Stecken in der Hand Kühe vor sich her treibt, die nur er sieht. Gestört wird die Ruhe einzig durch das regelmässig wiederkehrende, entfernte Dröhnen von Flugzeugtriebwerken. Denn über der «Ulmet» kreuzen sich in zehn Kilometern Höhe die Luftwege der Linienjets, welche die Metropolen der Welt zusammenrücken lassen. Drinnen in der gemütlichen Bauernstube verschränkt Urs Schneider die Arme und erzählt, wie es ist, das Leben auf der «Ulmet», und wie es einmal war. «Neidisch», sagt er, «neidisch war uns gewiss niemand, weil wir so weit weg wohnen. Und wir? Als Buben hätten wir gerne häufiger gespielt mit unseren Kameraden. Die Abgeschiedenheit hier oben machte uns sehr scheu, und erst mit den Jahren ging das weg. Manchmal kam es sogar vor, dass wir überhaupt nicht

Seit fast siebzig Jahren von den Schneiders bewirtschaftet: der idyllische Hof «Ulmet» auf 950 Meter Höhe.

DER SENNHOF «ULMET».
70 Hektaren Weideland und 37 Hektaren Wald umfasst der Sennhof «Ulmet» in Lauwil. 80 Stück Vieh – 20 Kühe, 30 Rinder, der Rest Aufzucht- und Mastkälber – begründen die Existenz der Familie Schneider. Milch haben sie nie abgegeben, weil sich der weite Weg ins Dorf nicht lohnt. Falls zu wenige Kälber da sind, wird mit der überschüssigen Milch Käse für den Eigenbedarf hergestellt. Für den Obstbau ist das Land zu steil: Schneiders gelten deshalb als Bergbauern (Zone 2). Seit 1929 ist die Familie Pächterin des Hofs, der bis anhin dem Bürgerspital Basel gehört.

zur Schule gehen konnten, weil alles zugeschneit war. Oder wir blieben unten im Dorf, weil wir nicht zurück konnten. Das war für uns kein bisschen schlimm, denn so konnten wir nach dem Unterricht mit unseren Schulkameraden spielen. Zur Schule gingen wir immer zu Fuss, im Winter auch mit den Skis oder dem Schlitten. So war der Schulweg am Morgen recht kurz; wenn es gut lief, brauchten wir fünf Minuten. Nachher mussten wir die Skis allerdings wieder hochbuckeln. Die Leute hatten immer Bedauern mit uns; wir selber haben es gar nicht schlimm gefunden.» Ende der Geschichte, scheint Urs Schneider andeuten zu wollen, als er sich zurücklehnt.

Später, im Stall, mistet er bei Valeria, Cornelia, Vera, Helvetia und Gisela aus; fünf von zwanzig stattlichen Kühen der Schneiders. «Jedesmal», sagt er, während er eine Gabel frisches Stroh ansticht, «jedesmal, wenn ich in einer Stadt bin, frage ich mich, wie die Leute das bloss aushalten: den ganzen Tag diesen Lärm, diese Hektik, diese vielen Autos.» Er ist eben doch ein Naturbursche, der Schneider Urs. Auch wenn die Natur es nicht immer gut meint mit den Bewohnern der «Ulmet». Er erinnert sich: «Eines Nachts bin ich erwacht, weil es draussen stürmte. Wie so oft hier oben. Auf einmal wurde es taghell, aber ich hörte weder Regen noch Donner, also konnte es von einem Gewitter nicht sein. Am nächsten Morgen lagen etliche Strommasten am Boden. Ein Baum war auf die Leitung gefallen. Zum Glück dauert es nie lange, bis wir wieder Strom haben.» Selbst hier, am «Ende der Welt».

Aller Abgeschiedenheit zum Trotz glaubt Urs Schneider an seine Zukunft als Landwirt. Und so will er zusammen mit seinem Bruder den bisher gepachteten Hof kaufen, an dessen Fassade die Jahreszahl 1579 eingelassen ist. «Es gibt keinen Grund, irgendwo anders hinzugehen», sagt er, «ausser in die Ferien vielleicht, um zu wandern oder um zu snowboarden.» Doch selbst dafür müsste Urs Schneider die kleine Welt der «Ulmet» nicht verlassen. Denn wenn es geschneit hat, holt er sein Snowboard vom Speicher und legt im Steilhang vor dem Hof eine jungfräuliche Spur in den Schnee. ▲

Rund um die Uhr im Einsatz: Der EBM-Pikettdienst Strom und Wärme

ALTERUNG
9,6%

FREMDEINWIRKUNGEN
Fahrzeuge, Tiere, Bäume usw.
22,3%

DIVERSES
Keine erkennbare Ursache, Rückwirkung von Abnehmern, Fehlauslösungen usw.
32,9%

ATMOSPHÄRISCHE EINWIRKUNGEN
Gewitter, Sturm, Schnee usw.
35,2%

Störungen im Hochspannungsnetz: Ursachen seit 1990.

Heftige Böen knickten den Mast um wie ein Zündholz, und die «Ulmet» war einmal mehr von der Stromversorgung abgeschnitten. «Aber nicht für lange», sagt Bauer Schneider zufrieden, denn der Pikettdienst der EBM war schnell zur Stelle. Atmosphärische Einwirkungen wie Gewitter, Sturmwind oder Schnee sind eine häufige Schadenursache – und oft ein Fall für den Pikettdienst, denn Schadenfälle pflegen sich nicht an Bürozeiten zu halten.

Über hundert Spezialisten stellen im Wochenturnus den Pikettdienst ausserhalb der Normalarbeitszeit sicher. Zu jeder Tages- und Nachtzeit, so die Vorgabe, soll der Pikettdienst innert dreissig Minuten am Schadenort sein. Er wird unterstützt durch die rund um die Uhr besetzte Netzleitstelle. Auch für ihre Wärme-Dienstleistungen unterhält die EBM einen Pikettdienst. Dabei sind die Heizzentralen mit einem elektronischen Überwachungs- und Leitsystem ausgerüstet, das mit der Netzleitstelle verbunden ist und Alarm schlägt, bevor jemand kalte Füsse bekommt. ▲

Zahlen und Bilanzen sind nicht seine Welt. Dann schon eher Menschenkenntnis und Fingerspitzengefühl. «Ich sehe mich als eine Art Coach», sagt Willy Winkler. Im Zentrum der Arbeit des Bankdirektors steht denn auch der Mensch – seine Kunden und Mitarbeiter.

«Es mag vielleicht erstaunen, aber man kommt im Bankgeschäft auch ganz gut ohne Zahlen aus», sagt Willy Winkler und lächelt: «Zumindest als Bankdirektor.» Entgegen der landläufigen Meinung nämlich, Bankdirektoren hätten bloss Bilanzen im Kopf, besteht Winklers Arbeit vor allem darin, zu vermitteln. Mit viel Fingerspitzengefühl und einer gehörigen Portion Menschenkenntnis. «Ich verstehe mich eher als Unterstützer und Förderer, der den Menschen hilft, Ängste zu überwinden und Ziele zu erreichen. Genauso wie ein Coach eben», sagt Winkler. Dass der Leiter der Arlesheimer Kantonalbank den Vergleich zur Sportwelt heranzieht, kommt nicht von ungefähr. Denn wann immer es seine knapp bemessene Freizeit zulässt, stürzt er sich in Trainingsanzug und Laufschuhe. Entsprechend gut sieht er aus: kerngesund, zäh, durchtrainiert. Kein überflüssiges Gramm Fett versteckt sich unter seinem schicken Anzug. «Ich brauche den Sport für mein körperliches und seelisches Gleichgewicht», sagt er. Und dieser Drang, sich zu bewegen, gesteht er, sei schon fast eine Sucht – die «Schuld» seiner Zwillingssöhne. Denn ihnen wollte er die Welt des Sportes, die Freude an der Natur und an der Bewegung näherbringen. Gemeinsam begannen die Männer der Familie Winkler mit dem Lauftraining. Mittlerweile sind die beiden Söhne erwachsen, und Willy Winkler joggt zusammen mit seiner Frau oder dann eben alleine. Durchaus erfolgreich übrigens: Für den New Yorker Marathon, der über 42 Kilometer durch die Häuserschluchten der Metropole führt, hat er gerade mal dreieinhalb Stunden gebraucht. Ein beachtliches Resultat. Und ein Ergebnis seines eisernen Willens und Durchhaltevermögens. «Man muss an sich glauben», sagt Willy Winkler.

Visionen – Willy Winkler hat sie auch als Bankdirektor. Nicht von ungefähr legt er grossen Wert auf das «Öko-Konzept» der Basellandschaftlichen Kantonalbank – und geht dabei mit gutem Beispiel voran: Statt mit dem Auto, fährt Winkler mit dem Zug, wenn er auswärts Besprechungen hat. «Autokilometer können bei uns überhaupt nicht mehr als Spesen verrechnet werden. Alle Angestellten erhalten ein Halbtaxabo.» Ausserdem bezieht die Bank ihre Wärme aus einem umweltfreundlichen Blockheizkraftwerk, und ökologisch interessante Projekte haben grössere Chancen auf einen günstigen Kredit. «Früher galt das bereits, wenn jemand isolierte Fenster einbaute», sagt er schmunzelnd. «Heute braucht's da ein wenig mehr – Photovoltaik-Anlagen beispielsweise oder grosse Überbauungen mit Blockheizkraftwerken.»

An seinem Arbeitsplatz im schmucken Dorfkern von Arlesheim, da, wo sich Banken und Bäckereien ballen, fühlt sich Willy Winkler wohl. «Die Atmosphäre ist familiär. Hier kennt man seine Kunden noch persönlich, und ein Gespräch geht weit über das rein Geschäftliche hinaus», erzählt er.

Trägt mit ihrem «Öko-Konzept» der Umwelt Rechnung: Basellandschaftliche Kantonalbank in Arlesheim.

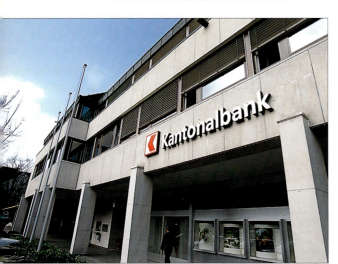

«Ich helfe den Kunden, ihre Ziele zu erreichen»

Willy Winkler, Direktor, Basellandschaftliche Kantonalbank, Arlesheim

Pflegt den persönlichen Kontakt zur Kundschaft: Bankdirektor Willy Winkler will helfen, Ängste zu überwinden – damit die regionale Wirtschaft in Schwung bleibt.

«Da kommt beispielsweise frühmorgens ein Garagist und klagt, dass die Kunden – weiss Gott weshalb – ausbleiben. Danach ist es ein Unternehmer, dessen Geschäft endlich wieder auf Touren kommt, so dass er sogar neue Leute einstellen kann. Und wenig später sitzt mir ein Metzger gegenüber, der sich darüber beklagt, dass Krethi und Plethi das Fleisch in Deutschland einkaufe.» Diese Kundennähe ist es, die Willy Winkler immer wieder fasziniert. Und so hat er im Lauf der Jahre nicht bloss viele Bekanntschaften gemacht, sondern auch ein umfassendes Bild der regionalen Wirtschaft erhalten.

«Ich sehe mich als Rädchen im regionalen Wirtschaftsgeschehen, und ich hoffe, dass ich etwas dazu beitragen kann, dieses am Laufen zu erhalten.» Mit nackten Zahlen hat Willy Winklers Arbeit in der Tat wenig zu tun. «Zum Glück, denn sie waren schon in der Schule nie meine Stärke. Ausserdem wird uns der grösste Teil der Rechnerei heute sowieso von Computern abgenommen.» Mit Konsequenzen. Nur zu gut erinnert sich Winkler an die düstere Prognose seines Vaters: Computer, sagte dieser immer, Computer werden uns dereinst alle kaputtmachen. Willy Winkler hat seinen alten Herrn damals kaum ernstgenommen. «Aber im Grunde genommen hatte er gar nicht so unrecht», sagt er. «Wie viele Arbeitsplätze haben wir deswegen schon eingebüsst! Irgendwann bleiben nur noch die anspruchsvollen Aufgaben wie das Verkaufen oder Beraten, die von Menschen erledigt werden müssen.» Noch ist es allerdings nicht soweit, und Willy Winkler lässt sich auch nicht verrückt machen. Zuviel Schönes gibt es auf dieser Welt – ein Essen mit Freunden etwa («meine Frau kocht ausgezeichnet»). Zuviel Schönes nach wie vor auch bei der Arbeit – beispielsweise, wenn er spürt, wie seine Stammkunden ihm vertrauen. «Viele begleitet man über Jahre hinweg», sagt Winkler, «und die bleiben einem oft sogar dann erhalten, wenn man die Stelle wechselt. Weil sie eben Vertrauen haben. Das sind die kleinen Streicheleinheiten, die jeder Mensch braucht. Auch ein Bankdirektor.» ▲

BASELLANDSCHAFTLICHE KANTONALBANK.
Die Basellandschaftliche Kantonalbank wurde im Jahr 1864 gegründet und beschäftigt 614 Mitarbeiter und Mitarbeiterinnen. Im Geschäftsjahr 1996 betrug die Bilanzsumme 12,8 Milliarden Franken, der Gewinn belief sich auf 43,4 Millionen Franken. Die Niederlassung Arlesheim wurde 1910 eröffnet und umfasst die Gemeinden Arlesheim, Münchenstein, Aesch, Pfeffingen und Reinach.

Von grosser Bedeutung für die Region: Die EBM als Wirtschaftsfaktor

Über 200 Millionen Franken erwirtschaftet die EBM jährlich mit dem Verkauf ihrer Produkte und Dienstleistungen. Rund 170 Millionen gibt sie für die Beschaffung von Waren und Dienstleistungen aus. Davon profitieren vorzugsweise Lieferanten aus der Region. Allein aufgrund der Löhne der knapp 400 Angestellten sowie der Renten der Pensionierten erwächst der Region eine Kaufkraft von über 40 Millionen Franken. Von der Wertschöpfung der EBM profitiert auch die öffentliche Hand: Knapp 10 Millionen Franken an direkten Steuern und Abgaben leistet die EBM jährlich. Als Genossenschaft ohne einberufbares Genossenschaftskapital muss sie ihr Eigenkapital selber erarbeiten und dabei den unternehmerischen Risiken in einem sich stark verändernden Elektrizitätsmarkt gebührend Rechnung tragen. Nur so bleibt sie bei Banken – wie der Basellandschaftlichen Kantonalbank – kreditwürdig und kann Fremdmittel günstig beschaffen. Für 7,727 Milliarden Franken bezogen die Schweizer Konsumenten 1994 insgesamt 46,9 Milliarden Kilowattstunden (kWh) Strom und erwirtschafteten damit ein Bruttoinlandprodukt von 351,92 Milliarden Franken. Geht man von einem durchschnittlichen Strompreis von 16,5 Rappen pro kWh aus, wurde mit jeder einzelnen Kilowattstunde ein Bruttoinlandprodukt von 7.50 Franken erwirtschaftet. Mit anderen Worten: Der volkswirtschaftliche Nutzen einer verbrauchten Kilowattstunde elektrischer Energie ist im Durchschnitt rund 45mal grösser als die Kosten dafür. Als einer der grösseren Stromverteiler der Schweiz liefert die Elektra Birseck rund 2,6 Prozent des gesamten in der Schweiz konsumierten Stroms. Damit generierte sie – rein rechnerisch – ein Bruttoinlandprodukt von 9,15 Milliarden Franken. ▲

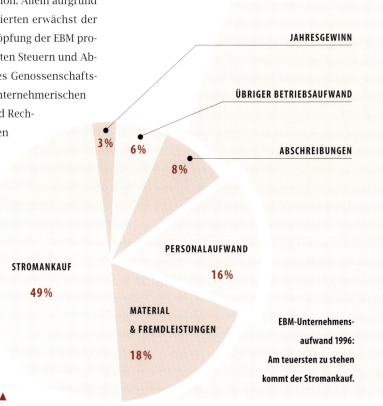

EBM-Unternehmensaufwand 1996: Am teuersten zu stehen kommt der Stromankauf.

- JAHRESGEWINN 3%
- ÜBRIGER BETRIEBSAUFWAND 6%
- ABSCHREIBUNGEN 8%
- PERSONALAUFWAND 16%
- MATERIAL & FREMDLEISTUNGEN 18%
- STROMANKAUF 49%

«In meinem Herzen bin ich ein Europäer»

Bernhard Kopp, Werkstättenleiter, Clariant (Schweiz) AG, Muttenz

Pflegt einen «kommunikativen Führungsstil»: Als Werkstättenleiter bei der Clariant sucht Bernhard Kopp den Dialog mit seinen Mitarbeitern. Und findet ihn auch.

«Eine Art Seelenverwandtschaft»: Seit 25 Jahren ist die Schweiz seine **Heimat.** Doch an eine Einbürgerung denkt er nicht. Denn Grenzen, sagt der Deutsche Bernhard Kopp, bestehen vor allem in den Köpfen der Menschen.

Rund siebzehn Jahre, davon zehn in Reinach BL und sieben in Himmelried SO, lebte und arbeitete Bernhard Kopp bereits in der Schweiz, als er sich um den roten Pass bemühte – und eine Absage erhielt. Zu wenig lang sei das, so die Himmelrieder Behörden, um ein wirklicher Eidgenosse zu werden. Doch das ist lange her. Heute, nach fünfundzwanzig Jahren, denkt Bernhard Kopp nicht mehr daran, sich einbürgern zu lassen. «Wozu auch? Ich fühle mich wohl hier, werde von allen akzeptiert, und ich sehe mich mittlerweile ohnehin als Europäer.» Und das ist auch schon der einzige Wermutstropfen in Kopps Beziehung zur Schweiz. «Ein bisschen mehr öffnen dürfte sie sich schon», meint er. Einen Vorwurf allerdings will er den Erben Tells deswegen nicht machen. Dass es für ihn jedoch wenig Sinn macht, um die Schweizer Staatsbürgerschaft zu kämpfen, während rundherum alle Grenzen fallen, gibt er offen zu.

Schweizer Pass hin oder her: Seelenverwandtschaft ist es, was Bernhard Kopp mit der Eidgenossenschaft verbindet. Und die spürt er ganz besonders im solothurnischen Himmelried, wo er zusammen mit seiner Frau im schmucken Eigenheim lebt und sich aktiv am Dorfleben der 1000-Seelen-Gemeinde beteiligt: als Mitglied, Vize-Dirigent und Kassier des Männerchors. «Der Ort hält, was sein Name verspricht», schmunzelt der gelernte Elektro-Ingenieur: «Es ist ein kleines Stückchen Paradies für mich und meine Frau.»

Sie war es auch, die ihm vor fünfundzwanzig Jahren den Weg in die Schweiz gefühlsmässig ebnete. Als Kopp 1972 sein Studium an der Fachhochschule Konstanz als Elektro-Ingenieur abschloss, packte er seine Chance und trat bei der Sandoz eine Stelle als Sachbearbeiter der Stromversorgung an, wo er während zehn Jahren für sämtliche Werke im Raum Basel verantwortlich war. «Für mich war schon immer klar, dass ich einen technischen Beruf erlernen wollte. Und da mich im Laufe meiner Ausbildung die Stromversorgung ganz besonders interessierte, war diese Anstellung bei Sandoz ideal. Auch wenn ich mir bis dahin eher einen Job bei einem Elektrizitätswerk vorgestellt hatte.» Doch auch bei Sandoz stand die Elektrotechnik im Vordergrund – vorerst jedenfalls. 1983 wurde Bernhard Kopp als Werkstättenleiter nach Muttenz berufen.

Mit einem bescheidenen «Rucksack Chemie» trat er seine Stelle im Werk Muttenz der Sandoz, der jetzigen Clariant (Schweiz), an und machte sich mit viel Engagement an die neue Aufgabe. Heute ist Kopp für den gesamten Betriebsunterhalt des Werks Muttenz der Clariant (Schweiz) AG zuständig. Dabei steht nicht mehr die Elektrotechnik im Vordergrund, sondern die Personalführung. «Das war etwas völlig Neues für mich», gesteht er. «Doch ich habe die Herausforderung gerne angenommen, und ich glaube, ich mache meine Arbeit gut.» Die

Gehört zu den weltweit führenden Unternehmen auf dem Gebiet der Spezialitätenchemie: Clariant.

CLARIANT AG.

Mit Produktionsstätten in 5 Kontinenten und über 60 Ländern zählt Clariant zu den weltweit bedeutendsten Herstellern eines breiten Sortiments von hochwertigen Farbstoffen und Chemikalien. Das 1995 aus der Division Chemikalien der Sandoz entstandene Unternehmen blickt dabei nicht bloss auf eine über 100jährige Geschichte zurück, sondern vor allem in eine überaus rosige Zukunft. Heute beschäftigt Clariant rund 8500 Mitarbeiterinnen und Mitarbeiter in der ganzen Welt (zirka 1300 in der Schweiz) und erwirtschaftete 1996 einen Umsatz von 2,337 Milliarden Franken und einen Gewinn von 137 Millionen Franken.

beginnt in der Regel frühmorgens, «weil es sich besser macht, wenn der Chef früh da ist», und die Tür zu seinem Büro steht für seine rund 100 Mitarbeiterinnen und Mitarbeiter immer offen. «Kommunikativer Führungsstil» heisst das Zauberwort. Und kommunikativ ist der Süddeutsche in der Tat.

Einfach sind die Zeiten allerdings auch für ihn nicht. Wie überall mussten in den vergangenen Jahren auch bei der Clariant Stellen eingespart werden. Und so kann es schon mal vorkommen, dass der Manager ins Grübeln kommt. «Es sind die menschlichen Schicksale, die mir zu schaffen machen», gesteht er, «auch wenn ich die wirtschaftliche Notwendigkeit solcher Sparmassnahmen durchaus einsehe.»

Den bisher nachhaltigsten Eindruck allerdings hinterliess ihm das Jahr 1986 – sowohl positiv als auch negativ. «100 Jahre Sandoz» wurden gefeiert. Und den «Jahrhundert-Samstag» wird Kopp, der im Organisationskomitee sass, nie vergessen. «Das war unbeschreiblich», schwärmt er. Doch kaum hatten sich die Festwogen gelegt, geschah die Katastrophe von Schweizerhalle. «Bis an die Grenzen ihrer Kräfte» seien er und seine Mitarbeiter im Einsatz gewesen. Zurück blieb neben dem Schock aber auch das gute Gefühl, Schlimmeres verhindert zu haben. «Man muss am selben Strick ziehen, dann wird das schon», sagt Kopp. «Ich bin ein positiver Mensch und lasse mich nicht so schnell ins Bockshorn jagen.» Und wenn er mal jemandem «so richtig den Marsch bläst», dann geschieht dies in der Sandoz-Musik, wo er jeden Montagabend mit Leidenschaft Klarinette spielt. ▲

Eine Frage der reibungslosen Zusammenarbeit: Das EBM-Stromgeschäft

Seit 100 Jahren beschafft, transformiert und verteilt die EBM in ihrem Versorgungsgebiet Strom für ihre Kunden – selber produziert sie hingegen nur ein Prozent der verkauften Elektrizität. Mit anderen Worten: Die EBM muss jährlich für 120 Millionen Franken Strom beschaffen, den sie an die Industrie (50%), an Haushalte (30%) und Gewerbe (20%) liefert. Für ein klassisches Elektrizitätsverteilwerk wie die EBM ist es deshalb von zentraler Bedeutung, den Strom zu einem möglichst günstigen Preis zu beschaffen, um konkurrenzfähig zu bleiben. Wichtigster Stromlieferant ist die Aare-Tessin AG für Elektrizität (Atel). Fast drei Viertel des gesamten Strombedarfs werden von der Atel gedeckt. Diese produziert Elektrizität in eigenen und in Partnerwerken aus Atomenergie und Wasserkraft. Überdies ist sie am internationalen Stromhandel beteiligt. Die EBM selber hält 10,5% des Aktienkapitals der grössten Schweizer Stromhändlerin, und die jahrzehntelange Zusammenarbeit zwischen der EBM und der Atel soll auch in Zukunft weiterbestehen. Der restliche Strombedarf der EBM wird durch die BKW FMB Energie AG (BKW) in Bern sowie durch folgende regionale und lokale Energieproduzenten gedeckt: die Kraftwerke Birsfelden (woran die EBM mit 15% beteiligt ist) und Augst, die EBM-Birskraftwerke Dornachbrugg und Laufen, 41 Blockheizkraftwerk-Module, 45 Photovoltaik-Anlagen sowie ein Deponiegaskraftwerk. ▲

Vom Erzeuger zum Verbraucher: Herkunft und Verwendung der Elektrizität in der Schweiz im Jahr 1996

35,4% KONVENTIONELLE KRAFTWERKE
26,8% KERNKRAFTWERKE
37,8% STROMIMPORT

VERLUSTE 4,9%
ENDVERBRAUCH 55,7%
STROMEXPORT 39,4%

Was immer sie anpackt, gelingt. Und was sie auch tut, tut sie mit Leidenschaft. «Ich bin rastlos», gesteht Annemarie Gaugler. Nur als Tramführerin bei der BLT zeigt sie erstaunlich viel Sitzleder: Seit Jahren macht sie Menschen mobil. Und bleibt dabei selber immer in Bewegung.

Die erste grosse Prüfung musste sie schon mit zwölf Jahren bestehen, als sie an Kinderlähmung und Hirnhautentzündung erkrankte und lange Zeit in Lebensgefahr schwebte. Schlecht sah es aus für die kleine Annemarie. Doch so schnell gab sie nicht auf. Sie würde wieder laufen wie alle andern Kinder auch, herumtollen und springen. Eine Kämpfernatur, schon als Dreikäsehoch. Und eine Optimistin mit unerschütterlichem Willen und einer gehörigen Portion Selbstvertrauen. Sie kaufte sich ein Velo und begann zu trainieren, bis sie mit ihren kleinen Beinen wieder fest auf dem Boden stand. Vielleicht ist es gerade diese Erfahrung, die Annemarie Gaugler zu dem machte, was sie heute ist: eine starke Frau, die sich mehr zutraut als viele andere. Die sich nie davor fürchtete, etwas scheinbar Unmögliches anzupacken und dazuzulernen. Eine Frau, die Herausforderungen geradezu suchte und sogar vor klassischen Männerberufen wenig Respekt zeigte. «Im Gegenteil», lacht die sympathische Langenbruckerin, die heute mit ihrem Mann in St. Pantaleon wohnt. «Männerberufe reizen mich besonders.» So erstaunt es nicht, dass Annemarie Gaugler erst die dritte Frau überhaupt war, die den Sprung in den Führerstand eines Trams der Baselland Transport AG schaffte. «Anfänglich haben mich die Leute schon komisch angeschaut», erinnert sie sich und kann ein Schmunzeln nicht verkneifen. «Polizisten vergassen vor lauter Staunen, den Verkehr zu regeln, Passagiere zögerten einzusteigen oder weigerten sich überhaupt.» Doch diese Zeiten sind längst vorbei. Heute wartet an der Haltestelle niemand mehr auf den nächsten Wagen, wenn Annemarie Gaugler vorfährt. Im Gegenteil: «Immer wieder machen mir die Passagiere sogar Komplimente für meinen Fahrstil, und sie finden es toll, dass eine Frau ‹am Steuer› sitzt.»

Annemarie Gaugler ist Tramführerin mit Leib und Seele. «Ich liebe meinen Beruf über alles», sagt sie. Und man glaubt es ihr. Sie geniesst es jeden Tag von neuem, wenn sie auf der «längsten Tramlinie Europas», der 25 Kilometer langen Linie 10 von Dornach nach Rodersdorf, unterwegs ist. «Das Fahren hat mir schon immer Spass gemacht. Ich bin eine leidenschaftliche Autofahrerin, und wenn ich die Stelle bei der BLT nicht erhalten hätte, hätte ich es wohl als Taxi- oder Lastwagenfahrerin versucht.» Kein Zweifel, dass sie auch das geschafft hätte. Ein Zufall war's, der die dynamische Mittfünfzigerin zum Tram brachte. Mit einem Zeitungsinserat suchte die BLT neue Tramführer. Annemarie Gaugler bewarb sich nicht bloss, sondern brachte auch ihren damaligen Chef auf den Geschmack, den sie diesbezüglich um Rat fragte. Beide erhielten den Zuschlag und erwiesen sich in der Folge als geborene «Drämmler». «Natürlich hatte ich am Anfang meine Zweifel», gesteht Annemarie Gaugler. «Immerhin hatte ich aufgrund meiner schweren Krank-

Die Baselland Transport AG mit Sitz in Oberwil erschliesst die meisten grossen Vorortsgemeinden Basels.

«Männerberufe reizen mich besonders»

Annemarie Gaugler, Tramführerin, Baselland Transport AG

Sucht dauernd die Herausforderung: Als eine der ersten Tramführerinnen der BLT sorgte Annemarie Gaugler einst für Kopfschütteln bei den Fahrgästen.

heit nicht viel mehr als die Primarschule vorzuweisen.» Was sie allerdings nie daran gehindert hatte, ihre Ziele hoch zu stecken: Sie arbeitete als Allrounderin in einem technischen Betrieb, erledigte Bürokram, montierte Kaffeemaschinen von der ersten bis zur letzten Schraube und schmiss – so ganz nebenbei – auch noch die Firmenkantine, wenn Not an der Frau war. Mit gesundem Selbstvertrauen und ohne grosses Aufheben tut die zweifache Mutter und vierfache Grossmutter seit je, wozu andere oft eine spezielle Ausbildung brauchen. Dass sie der ganzen Familie die Haare schneidet, ist dabei noch das wenigste. Sie hat ihre eigene Werkstatt, schneidert sich ihre Kleider selber («weil ich mich gerne chic und elegant kleide») und hat sich ihren eigenen Weinkeller ausgebaut – und gut bestückt. Ausserdem belegte sie eine ganze Reihe von Massagekursen und führte erfolgreich «die grösste Kleiderbörse Basels». Ihr Mann hat sie dabei stets unterstützt. «Wir haben beide viel Verständnis für den Job des andern und versuchen, möglichst tolerant zu sein», umschreibt Annemarie Gaugler das «Erfolgsrezept» ihrer Ehe. Überfordert hat sich die unermüdliche Chrampferin nie gefühlt. «Im Gegenteil. Ich lerne sehr schnell, und es gelingt mir einfach alles. Bis jetzt jedenfalls.» Und so kann sie es heute denn auch wegstecken, wenn sie von Fahrgästen einmal angepöbelt wird, und zweifelt nicht gleich an ihren Fähigkeiten, wenn sie mal einen Fehler macht auf dem Tram. Zwar leuchtet in ihren Augen nach wie vor das Feuer der Begeisterung, wenn sie von ihren Zukunftsplänen erzählt; ein bisschen sesshafter ist Annemarie Gaugler in ihrem Berufsleben allerdings schon geworden. Sie kann es sich durchaus vorstellen, bis zur Pensionierung als Tramführerin zu arbeiten. «Danach aber», sagt sie, «danach werde ich nochmal was ganz Neues anfangen. Am liebsten hätte ich mein eigenes Geschäft.» Das scheint so gut wie geritzt. ▲

BASELLAND TRANSPORT AG.

Über 50 Millionen Fahrgäste reisten 1995 auf den 16 Tram- und Buslinien der Baselland Transport AG. Die rund 200 BLT-Angestellten legten dabei auf dem 65 Kilometer langen Schienen- und 48 Kilometer langen Busstreckennetz über 7 Millionen Kilometer zurück und erwirtschafteten Einnahmen von über 170 Millionen und einen Gewinn von 6,4 Millionen Franken. Die Tramlinie 10 von Rodersdorf nach Dornach gilt mit ihren zirka 25 Kilometern als längste Tramstrecke Europas – und ist zugleich eine der rentabelsten BLT-Strecken. Die 1974 aus vier Privatbahnen und den Basellandschaftlichen Busbetrieben hervorgegangene BLT hat ihren Sitz in Oberwil und erschliesst die meisten grossen Vorortsgemeinden Basels.

200 Millionen Franken: Der Stromverkauf der EBM

Die in Arlesheim am 19. April 1897 zur Gründung der Elektrizitätsgenossenschaft versammelten Männer hatten ein klares Ziel vor Augen, nämlich «…im Birseck und den anstossenden Gemeinden des Kantons Solothurn (…) den Bewohnern elektrisches Licht und Kraft abzugeben». In ihrem ersten Betriebsjahr verkaufte die EBM für rund 65 000 Franken Elektrizität. Ein Jahrhundert später beträgt der Erlös aus dem Stromverkauf jährlich knapp 200 Millionen Franken. Beliefert werden rund 99 000 Haushalte, 9850 Gewerbekunden sowie 270 industrielle Grosskunden. Um den Strom-Endverbrauch ihrer Kunden zu ermitteln und in Rechnung zu stellen, setzt die EBM auf eine ausgeklügelte Elektronik. Zum Beispiel bei den 113 000 Kundenmessstellen, die regelmässig von den Zählerablesern der EBM überprüft werden: Die Zähler vor Ort sind periodisch geeichte Präzisionsinstrumente mit einer technischen Lebensdauer von mehreren Jahrzehnten und einem Beschaffungswert von rund 100 Millionen Franken. Das Ablesen der Daten erfolgt für neuere Zählertypen nicht mehr von Auge, sondern geschieht mittels Infrarot-Lichtimpulsen auf die elektronischen Zählerableser – eine von der EBM initiierte Entwicklung aus den achtziger Jahren, die mittlerweile von mehreren anderen Elektrizitätswerken übernommen worden ist. Die Daten werden auf dem mobilen Terminal des EBM-Zählerablesers gespeichert und anschliessend in eine moderne EDV-Anlage eingespiesen.

Ihre erste EDV-Anlage nahm die EBM im Jahr 1970 in Betrieb: ein riesiger Rechner, dessen Grösse in keinem Verhältnis zur relativ geringen Kapazität stand und der – wie viele Grosscomputer der ersten Generation – jahrelang an Kinderkrankheiten litt. Seit 1992 arbeitet die EBM mit der Software KEFTOS (Kunden-, Energie-, Fakturierungs-, Technik-Online-System), mit der die Rechnungen erstellt und der Zählerpark verwaltet werden. Rund eine halbe Million Rechnungen versendet die Energieverrechnungsabteilung der EBM jährlich. Ausserdem bearbeitet sie im Zusammenhang mit dem Stromverkauf pro Jahr 20 000 Rückfragen, 16 500 Wohnortswechsel, 10 000 Zählerstand-Meldekarten sowie 9000 Wechsel von Liegenschaftseigentümern. ▲

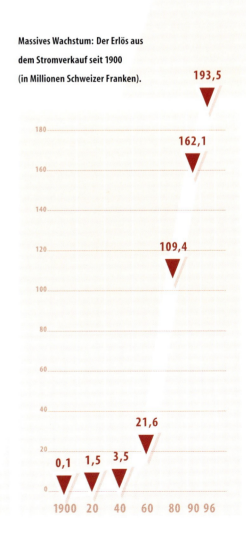

Massives Wachstum: Der Erlös aus dem Stromverkauf seit 1900 (in Millionen Schweizer Franken).

«Handwerklich bin ich kein Fachmann»

Hans Hasler, Administration des Goetheanum-Baus, Dornach

Mann mit Weitblick: 90 Arbeiter aus 25 Ländern sind am Umbau des Grossen Saals im Goetheanum Dornach beteiligt. Hans Hasler hält alle Fäden in der Hand.

Eigentlich ist er Heilpädagoge. Doch seit Jahren schlägt sich Hans Hasler vor allem mit Bauplänen herum. Zurzeit im Goetheanum in Dornach, wo er den Umbau des Grossen Saals betreut – eine 22-Millionen-Franken-**Herausforderung.**

Der Lärm in der mächtigen Kuppel ist ohrenbetäubend, und der Staub hängt dicht in der Luft. Es regnet Funken von der Decke. Es hämmert und fräst und dröhnt und sirrt. Und inmitten der Gerüste und Stahlträger geht schnellen Schrittes Hans Hasler – herzlich lachend Grussworte nach links und nach rechts in den Lärm schreiend. Da und dort bleibt er stehen, spricht über Fortschritte und Probleme, fachsimpelt in Russisch mit georgischen Architekten, gibt auf Italienisch, Hochdeutsch, Englisch, Französisch und in Ostschweizer Dialekt Anweisungen an Arbeiter, Handwerker und Ingenieure. Wenn es denn sein müsste, könnte er auch Finnisch sprechen. Aber augenblicklich ist kein Finne am Umbau des Grossen Saals beteiligt, der von rund 90 Arbeitern aus 25 Ländern völlig renoviert wird – ein multikulturelles Grossunternehmen sozusagen. Hasler tritt mit zufriedenem Lächeln aus dem dunklen und lärmigen Gewölbe. Bald wird es, kunstvoll bearbeitet, in neuem Glanz erstrahlen. Zielstrebig marschiert er Richtung Büro, das in einer anderen Ecke des Goetheanums untergebracht ist.

Als Hans Hasler seine Ausbildung zum Heilpädagogen machte, wusste er nicht, dass er dereinst Grossbaustellen leiten würde. Wie auch? Das Leben ist manchmal wie ein Baumstamm, der einen mehrarmigen Fluss hinuntertreibt und mal diese, mal jene Abzweigung nimmt. Und Hans Hasler driftete eben in eine Richtung, die so gut wie nichts mehr mit seinem angestammten Beruf, dafür umso mehr mit Bauen zu tun hat. Lächelnd sagt er: «Übrigens: Handwerklich bin ich alles andere als ein Fachmann. Ich pflege gerade mal meinen Garten, aber mehr kann ich eigentlich nicht.»

Doch, wie der Zufall so spielt, an jedem neuen Arbeitsort rutschte er früher oder später in eine Baukommission – oder gar in die Rolle des Bauherrn. Sogar in Finnland, wohin Hasler seiner Frau vor einigen Jahren gefolgt war, fasste er schliesslich die Aufgabe, den Ausbau jener heilpädagogischen Einrichtung zu betreuen, in der er selber mitarbeitete. Im Laufe seines Lebens kamen auf diese Weise insgesamt zehn Bauprojekte zusammen – Umbauten, Neubauten, Ausbauten. Ausserdem hat er dreimal privat gebaut. Ein respektabler Leistungsausweis für einen, der nicht vom Fach ist. 1990 wurde Hasler deshalb vom Goetheanum, für das er schon früher in anderer Funktion tätig war, als «Organisator mit Bauherren-Erfahrung» eingesetzt. «Diese Aufgabe reizte mich so sehr, dass ich von Finnland in die Schweiz zurückkehrte», sagt er, lässt sich auf seinen alten, nicht sehr bequem aussehenden Stuhl fallen und steckt sich eine Marlboro an. Auf einer speckigen Kommode in seinem aufgeräumten, ältlichen Büro liegt der orange Bauarbeiterhelm, der hier, wo die Kultur im Zentrum steht, seltsam fremd wirkt. Was

Anziehungspunkt für jährlich 100 000 Besucher: Zentrum der Anthroposophischen Gesellschaft in Dornach.

DAS GOETHEANUM DORNACH.

1913 wurde in Dornach unter der Leitung von Rudolf Steiner der Grundstein für das erste Goetheanum gelegt. Der Holzbau wurde 1920 fertig, kurz darauf aber ein Opfer von Brandstiftern. Das zweite, an gleicher Stelle und in Betonbauweise errichtete Goetheanum wurde 1928 in Betrieb genommen. Jährlich wird das Goetheanum von rund 100 000 Personen besucht. Das Zentrum der Allgemeinen Anthroposophischen Gesellschaft liegt in Dornach, die Lehre der Anthroposophen wird aber weltweit umgesetzt: in über 600 Waldorf-Schulen, 300 heilpädagogischen Heimen sowie auf 5000 Bauernhöfen, wo biologisch-dynamisch produziert wird.

ist denn so reizvoll am Goetheanum? Hans Hasler lehnt sich zurück und nimmt einen tiefen Zug von seiner Zigarette. «Alle Bauprojekte im Goetheanum sind wesentlich komplizierter als konventionelle Bauprojekte. Dies deshalb, weil wir es hier mit einem historisch gewachsenen und überaus grossen Bau zu tun haben, dessen Formen ausserdem sehr kompliziert sind.» Das Gebäude mit einer Länge und Breite von rund 90 Metern sowie einer Höhe von 37 Metern hat ein Volumen, das jenem von 160 Einfamilienhäusern entspricht. Um den Hauptbau herum liegen zehn weitere Zweckbauten sowie 30 Wohnhäuser, die ebenfalls zum Goetheanum gehören. Gemäss der Lehre des Begründers der Anthroposophie und des Initianten des Goetheanums, Rudolf Steiner (1861–1925), dass alles in Fluss bleiben und nichts sich verhärten solle, «gibt es denn auch ständig irgendetwas zu tun», erklärt Hasler. Und zwar so viel, dass es oft Sonntagabend wird, bis er überhaupt die Zeit findet, allein die Stapel von Papieren, die sich während der Woche angesammelt haben, bis aufs Schreibtischholz durchzuarbeiten.

Zwei bis vier Millionen Franken werden im Goetheanum Dornach jährlich für Sanierungen, Renovationen, Um- und Neubauten aufgewendet. Und wenn ein Projekt wie der Umbau des Grossen Saals ansteht, braucht es schon mal 20 Millionen. Doch investiert wird nur, wenn das Geld auch wirklich vorhanden ist. «Wir bauen mit keinerlei Bankkrediten. Entweder bringt die Anthroposophische Gesellschaft das Geld durch Spenden und Mitgliederbeiträge auf, oder dann warten wir eben, bis wir wieder genügend haben», sagt Hasler mit einem leichten Anflug von Stolz und lächelt: «Man kann sich unschwer vorstellen, dass dies die Planbarkeit eines solchen Grossunternehmens nicht gerade einfach macht.» Was Hans Hasler allerdings nur noch mehr motiviert. ▲

Ein hart umkämpfter Markt: Elektrische Hausinstallationen

«100 Jahre Elektra Birseck bedeuten auch 84 Jahre Zusammenarbeit mit dem Goetheanum Dornach», erklärt Hans Hasler. Und tatsächlich: Seit ihrer Grundsteinlegung vertraut die Kultur-Institution im Bereich der elektrischen Anlagen auf die Erfahrung und Kompetenz des Birsecker Energieversorgers. Und da im Goetheanum beinahe ununterbrochen renoviert, gebaut oder umgebaut wird, ist ein EBM-Angestellter permanent vor Ort im Einsatz. So enge Kundenbeziehungen sind mittlerweile allerdings eher die Ausnahme.

Bis Anfang der siebziger Jahre war die Hausinstallation neben dem Kerngeschäft Stromversorgung ein umsatzmässig bedeutender Geschäftszweig der EBM, in dem zeitweise über hundert Mitarbeiterinnen und Mitarbeiter tätig waren. Inzwischen ist dieser Markt jedoch derart hart umkämpft, dass die EBM heute im Bereich Hausinstallation nur noch rund zwanzig Mitarbeiter beschäftigt.

Diese sind verantwortlich für Projektierung, Installation und Unterhalt von elektrischen Anlagen im Stark- und Schwachstrombereich sowie für Telekommunikationsanlagen, sowohl für Industrie-, Gewerbe- und Dienstleistungsbetriebe als auch im Wohnungsbau. Die Hausinstallationsabteilung der EBM projektiert und installiert speziell auch EDV-Netze, Photovoltaik-Anlagen und Elektro-Anlagen von Blockheizkraftwerken. Sie übernimmt ebenfalls Kleinaufträge, Service- und Unterhaltsarbeiten. Nebst Niederspannungsinstallationen projektiert, installiert, betreibt und wartet die EBM zudem Hochspannungsanlagen von Grosskunden. ▲

Die Idee war ebenso einfach wie genial: Auf den Dächern der Häuser standen nichts weiter als grosse Wasserfässer, deren Inhalt sich in der warmen griechischen Sonne schnell, kostenlos und umweltfreundlich aufheizte. Und unten, in den Bädern und Küchen, sprudelte warmes Wasser aus den Leitungen. Ein Schlüsselerlebnis für Martin Waibel, der als junger Mann mit offenen Augen durch Griechenland reiste. Und wir, dachte er sich, wir kennen kaum etwas anderes als fossile Energien. Natürlich, darüber war er sich klar, würde das Prinzip in der «grauen» und regnerischen Schweiz schon aus klimatischen Gründen zumindest teilweise scheitern. Doch sein Interesse für unkonventionelle Lösungen alltäglicher Probleme war geweckt. Und sein Sensorium für Energiefragen entwickelte sich in den folgenden Jahren kontinuierlich.

Und dann dies: Irgendwann, vor noch nicht allzulanger Zeit, schlug Martin Waibel an einem Samstagmorgen wie gewohnt die Zeitung auf und las dort, die Elektra Birseck biete Privathaushalten die Möglichkeit, auf dem Hausdach eine solare Warmwasseranlage zu montieren. Ein Fall für Waibel.

Mit zufriedenem Lächeln sitzt Martin Waibel auf einem bequemen Sofa in seinem ausgesucht geschmack- und stilvoll eingerichteten Wohnzimmer und erinnert sich: «Ich war begeistert und rief am Montagmorgen gleich als erstes die Elektra an.» Kurze Zeit später sprudelte aus den Hahnen der Familie Waibel Warmwasser aus eigener Produktion. «Wissen Sie: Ich stehe gern länger unter der Dusche, als es unbedingt nötig wäre – und es ist ein ganz besonderes Gefühl, zu wissen, dass das warme Wasser einzig und allein von der Kraft der Sonne stammt. Ich muss sagen: Ich bin nach wie vor vollkommen begeistert.»

Martin Waibel, studierter Jurist, Filialdirektor einer Bank und Vater von drei Kindern, ist immer wieder fasziniert vom Erfindergeist und von den Möglichkeiten der Menschen. Technik im Dienste der Umwelt zu nutzen, ist ihm seit langem ein Anliegen. Und das ihm eigene Sensorium für Energieprobleme war auch in seinem Berufsleben stets wichtig: «In meiner Tätigkeit als Bankleiter wurde ich über die Jahre hinweg immer wieder mit Investitionskrediten für Alternativenergie-Projekte konfrontiert. Denn hier in der Region gibt es sehr viele engagierte Menschen.» Sogar mehr als anderswo, glaubt Waibel, denn die Diskussionen um das abgelehnte Atomkraftwerk Kaiseraugst sowie der offene, eigenwillige Charakter prädestinierten speziell die Baselbieter für Tüfteleien im Gebiet von alternativen Energieträgern. «Ich verfolge solche Projekte immer mit viel Interesse und habe dabei auch schon viel gelernt. Über Erdsonden-Heizungen zum Beispiel oder Wärmepumpen.» Waibels Interesse ging so weit, dass er selber eine

«Sensorium für erneuerbare Energien»: Im Eigenheim der Familie Waibel sorgt die Sonne für warmes Wasser.

> Als Kind zerlegte er seine Modelleisenbahn, um zu sehen, wie sie funktioniert. Bis heute ist Martin Waibel ein **Tüftler** geblieben – und hat auch als Filialdirektor einer Bank ein Herz für Leute mit unkonventionellen Ideen.

«Ich möchte mit den Kröten baden»

Martin Waibel, Bottmingen

Rundum begeistert: In seinem Haus in Bottmingen hat Martin Waibel eine «Solkit»-Anlage installiert – «weil ich gerne länger als nötig unter der Dusche stehe».

Lampe im Garten installierte, die ihren Strom aus Sonnenenergie gewann. An Schlechtwettertagen allerdings gingen abends bald die Lichter aus. Waibels Erkenntnis: Diese Solarleuchte ist ein Flop. «Leider waren auch viele der Projekte, die mir in der Bank vorgebracht wurden, kaum ausgereift oder überhaupt nicht wirtschaftlich.»

Solch kleine oder grössere Fehlschläge allerdings schreckten den dynamischen Endvierziger mit der geballten Ladung positiver Ausstrahlung noch nie ab. Schon als Bub fuhr er auf seiner Modelleisenbahn nicht im Kreis herum, sondern nahm

die Lokomotive auseinander. «Ich musste sehen, wie das funktioniert», sagt er lächelnd. Dass er sie nachher nicht mehr zusammensetzen konnte, kümmerte den kleinen Tüftler wenig. Später waren es Vespas und Automotoren, die er der näheren Untersuchung unterzog und so den Geheimnissen der Technik und Physik Schritt für Schritt auf die Spur kam. Derart erfolgreich sogar, dass er heute mit Fug und Recht von sich behaupten kann: «Eigentlich könnte ich in einer mechanischen Werkstatt mitarbeiten.»

Dass er doch einen anderen Weg eingeschlagen hat, liegt daran, dass ihm der Kontakt zu Menschen viel wichtiger ist. «Der Mensch interessiert mich zehn Mal mehr als die Technik. Am schönsten aber ist, wenn diese zwei Bereiche zusammenfallen. Was in meinem Beruf oft der Fall ist: Ich habe Bankkunden, die neue Hydranten erfinden oder Wärmepumpen entwickeln. Das ist ungeheuer spannend.»

Als «Grüner» will Martin Waibel deswegen nicht angesehen werden. «Man muss ja nicht Mitglied einer grünen Partei sein, um zu wissen, dass es mit dem massiven CO_2-Ausstoss nicht weitergehen kann wie bisher. Aber Verzicht und Einschränkung führen nicht zum Ziel, denn ein Grossteil der Bevölkerung macht da nicht mit. Ich glaube, wir müssen es über die Technik angehen. Und Leute, welche die entsprechenden Mittel dazu haben, in diese Richtung zu gehen, können vielleicht eine Vorbildfunktion übernehmen.»

Tatsächlich zeigen die Nachbarn im Quartier reges Interesse an der solaren Warmwasseranlage. Und wenn Besuch kommt, dann weiss Familienvater Waibel noch jedesmal das verblüffend einfache Prinzip des «Solkit» in aller Ausführlichkeit zu erklären – was ihm Spass bereitet und ihn auch ein wenig stolz macht, zumal sich die Zuhörer oftmals ziemlich beeindruckt zeigen. Auf jeden Fall aber bestätigt es dem umtriebigen Bankleiter, dass das Interesse an erneuerbaren Energien durchaus vorhanden ist. Und die Bereitschaft wächst, sich ernsthaft damit auseinanderzusetzen.

Dieses Interesse erschöpft sich – besonders in seinem Fall – nicht nur in sonnenerwärmtem Duschwasser: Martin Waibel hält sich auch in bezug auf sparsame Turbodieselmotoren auf dem laufenden, prüft für sein Haus Fensterscheiben, die Sonnenstrahlen in Strom umwandeln, sowie Dachziegel, die photovoltaisch Energie erzeugen.

Im Moment allerdings ist er fasziniert von einer ganz besonderen Art Schwimmbad im Garten: «Nicht diese traditionellen, klinischen Swimming-pools mit viel Chemie. Nein, mich interessiert vielmehr diese neue Möglichkeit der naturnahen Kombination von Pool und Biotop.» Waibel lächelt: «Ich möchte mit den Kröten baden.» ▲

Ein beachtlicher Erfolg: Die «Solkit»-Anlage der EBM im Keller von Martin Waibel.

DIE «SOLKIT»-ANLAGEN DER EBM.

Über 100 «Solkit»-Anlagen hat die Elektra Birseck bisher in Privathaushalten installiert – ein Erfolg. Lange Zeit als Tüftlerbasteleien belächelt, haben Solaranlagen ihre Zweckmässigkeit in den letzten Jahren längst unter Beweis gestellt. Sie sind heute sowohl energie- als auch verfahrenstechnisch auf dem neusten Stand und garantieren ein effizientes Energiemanagement. Über ein ganzes Jahr gesehen, deckt die Sonnenenergie immerhin 60 bis 70 Prozent des Warmwasserbedarfs eines Einfamilienhauses – und dies erst noch gratis. Die Funktionsweise ist denkbar einfach: In einem rund 4 Quadratmeter grossen Sonnenkollektor auf dem Dach befindet sich in schwarzen Kupferröhrchen eine frostsichere Flüssigkeit, die sich durch die Sonneneinstrahlung aufheizt. Danach fliesst sie in den Wärmespeicher im Keller und erwärmt dort in einem ausgeklügelten System das Wasser. Um auch im Winter oder während langer Schlechtwetterperioden ausreichend warmes Wasser zu haben, kann der «Solkit» mit einer kleinen elektrischen oder gasbetriebenen Nachheizung gekoppelt werden.

Die EBM: Vom Elektrizitätsversorger zum Energiedienstleister

1991 beschloss der Bundesrat sein Aktionsprogramm «Energie 2000» mit dem Ziel, den Verbrauch von fossilen Brennstoffen (Öl, Gas, Kohle) zu reduzieren, den Stromverbrauch zu stabilisieren, die erneuerbaren Energien zu fördern sowie die Leistung der bestehenden Wasser- und Atomkraftwerke zu erhöhen. Die erneuerbaren Energien sollen dabei so gefördert werden, dass sie im Jahr 2000 zusätzliche 0,5 Prozent zur Stromproduktion und 3 Prozent zur Wärmeversorgung beitragen. Als erneuerbare Energien gelten dabei die Sonnenenergie, Wasserkraft, Erdwärme, Umgebungswärme, Windenergie sowie die Biomasse. Im Versorgungsgebiet der EBM kommt diesbezüglich einzig die Photovoltaik – also durch Sonnenkraft erzeugter Strom – in Frage. Aus diesem Grund hat die Elektra Birseck verschiedene innovative Aktionen wie «Sonnen-Scheine» und «Strombörse» gestartet, die den Bau von Photovoltaik-Anlagen fördern sollten. Und der Erfolg bleibt nicht aus. 1997 laufen im Netzverbund der EBM 45 Photovoltaik-Anlagen – eine davon auf dem Verwaltungsgebäude der BLT in Oberwil. Vom gesamten Stromverbrauch im Versorgungsgebiet decken die 45 Anlagen zwar erst 0,02 Prozent. Das hoch gesteckte Ziel des Bundesrates (0,5 Prozent) liegt also noch in weiter Ferne. Allerdings gehört die installierte Spitzenleistung von 1,9 Watt pro Einwohner im EBM-Versorgungsgebiet zu den höchsten der ganzen Welt. Kunden, denen die Möglichkeit verwehrt ist, selber eine Photovoltaik-Anlage zu installieren, müssen deswegen aber nicht völlig auf Solarstrom verzichten. Sie können diesen bei der EBM zu realen Kosten erwerben, um für sich persönlich das Ziel von «Energie 2000» zu erreichen. Ausserdem besteht noch die Möglichkeit, den üblichen Atomstromanteil von rund 40 Prozent durch Solarstrom zu ersetzen. Im Zuge des bundesrätlichen Aktionsprogrammes startete die EBM auch ihr eigenes «Energie 2000»-Projekt, um sich vom klassischen Elektrizitätsversorger zum Energiedienstleister weiterzuentwickeln. Das Programm beinhaltet im wesentlichen folgende Schwerpunkte: verstärkte Information und Öffentlichkeitsarbeit, umfassende Energieberatung, Weiterführung der Aktivitäten im Bereich Wärme-Kraft-Kopplung und Quartierwärmeversorgung, Installation von Pilotanlagen mit neuen Technologien, Förderung von Elektrowärmepumpen in Kombination mit Wärme-Kraft-Kopplung, Förderung von Elektromobilen und Stromproduktion aus erneuerbaren Energien mit den beiden Kleinwasserkraftwerken Dornachbrugg und Laufen sowie zahlreichen Photovoltaik-Anlagen. Ausserdem legt die EBM grossen Wert darauf, innovativen Projekten und Energiedienstleistungen gegenüber immer wieder offen zu sein. ▲

Kampf dem Treibhauseffekt: Um den Verbrauch von fossilen Brennstoffen einzudämmen, fördert der Bundesrat das Energiesparen und die Nutzung erneuerbarer Energien.

Europa lag noch kriegsversehrt in Trümmern, als Dreikäsehoch Kurt Brechbühler zum ersten Mal auf Grundwasser stiess – ohne zu wissen freilich, dass er sich eines Tages ausschliesslich damit beschäftigen sollte. Die Buben aus Reinach und Dornach trafen sich nämlich an heissen Sommertagen auf der Reinacher Heide zum Schwimmen in der Birs. Just dort, wo der mächtige unterirdische Grundwasserstrom so nahe an der Erdoberfläche fliesst wie sonst nirgendwo. In einer Vertiefung in der Birs sammelte sich jeweils das kühle Grundwasser an und bot sich den Buben als natürliches Kaltwasserbecken an. «Eiskeller» nannten sie die Stelle, und Kurt Brechbühler erinnert sich noch heute sehr gut und sehr gerne daran, dass das Wasser mit einer Temperatur von kaum 14°C keine harten Jungs davor abschreckte, darin ein köstliches kühles Bad zu nehmen.

Darin allerdings erschöpfte sich das Interesse des Buben am Wasser. Kurt Brechbühlers grosser Traum nämlich war es, Lokomotivführer zu werden. Deshalb machte er nach der Schule eine Lehre als Maschinenmechaniker und arbeitete zunächst einige Zeit in den Werkstätten der Basler «Drämmli». Lokführer wurde er zu guter Letzt doch nicht: 1967, mit 29 Jahren, trat er seine Stelle beim Wasserwerk Reinach und Umgebung an. Offensichtlich ein guter Entscheid, sonst hätte Kurt Brechbühler wohl nicht ein Vierteljahrhundert lang dem damaligen Brunnenmeister assistiert, um schliesslich nach dessen Pensionierung selber diesen Posten zu übernehmen. Und er ist begeistert wie am ersten Tag: «Ich habe eine fantastische Aufgabe, und es ist ein schönes Gefühl, etwas sehr Sinnvolles zu tun.»

Und das sieht so aus: «Einfach gesagt: Meine Leute und ich stellen sicher, dass die insgesamt 47 000 Menschen in Reinach, Biel-Benken, Oberwil, Therwil, Bottmingen, Ettingen und im Hinteren Leimental jederzeit über genügend einwandfreies Trinkwasser verfügen.» Im Detail bedeutet dies für Brechbühler und seine fünf Mannen – alles gelernte Handwerker, Mechaniker, Installateure oder Schlosser –, die kantonale Grundwasser-Anreicherungsanlage in Aesch zu kontrollieren, Wasserleitungen, Transport- und Pumpenleitungen auszuwechseln oder zu verlegen, Hausanschlüsse zu installieren, Rohrbrüche zu reparieren sowie sechs Pumpwerke und drei Reservoire zu unterhalten – und natürlich regelmässig Wasserproben zu entnehmen und diese im Kantonalen Laboratorium untersuchen zu lassen. Nicht ohne Stolz sagt Brechbühler: «Die Wasserqualität hier ist gut. Und damit das auch in Zukunft so bleibt, sind unsere Reservoire seit dem Chemieunfall in Schweizerhalle extrem gesichert und die Bohrlöcher in den Grundwasserstrom hermetisch abgedichtet.»

Der kräftig gebaute, jugendlich wirkende Brechbühler steht im Innern des Reservoirs Bielhübel ob Oberwil. Man könnte direkt ab Boden

Ein Ritual: Jeden Morgen trinkt Kurt Brechbühler ein Glas Wasser. Und weiss dessen Qualität wohl zu schätzen. Denn als Brunnenmeister von Reinach und Umgebung ist er für die Trinkwasserversorgung von Zehntausenden von Menschen verantwortlich.

Wo alle Fäden zusammenlaufen: Schaltstelle der Wasserversorgung Reinach und Umgebung.

«Es ist schön, etwas wirklich Sinnvolles zu tun»

Kurt Brechbühler, Brunnenmeister, Wasserwerk Reinach und Umgebung

Kritischer Blick: Brunnenmeister Kurt Brechbühler prüft die Qualität des Trinkwassers. Im Labor des Wasserwerks Reinach werden die Proben regelmässig analysiert.

essen, so blitzblank glänzen die Kacheln und die zahlreichen Leitungsrohre. «Da lege ich grossen Wert darauf, dass alles sauber bleibt», meint Brechbühler und weist auf die Bullaugen, die in die Seitenwände eingelassen sind und durch die man einen Blick in die Wasserbecken werfen kann. Es ist ein Blick in eine andere Welt: Bläuliche Schimmer liegen über dem weiten, weissgeplättelten Becken, in dem ebenso weisse Säulen das Gewölbe tragen und wo in absoluter, mystischer Stille das wichtigste Lebensmittel des Menschen lagert: Wasser.

Kurt Brechbühler holt mit einigen Kennzahlen die Realität zurück: «Im Augenblick beträgt in unserem Gebiet der Verbrauch 10 000 bis 13 000 Kubikmeter Wasser täglich. Ein Kubikmeter – das, so nebenbei – entspricht 1000 Litern. Das macht hochgerechnet auf ein Jahr rund 4,8 Millionen Kubikmeter, die wir hochpumpen.» Er lächelt: «Keine Angst: Dem Grundwasserspeicher unter uns fliessen jährlich 10 Millionen Kubikmeter Wasser zu. So schnell geht es uns also nicht aus.»

Sorgfältig dreht Kurt Brechbühler die Schlüssel im Türschloss. Das Reservoir ist wieder verriegelt, für niemanden mehr zugänglich, ausser für ihn und seine Männer. Zusammen sind sie eine verschworene Gemeinschaft, und Brechbühler schätzt das gute Betriebsklima sehr. «Wir verbringen einen grossen Teil unseres Lebens mit der Arbeit, und deshalb ist es ein Geschenk, am Arbeitsplatz eine herzliche Atmosphäre vorzufinden.» Denn diese hält offensichtlich jung. «Ich fühle mich fit und möchte noch viel unternehmen», meint er weiter, «zum Beispiel eine ausgedehnte Reise durch Australien.» Dort wird Brechbühler – unter glühender Sonne und im Wüstenstaub – mitunter wohl sehnsüchtig an das kostbare, kühle, bläulich schimmernde Nass im «Eiskeller» zurückdenken. ▲

WASSERWERK REINACH UND UMGEBUNG.
Das Wasserwerk Reinach und Umgebung versorgt Reinach, Oberwil, Therwil, Bottmingen, Biel-Benken, Ettingen und das Hintere Leimental. Die Kosten für die reibungslose Trinkwasserversorgung der Region belaufen sich jährlich auf zirka 3 Millionen Franken. Die insgesamt 6 Angestellten des Wasserwerks Reinach sorgen 365 Tage im Jahr dafür, dass die rund 47 000 Einwohner des Versorgungsgebietes täglich genug Trinkwasser haben. 1996 lieferte es etwa 4,8 Millionen Kubikmeter Wasser.

3600 Kilometer Spannung: Das Leitungsnetz der EBM

Die EBM produziert selber nur 1 Prozent des benötigten Stroms, den Rest importiert sie von Produzenten ausserhalb ihres Versorgungsgebietes. Die drei Hauptlieferanten, die Atel (Aare-Tessin AG), die BKW Energie AG und das Kraftwerk Birsfelden, speisen über ein Hochspannungsnetz von 50 000 bzw. 150 000 Volt die zehn EBM-Unterwerke. Dort wird der Hochspannungsstrom in 13 000-Volt-Mittelspannungsstrom transformiert und über 770 Kilometer Kabel- und Freileitungen an die Gemeinden und gewerblichen sowie industriellen Grosskunden – zu denen auch das Wasserwerk Reinach und Umgebung gehört – weitergeleitet. Die handelsübliche Gebrauchsspannung – die 230/400 Volt aus der Steckdose – wird jedoch zuvor in 784 Transformatorenstationen «umgespannt» und über 2750 Kilometer Leitungen an die gut 100 000 EBM-Kunden verteilt.

Das Hoch- und das Mittelspannungsnetz mit seinen zehn Unterwerken und den insgesamt rund 1000 Schalt- und Transformatorenstationen der EBM und ihrer Grosskunden werden in der Netzleitstelle in Münchenstein überwacht und ferngesteuert. Sie ist rund um die Uhr besetzt und kann Störungen innert kürzester Zeit lokalisieren sowie die nötigen Massnahmen einleiten. Die EBM wartet ihre Anlagen und Leitungsnetze regelmässig, baut sie systematisch aus und eliminiert Schwachstellen. Um Versorgungsunterbrüche zu vermeiden oder Störungen zu verkürzen, setzt sie auch mobile Notstromgruppen ein. Rund 170 Mitarbeiterinnen und Mitarbeiter planen, bauen, betreiben und unterhalten das Elektrizitätsnetz der EBM, welches mit den rund 3600 Kilometer Leitungen, den Unterwerken und Trafostationen einen Wiederbeschaffungswert von rund 1,5 Milliarden Franken verkörpert. ▲

Als wär's eine Aorta:
Die Hochspannungsleitungen
übernehmen die
Aufgabe von Hauptschlagadern.

46

«Ich brauche dieses Kribbeln»

Susi Hostettler, Kinderkrankenschwester, Kantonsspital Bruderholz

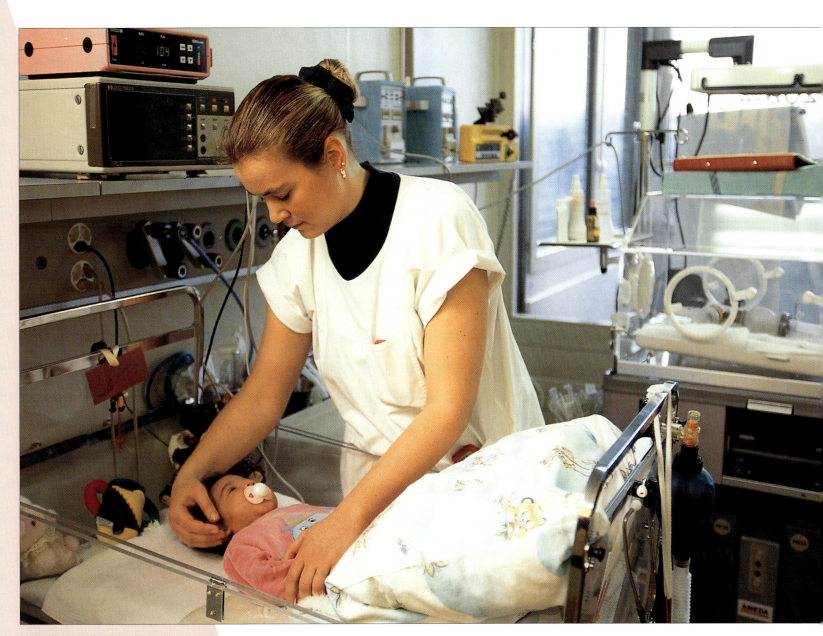

Totaler Einsatz für eine Handvoll Leben: «Das Schönste ist es, einer Mutter ihr Kind gesund zurückgeben zu können», sagt Susi Hostettler. Der kleine Patient darf bald heim.

Als Leistungsschwimmerin hatte sie nur ein Ziel: Beste und Schnellste zu sein. Doch auch als Kinderkrankenschwester auf der Neonatologischen **Intensivstation** des Kantonsspitals Bruderholz erbringt Susi Hostettler Höchstleistungen. Tag für Tag.

Donnerstagmorgen, 10 Uhr: Kantonsspital Bruderholz, Neonatologie. Kaum geht die Tür zur Intensivstation für Früh- und Neugeborene auf, füllt Kindergeschrei den Raum. Man fühlt sich als Eindringling, wagt kaum zu atmen. Wie kann man hier bloss arbeiten? Schwester Susi macht es vor, lacht herzlich und gibt der sterilen Krankenhausumgebung ein menschliches Gesicht. Nein, das Geschrei mache sie längst nicht mehr nervös, winkt sie ab. «Das ist Teil meines Jobs. Und bei weitem nicht der unangenehmste.» Susi Hostettler ist stellvertretende Stationsleiterin, und wenn die gebürtige Deutsche erzählt, voller Engagement und Freude, hält man es kaum für möglich, dass sie hier fast täglich einen Kampf um Leben und Tod ihrer kleinen Patienten führt.

In den kleinen Betten liegen Säuglinge, die – kaum haben sie das Licht der Welt erblickt – bereits ums Überleben kämpfen. Schwester Susi hilft ihnen dabei, zusammen mit einer Vielzahl von Krankenschwestern und Ärzten. Meist mit Erfolg. Manchmal auch vergebens. «Mitunter ist das Leben schon ungerecht», sagt sie nachdenklich. «Eltern, die sich riesig über ein Kind freuen würden, bekommen keins oder verlieren es. Andere Eltern, die allen Grund hätten, sich über ihr gesundes Baby zu freuen, wollen es gar nicht oder nur widerwillig.» Allein in einem Zimmer, vollgestopft mit High-Tech-Apparaturen, liegt der kleine Alain und schreit, dass sich die Balken biegen. Zärtlich nimmt ihn Susi Hostettler in die Arme und spricht ihm beruhigend zu. «Alain darf bald heim», sagt sie. Und darauf freut sie sich. «Wenn du einer Mutter ihr Kind zurückgeben darfst, ist das ein wunderschöner Moment. In diesem Augenblick macht dir der Beruf besonders Freude.» Am schlimmsten ist es für die bald 30jährige Krankenschwester, den Müttern ihre Kinder kurz nach der Geburt wegzunehmen, auch wenn es bloss darum geht, sie zu retten. «Da fliessen schon mal die Tränen. Auch bei uns.» Und auch nach jahrelanger Berufspraxis.

Zehn Jahre sind es im Fall von Susi Hostettler. Damals hat sie ihre Karriere als Leistungsschwimmerin an den Nagel gehängt und sich – statt für den Spitzensport oder ein Universitätsstudium – für die Ausbildung zur Kinderkrankenschwester entschieden. «Ein guter Entscheid», meint sie rückblickend. Auch wenn es ihr an ihrem ersten Arbeitsplatz – auf der Wochenbett-Station einer Klinik in Nürnberg – bereits nach kurzer Zeit langweilig wurde. «Dort hatten wir es mit gesunden Müttern und Kindern zu tun. Ich aber brauche eine gewisse Hektik, ein Kribbeln und diese dauernde Herausforderung.» So wechselte sie auf die Intensivstation für Neu- und Frühgeborene. Und wäre wohl auch dort geblieben, hätte sie sich beim Skifahren in der Schweiz nicht verliebt. Aus dem Flirt am Skilift wurde eine feste Beziehung, und Susi Hostettler pen-

KANTONSSPITAL BRUDERHOLZ.
Nahezu 40 000 Patienten werden im Kantonsspital Bruderholz jährlich betreut und gepflegt. Das 1973 eröffnete Akutspital mit Ambulatorien und Kinderklinik verfügt über rund 550 Betten und beschäftigte Ende 1996 zirka 1400 Personen. Die durchschnittliche Bettenbelegung betrug 82,6 Prozent, der Betriebsaufwand rund 127 Millionen Franken. Auf der Intensivpflegestation für Neugeborene (Neonatologie) stehen sechs bis sieben Betten zur Verfügung.

Seit 1973 im Dienste der Allgemeinheit: Kantonsspital Bruderholz mit Akutspital, Ambulatorien und Kinderklinik.

48

delte fortan regelmässig zwischen Nürnberg und Basel. «Ich hatte gleich doppeltes Glück: Mein Mann ist bei der Crossair angestellt, und so konnten wir sehr günstig fliegen. Ausserdem arbeitet auch er unregelmässig, so dass wir uns sehr gut arrangieren konnten und nicht bloss eine Wochenendbeziehung hatten.»

1992 gab Susi Hostettler ihren Job in Nürnberg auf und zog «schweren Herzens» in die Schweiz. «Nicht, weil mir die Schweiz nicht gefallen hätte, aber ich bin sehr verwurzelt mit meiner Heimat. Ich habe dort meine Familie, meinen Freundeskreis und meinen Schwimmverein. Und offen gestanden: ich bin auch ein kleines bisschen stolz darauf, Deutsche zu sein.» Nur: für die Krankenschwester war es bedeutend einfacher, in Basel einen Job zu finden, als für ihren Mann in Deutschland. «Ausserdem haben Krankenschwestern in der Schweiz mehr Kompetenzen und sind ganz allgemein angesehener.» Eines aber hat sich Susi Hostettler geschworen: Immer sie selber zu bleiben. Und so hat sie sich bislang auch standhaft gewehrt, Schweizerdeutsch zu sprechen – obwohl sie es problemlos versteht.

Nach fünf Jahren fern der Heimat hat sich Susi Hostettler gut in der Schweiz eingelebt und fühlt sich wohl in Basel. «Unsere Beziehung ist noch so schön wie am ersten Tag», sagt sie mit einem schwärmerischen Lächeln, «und meine Arbeit gefällt mir.» Aber auch heute noch kann es vorkommen, dass sie das Heimweh packt. In akuten Fällen nimmt sie dann jeweils einfach den nächstmöglichen Flieger nach Nürnberg. Und meistens sitzt dann – im Gegensatz zu früher – auch «die grosse Liebe» an ihrer Seite. ▲

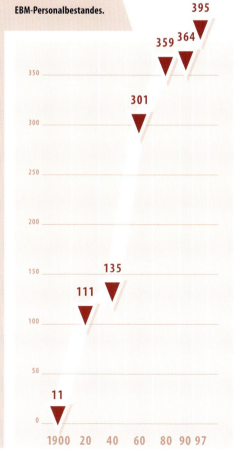

Als Arbeitgeberin immer wichtiger: Entwicklung des EBM-Personalbestandes.

Attraktiv und innovativ: Die EBM als Arbeitgeberin und Ausbilderin

Mit rund 400 Mitarbeiterinnen und Mitarbeitern ist die EBM – ähnlich wie das Kantonsspital Bruderholz – eine bedeutende Arbeitgeberin der Region. Zirka zwei Drittel ihrer Mitarbeiterinnen und Mitarbeiter leben denn auch in den Kantonen Basel-Landschaft und Basel-Stadt. Ein grosser Teil der «Nicht-Basler» stammt aus dem benachbarten Kanton Solothurn. Mindestens jeder zehnte EBM-Angestellte ist Grenzgänger und lebt zum überwiegenden Teil im Elsass. Einige wenige haben ihren Wohnsitz in Deutschland. Als Energie-Dienstleistungs-Unternehmen mit einem vielfältigen und komplexen Leistungsauftrag ist die EBM nicht bloss auf qualifizierte Fachleute angewiesen – sie bildet sie auch selber aus und fördert die fachliche Kompetenz ihrer Angestellten in Aus- und Weiterbildungskursen. Besonders viel Gewicht wird dabei dem Informatikbereich beigemessen. Entsprechend den hohen Anforderungen im Arbeitsalltag ist auch das Ausbildungsniveau der EBM-Mitarbeiterinnen und -Mitarbeiter hoch: Etwa 85 Prozent verfügen über eine abgeschlossene Berufslehre, 11 Prozent über ein Hochschulstudium oder über eine Weiterbildung an einer Fachhochschule. Entgegen dem aktuellen Wirtschaftstrend baute die EBM ihr Angebot an Lehrstellen und Lehrberufen in den letzten Jahren kontinuierlich aus. Heute stehen jährlich 20 Ausbildungsplätze als Netzelektriker, Elektromonteur, kaufmännische Angestellte, Informatiker und Automechaniker zur Verfügung. Für Absolventen von Handelsschulen, HTL und ETH oder zur Vorbereitung dieser Ausbildungsgänge bietet die EBM Praktikumsplätze an, die auch jungen Berufslehr- und HTL-Absolventen als Übergangslösung zur Verfügung stehen. In Zusammenarbeit mit dem Lehrerseminar Liestal offeriert die EBM ausserdem Praktikumsstellen für angehende Lehrerinnen und Lehrer und beteiligt sich am internationalen Studentenaustausch der ETH Zürich. ▲

Nichts als einen Koffer in der Hand hatte Gregor Gerdes und die Nase gestrichen voll vom ewigen Rauf und Runter, als er 1967 in Basel an Land ging. «Ich hatte ganz einfach keine Lust mehr, auf dem Rhein hin und her zu schippern. Also mietete ich an der Bärenfelserstrasse in Basel ein Zimmer für 90 Franken – im Monat, wohlgemerkt! Sieben Jahre aufm Frachtkahn, sieben Jahre hin und her zwischen Basel und Duisburg waren genug. Ich fand hier eine Stelle als Hilfsdeklarant. Mit anderen Worten: Ich fuhr mit dem Solex von Zollamt zu Zollamt und half, die Schiffe abzufertigen.» Kurze Atempause. «1975 wurde ich Schiffsbetreuer bei der Ultra-Brag. Kurz darauf wurden die Schiffe verkauft, und ich rutschte ins Exportgeschäft. Heute bin ich Abteilungsleiter der technischen Dienste. Meint: wir, also meine Männer und ich, wir sind zuständig für den Unterhalt sämtlicher technischer Einrichtungen inklusive unsere zwei Schiffe. Eines fährt zwischen Basel und den Seehäfen an der Küste, das andere ist ein Spezialschiff für Kies, das nur im Oberrhein fährt.» Punkt. Gregor Gerdes hält inne und lächelt, lässt seine Rede ein paar Augenblicke wirken und seinem Gegenüber etwas Zeit, die geballte Ladung Informationen erst mal zu verdauen. Ein Lebenslauf im Telegrammstil. Zackzackzack. Typisch Gerdes. Ein Macher, ein Pragmatiker, einer, der gleich zur Sache kommt und nicht um den heissen Brei rum redet oder Vergangenem allzu lange nachgrübelt.

Das war schon immer so. Auch damals, als er hoch oben in Ammerland, in der Nähe von Ostfriesland, als junger Mann die Handelsschule abschloss. Die Eltern sahen ihren Sprössling bereits als Sachbearbeiter im Gemeindebüro. Doch da sollten sie ihren Sohn noch kennenlernen. Er sitze doch nicht den ganzen Tag im Büro und warte auf seine Pensionierung, ereiferte sich Jüngling Gerdes damals und meldete sich bei der Bundeswehr. Panzermechaniker wollte er werden, etwas Handfestes halt. Die Antwort kam postwendend: Zu jung sei er noch, hiess es. Die Absage konnte den künftigen Binnenschiffer nicht erschüttern.

Statt Trübsal zu blasen, klapperte er auf der Suche nach einer Mechanikerlehrstelle sämtliche Autowerkstätten der Umgebung ab. Als sich just eine Garage fand, die den jungen Mann unbedingt anstellen wollte, traf Gerdes aber einen Rheinmatrosen – und war fasziniert von dessen Erzählungen. Seemannsgarn hin oder her: Gierig sog er seine Geschichten auf und entschloss sich, als Schiffsjunge anzuheuern. Er schrieb umgehend an eine Reederei in Basel und erhielt eine Zusage. Gerdes sagte dem Garagisten ab, winkte den Eltern adieu und zog ans Rheinknie.

Da der Beruf des Schiffsjungen damals in der Schweiz noch nicht anerkannt war, ging Gerdes nach Duisburg zur Schule. Erst in den siebziger Jahren wurde die Ausbildung auch in

Fahrplanmässig Fracht nach Rotterdam und Antwerpen: Gelände der Ultra-Brag im Rheinhafen Birsfelden.

> Sieben Jahre schipperte Gregor Gerdes als junger Mann zwischen Basel und dem Ruhrpott. Heute hat er wieder festen Boden unter den Füssen – als Techniker in den Rheinhäfen von Kleinhüningen und Au/Birsfelden. Geblieben ist ihm die **Liebe zur Schiffahrt.**

«1967 ging ich in Basel an Land»

Gregor Gerdes, Leiter Technische Dienste, Ultra-Brag, Birsfelden

«Null Bock» auf eine Bürolehre: Gregor Gerdes heuerte als Schiffsjunge an – und machte Karriere. Heute ist er Abteilungsleiter Technische Dienste bei der Ultra-Brag.

Basel angeboten. Die Schule hat mittlerweile ihren Betrieb wieder eingestellt. Grund: zu wenig Nachwuchs. «Hat sich eben viel verändert hier», sagt Gerdes. «Es gibt heute keine grossen Schweizer Reedereien mehr. Nehmen wir doch zum Beispiel die Basler Rheinschiffahrts AG: 70 Schiffe hatten die einst. Jetzt sind es gerade noch zwei. Gut», räumt er ein, «die Schiffe sind natürlich grösser geworden. Wir fahren heute mit Schiffen, die über 2000 Tonnen laden können und 95 Meter lang sind.» Zukunft habe die Rheinschiffahrt, so ist Gerdes überzeugt, auf jeden Fall. Denn sie sei das günstigste

Transportmittel in bezug auf Energieverbrauch und Umweltfreundlichkeit. «Auch das Ladungsaufkommen auf dem Rhein hat sich völlig verändert», meint er. Und er erinnert sich: «Was habe ich früher noch Kohle und Koks geschippert! Du meine Güte! Heute hingegen werden vorwiegend Öl, Metalle, Baustoffe, Maschinenteile, Container und Hartweizen von Basel in die Seehäfen transportiert.»

Doch Gregor Gerdes ist keiner, der vergangenen Zeiten nachtrauert. Dazu hat er weder Lust noch Zeit. Seit der Zertifizierung (ISO 9001) der Ultra-Brag im Jahr 1995 sind zwei seiner Hauptaufgaben, ständige Verbesserungen zu erarbeiten sowie das Personal zu schulen in Sachen Umwelt und Sicherheit, Energiesparmassnahmen und Abfallentsorgung. Und er fühlt sich im Element: «Wir sind hier in Birsfelden direkt der Kanalisation angeschlossen. Stellen Sie sich mal vor, was das für eine Katastrophe wäre, wenn in unseren Lagerhäusern durch einen Unfall irgendwelche Giftstoffe auslaufen würden. Deshalb muss jedes kleinste Detail, muss jede Eventualität vorausgesehen werden, damit man vorsorgliche Schutzmassnahmen einrichten kann.»

Als Öko-Apostel fühlt sich Gregor Gerdes zwar dennoch nicht, aber auch privat tut er schon mal etwas für die Umwelt. An seinem Wohnort in Arlesheim, in einer Grossüberbauung mit 99 Wohnungen, bildet er mit einigen anderen Mietern ein «Kompost-Team», das für die gemeinsame Kompostieranlage verantwortlich ist. Und was an Freizeit übrig bleibt, gehört den beiden Töchtern Sabrina und Sandra, auf die Gregor Gerdes mächtig stolz ist. «Meine Frau und ich unternehmen dauernd etwas mit den beiden. Ich zum Beispiel gehe mit ihnen radfahren und skifahren. Meine Frau hingegen bringt ihnen das Schwimmen bei, denn», und Gerdes lacht laut und herzhaft, «ich bin zwar gelernter Matrose – aber wann immer wir während der Ausbildung zum Schwimmunterricht mussten, habe ich mich freiwillig zum Kartoffelschälen gemeldet.» ▲

ULTRA-BRAG.

Aus der Fusion der Umschlags-, Lagerungs- und Transport AG (Ultra) mit der Basler Rheinschiffahrts AG (Brag) entstand 1975 die Ultra-Brag. Sie unterhält einen fahrplanmässigen Containerdienst von und nach Rotterdam und Antwerpen mit mehreren wöchentlichen Abfahrten. Die Ultra-Brag verfügt über zwei Motorgüterschiffe, insgesamt elf Kräne, davon zwei Schwergutkräne mit einer Tragkraft von je 300 Tonnen, 60 000 Tonnen Siloraum, 21 000 m² Lagerhallen und 24 000 m² offenen Lagerplatz, mehrere Rangierlokomotiven und ausgedehnte Gleisanlagen. Die Firma beschäftigt gegenwärtig 115 Angestellte.

Wo kulturelle und sprachliche Vielfalt aufeinandertreffen: Das Dreiländereck ist Dreh- und Angelpunkt einer lebendigen Region. Und die EBM ist ein Teil davon.

Für bewussten Umgang mit Ressourcen: Die EBM-Energieberatung

Über 3000 Anfragen gehen bei der Energieberatungsstelle der EBM in Münchenstein jährlich ein – Tendenz steigend. Und die Wünsche der Kunden werden immer vielfältiger und komplexer: Sie reichen von der einfachen Auskunft in bezug auf Stromsparlampen bis hin zur detaillierten Information im Zusammenhang mit Hausisolationen und Heizungen oder zum «ausgewachsenen» Energiekonzept für ein Restaurant. Und schliesslich sind da auch noch Grosskunden wie die Ultra-Brag, die von der EBM im Zusammenhang mit der Zertifizierung des Betriebes nach ISO-Norm 14001 (Auszeichnung für wirkungsvolles Umweltverhalten) über Jahre hinweg beraten wurde.

Die Energieberatung als Zusatzdienstleistung hat bei der Elektra Birseck Tradition: Seit ihrem Bestehen liefert die EBM nicht nur Strom, sondern steht ihren Kunden in sämtlichen Energiefragen zur Seite. Mit dem Ziel, den sparsamen, rationellen und wirtschaftlichen Umgang mit Ressourcen zu fördern – ein Thema, das in den vergangenen Jahrzehnten ohnehin zunehmend diskutiert wurde. Aus diesem Grund schuf die EBM im Jahr 1979 eine eigentliche Energieberatungsstelle. Zuvor oblag diese Aufgabe der Abteilung Hausinstallation. Die steigende Nachfrage machte 1990 jedoch die Schaffung einer eigenständigen Abteilung notwendig. Hier arbeiten ausschliesslich Fachkräfte, die für ihre Aufgabe eine HTL-Zusatzausbildung «Energie» mitbringen. Grundsätzlich Generalisten mit breitgefächertem Fachwissen, greifen diese nach Bedarf auch auf das grosse Know-how der Spezialisten in anderen EBM-Abteilungen zurück und ermöglichen dadurch eine umfassende Kundenberatung und -betreuung.

Während vielen Ratsuchenden bereits am Telefon oder mit Prospekten weitergeholfen werden kann, erfordern Beratungen im Gewerbe- und Dienstleistungssektor in der Regel bedeutend mehr Aufwand. Dabei werden die Interessenten ins Kundencenter nach Münchenstein eingeladen, wo sie – zuerst mit Videos und Informationsschriften, danach im persönlichen Gespräch – informiert und beraten werden. Und schliesslich sucht die EBM zusammen mit dem Kunden auch vor Ort nach einer optimalen Lösung.

Hinter dem Wunsch nach Beratung stecken meist zu gleichen Teilen wirtschaftliche und ideelle Überlegungen. Denn der sparsame Umgang mit der Energie ist nicht bloss ein Beitrag zum Umweltschutz – er zahlt sich auch aus. Entsprechend werden bei der Evaluation von massgeschneiderten Lösungen auch sämtliche Energieträger – wie Gas, Öl, Elektrizität, Fernwärme und Sonne – mit all ihren Vor- und Nachteilen in Erwägung gezogen. Die Erstberatungen der Energieberatungsstelle sind kostenlos, weitergehende Planung, Projektierung und Ausführung durch Dritte wird auf Wunsch vermittelt und gegen Aufwand in Rechnung gestellt. Nebst dieser Dienstleistung am Kunden gelangt die Energieberatungsstelle in Quartieren und Dörfern mit dem «Beratungsmobil» auch an weitere Bevölkerungskreise, um diese für das Thema zu sensibilisieren. Ausserdem ist sie wenn immer möglich an Messen und Gewerbeausstellungen präsent. Seit Mitte der neunziger Jahre nimmt die EBM-Energieberatungsstelle in Münchenstein auch eine öffentliche Funktion wahr: Im Auftrag von Bund, Kantonen und Gemeinden repräsentiert sie die offizielle Energieberatung im solothurnischen Dorneck-Thierstein sowie im Baselbiet und kommt damit einem grossen Bedürfnis nach.

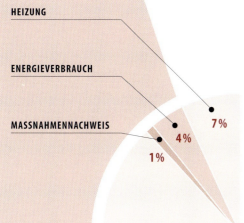

HEIZUNG 7%
ENERGIEVERBRAUCH 4%
MASSNAHMENNACHWEIS 1%
«SOLKIT» 28%
KURZANFRAGEN 60%

Die meisten Probleme lassen sich gleich am Telefon lösen: Anfragen bei der EBM-Energieberatung 1996.

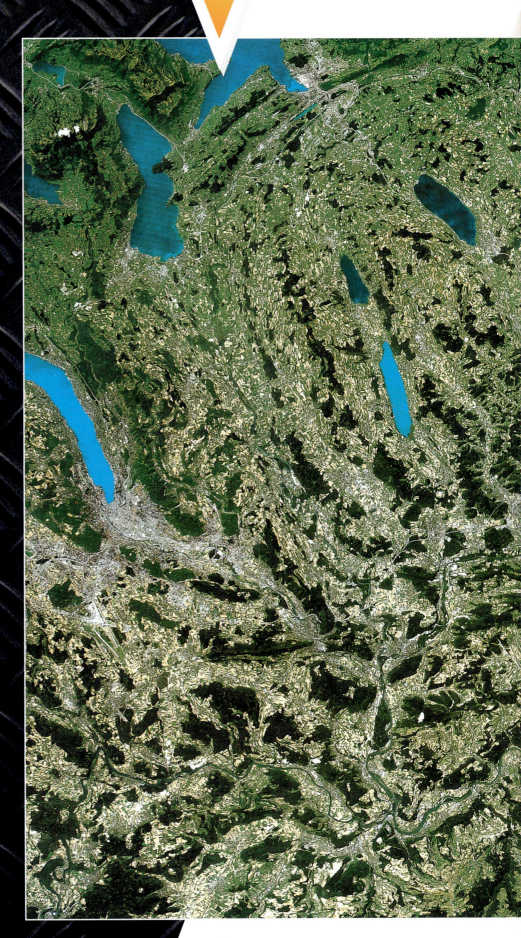

Grenzüberschreitend: das Versorgungsgebiet der EBM, vom Satelliten «Landsat 5TM» in 800 km Höhe aufgenommen. Gut zu erkennen: die Stadt Basel im Dreiländereck, das angrenzende Elsass und Baden-Württemberg (unten rechts). Eindrücklich der Blick auf die Hügelzüge des Jura. Wie Tintenkleckse in der zerfurchten Landschaft: Zürichsee, Aegeri- und Lauerzersee, Zugersee und Vierwaldstättersee, Hallwiler-, Baldegger- und Sempachersee. Rechts oben: der Bielersee. (von Osten nach Westen).

Vor hundert Jahren fanden sich im Baselbiet zwei Menschen: Der Ingenieur Fritz Eckinger wollte im Birstal die elektrische Beleuchtung einführen, und der Politiker Stefan Gschwind brachte die revolutionäre Idee der genossenschaftlichen Organisationsform ein. Mit der Gründung der Genossenschaft Elektra Birseck (EBM) am 19. April 1897 trugen die beiden Pioniere der Elektrifizierung entscheidend zum wirtschaftlichen Aufschwung und zur industriellen Entwicklung der Region Basel bei. Inzwischen versorgt die EBM 58 Politische Gemeinden in den Kantonen Baselland, Solothurn sowie im Elsass mit elektrischer Energie. Die bewegte Geschichte der EBM von 1897 bis 1997.

Text: Michèle Thüring

Stefan Gschwind

Fritz Eckinger

100 Jahre Energie-Dienstleistungen

Die Gründung der Genossenschaft

Erste Erfahrungen mit der Elektrizität wurden schon lange vor dem 19. Jahrhundert gesammelt. Die effektive Umsetzung der technischen Kenntnisse in die Praxis bereitete aber zu Beginn erhebliche Mühe, weil die einzigen damals bekannten Stromquellen, die galvanischen Batterien, nur schwachen Strom lieferten. Die Entwicklung des elektromagnetischen Telegraphen im Jahre 1832 markiert dann den Beginn der Elektrotechnik und – damit verbunden – der weitergehenden kommerziellen Nutzung der Elektrizität. Unter «Elektrotechnik» ist sowohl die Erzeugung und Verwendung von Elektrizität als auch die Herstellung der dazu nötigen Maschinen und Geräte zu verstehen. Im Jahre 1867 wurde mit der Erfindung der elektromagnetischen Dynamomaschine der Übergang zur Starkstromtechnik möglich. Sie erlaubte es, effizient und in grossem Massstab mechanische Energie in elektrische Energie umzuwandeln. Zu den wichtigsten Errungenschaften der Starkstromtechnik gehören die rationelle Erzeugung und die verlustarme Verteilung elektrischer Energie und deren Nutzung in Form von Licht, Wärme oder Kraft. An der Internationalen Elektrotechnischen Ausstellung in Frankfurt am Main gelang 1891 erstmals die Übertragung von Kraft über eine Distanz von 175 Kilometern. Kurz nach der Entwicklung des dynamoelektrischen Prinzips begannen sich auch Schweizer Ingenieure vertieft mit dem Thema der Elektrizitätsnutzung zu beschäftigen.

Auch in Basel interessierte man sich gegen Ende des letzten Jahrhunderts für diese technischen Fortschritte und begann mit der Elektrizität zu experimentieren. Einer der wichtigsten Pioniere der Elektrotechnik in der Schweiz ist der Basler Emil Bürgin (1848–1933). Bürgin gilt als Vater des schweizerischen Elektromaschinenbaus. Er konstruierte 1875 einen elektrischen Minenzünder in Form eines handbetriebenen Gleichstromdynamos. Wenig später entwarf er den ersten Gleichstromdynamo für den Betrieb von Maschinen. Ab 1880 stellte der Techniker in seiner Kleinbasler Werkstätte Elektromaschinen her. 1881 gründete er dann zusammen mit dem Ingenieur Rudolf Alioth (1848–1916), dem Sohn des Spinnereifabrikanten August Alioth, am Claragraben in Basel die Firma Bürgin & Alioth. Deren Zweck war es, Bogenlampen und Generatoren für grössere Beleuchtungsanlagen wirtschaftlich und in grösserem Stil zu produzieren. Die Firma Bürgin & Alioth gehörte schnell zu den führenden Herstellern elektrischer Maschinen in der Schweiz. 1883 zog Emil Bürgin sich aber aus dem Unternehmen zurück und überliess seinem Partner die Elektrizitätsbranche, weil er sich auf die Eisproduktion in Amerika verlegen wollte. Der Ingenieur Rudolf Alioth übernahm in der Folge die Patente und die Werkanlagen. Seine Maschinen- und Dynamofabrik erhielt am 24. Mai 1892 eine staatliche Konzession zur Stromproduktion für den Eigenbedarf. Im Mai 1894 verlegte das Unternehmen seinen Sitz nach Münchenstein und liess sich, zuerst als Kommanditgesellschaft, ein Jahr später als Aktiengesellschaft, ins Handelsregister eintragen. Als Verwaltungsratsdelegierter und Direktor amtierte Rudolf Alioth, zum Verwaltungsratsausschuss gehörten neben Carl Köchlin, dem Präsidenten, auch Alphons Ehinger und Alfred Sarasin. Als Prokurainhaber waren Felix Burckhardt und Friedrich Eckinger registriert. Das Unternehmen wurde bald unter dem Namen «Elektrizitätsgesellschaft Alioth» bekannt. Während der drei Jahrzehnte ihres Bestehens – bis kurz vor dem Ersten Weltkrieg – gehörte die Firma Alioth zu den innovativsten Betrieben der Elektrotechnik in der Schweiz. Ende letzten Jahrhunderts expandierte die

Elektrizitätsgesellschaft Alioth gar ins Ausland: 1898 gründete das Münchensteiner Unternehmen zusammen mit französischen Partnern die Firma Alioth-Buire in Lyon, um für das inzwischen umfangreiche Geschäft in Frankreich bessere Produktionsbedingungen zu haben. Ein Jahr später kaufte Alioth die Fabrik in Lyon ganz auf und führte sie von da an als Filiale. 1899 entstand die Società Italiana di Elettricità Alioth, die der Vermittlung von Aufträgen südlich der Alpen diente.

Den Strom für die Herstellung der Maschinen und Geräte erzeugte das betriebseigene Alioth-Kraftwerk an der Birs. Die Energie wurde über das interne Fabrikstromnetz verteilt. Damit war die Firma Alioth gleichzeitig auch eine der ersten Firmen mit einer Eigenerzeugungsanlage. Um 1900 geriet die Münchensteiner Fabrik aber wegen Organisationsmängeln, Schadenersatzforderungen von Kunden und einem Streik in Lyon in eine schwere Krise. Als Reaktion darauf wurde die Führungsstruktur des Betriebs umgehend angepasst. Der wirtschaftliche Niedergang konnte so vermieden werden. Einige Jahre später, 1906, machten dann vor allem wirtschaftspolitische Umstände dem Münchensteiner Betrieb zu schaffen. Zu nennen sind hier vor allem die neuen internationalen Handelsverträge und die unsicheren Zollverhältnisse. Das Angebot des Konkurrenzunternehmens Brown, Boveri & Cie. (BBC) in Baden für eine Übernahme mittels eines Aktientausches fand deshalb Gehör bei der Elektrizitätsgesellschaft Alioth. Im September 1910 wurde zwischen den beiden Parteien vereinbart, dass alle Alioth-Aktien durch Brown-Boveri-Scheine abgelöst würden. Damit war aus dem einst renommierten Basler Elektrowerk faktisch eine Zweigniederlassung der Badener Firma BBC geworden. Dennoch ist die Geschichte der Firma Alioth für die Entstehung der Elektra Birseck von zentraler Bedeutung: Das Ideenpotential und die Innovationen der Alioth-Werke prägten die technische Infrastruktur in der Region Basel entscheidend.

Die Gründung der Genossenschaft Elektra Birseck (1894–1897)

1894 legte der Maschineningenieur Friedrich Eckinger, damals leitender Angestellter bei der Elektrizitätsgesellschaft Alioth, eine interessante Studie vor. Er schlug vor, in Arlesheim eine Aktiengesellschaft zu gründen, um im unteren Birstal die elektrische Beleuchtung einzuführen. Die abendliche Stromversorgung für die umliegenden Ortschaften sollte das bestehende Alioth-Kraftwerk mit der Wasserkraft der Birs besorgen. Ausgehend vom Maschinenhaus der Firma Alioth, wollte Eckinger eine Anlage für elektrische Beleuchtung und Kraftverteilung errichten.

1895 wurde ein Rundschreiben an alle Strominteressenten im Birseck – vor allem an die Gastwirte und die Gewerbetreibenden – verschickt. Darin wurde zu einer Orientierungsversammlung eingeladen, an der das Vorprojekt Friedrich Eckingers vorgestellt werden sollte. Über siebzig Private und Gemeindevertreter erschienen zu dieser Informationsveranstaltung. An dieser Zusammenkunft wurde beschlossen, Eckingers «Projekt zur Nutzbarmachung der Wasserkräfte der Birs» weiterzuentwickeln. Es wurde ein Initiativkomitee mit elf Mitgliedern gebildet. Der Ausschuss machte sich sofort an die Vorarbeiten. Eckinger fragte auch die Regierungen von Baselland und Solothurn um die Bewilligung für die Leitungsaufstellung auf öffentlichem Grund und Boden an. In der Folge übernahm Friedrich Eckinger die Leitung der Verhandlungen mit den staatlichen Stellen. Schnell einigte man sich unter den Initianten auf die offizielle Firmenbezeichnung «Elektrizitätsgesellschaft Birseck» und auf den Firmensitz in Arlesheim. Die Pläne Eckingers, eine Aktiengesellschaft zu gründen, kamen jedoch nicht voran. Ein

Staunen der Zeitgenossen über die neue elektrische Beleuchtungstechnik: Strassenszene in Frankreich 1885.

Die Gründung der Genossenschaft

zweites Schreiben, diesmal an die Gemeinden des Birseck, wurde verfasst. Für die Errichtung der Freileitungen war die geplante Gesellschaft nämlich darauf angewiesen, das Gemeindeareal, insbesondere die Ortsstrassen, benützen zu können. Das Initiativkomitee forderte deshalb die Gemeinden auf, sich an der geplanten Gesellschaft zu beteiligen. Die Kommunen reagierten jedoch mit Zurückhaltung. Man war der neuen Energieform gegenüber skeptisch eingestellt und deshalb nicht bereit, finanzielle Risiken einzugehen. Auch private Geldgeber liessen sich nicht finden.

Die Verbindung von Energie- und Sozialpolitik

Der Oberwiler Sozialdemokrat Stefan Gschwind (1854–1904) brachte die Idee einer Genossenschaft ins Spiel. Seit Mitte des 19. Jahrhunderts war die genossenschaftliche Organisationsform in Basel und seiner Umgebung weit verbreitet. Gschwind empfahl, alle Stromabonnenten gleichberechtigt zu einer Gesellschaft zusammenzuschliessen. Die Elektrizität für Licht und Kraft sollte zu einem Selbstkostenpreis beziehungsweise sehr günstigen Preis an die Mitglieder abgegeben werden. Dem jungen Politiker ist damit der entscheidende Impuls für die genossenschaftliche Rechtsform der Elektrizitätsgesellschaft zu verdanken. Die Idee der Gestaltung einer Konsumentenorganisation wurde von den Einwohnern des Birsecks und den Behörden des Kantons und der Gemeinden gut aufgenommen. Im August 1896 einigten sich die Elektrizitätsgesellschaft Alioth und die Planungsgruppe der Elektrizitätsgesellschaft Birseck auf die künftige Form der Zusammenarbeit. Stefan Gschwind setzte sich dafür ein, dass möglichst rasch konkrete Schritte zur Gründung der Genossenschaft unternommen wurden, und erklärte sich bereit, die Statuten zu entwerfen. Friedrich Eckinger legte im Oktober 1896 eine überarbeitete Version der Kostenabrechnung aus dem Vorprojekt von 1894 vor. Diese sah Anlagekosten von 135 000 Franken und jährliche Einnahmen von 49 620 Franken vor. Die Hälfte der Einkünfte wäre der Elektrizitätsgesellschaft Alioth als Entgelt für die gelieferte Energie zu vergüten. In den folgenden Jahren müsste folglich mit jährlichen Aufwendungen von rund 20 000 Franken für Kapitalverzinsung, Leitungsunterhalt und andere Kosten gerechnet werden.

Der Vertragsentwurf vom Sommer 1896 regelte auch die Zusammenarbeit der beiden Partner, der «Genossenschaft für electrisches Licht & Kraftversorgung im Birseck» und der Elektrizitätsgesellschaft Alioth: «Die Contrahenten errichten behufs Versorgung mit Elektrizität von einigen Gemeinden des Kantons Baselland und der benachbarten Ortschaften der Kantone Solothurn und Bern gemeinschaftlich ein Elektrizitätswerk in der Weise, dass die obgenannte Genossenschaft auf ihre Kosten sämtliche Leitungsanlagen und die Transformatorenstationen baut, während die Elektrizitätsgesellschaft Alioth auf ihre Kosten die eigentliche Centralstation mit Motoren, Dynamos, Apparaten und sonstigen nötigen Einrichtungen erstellt.» Der elektrische Strom sollte vom Maschinenhaus der Elektrizitätsgesellschaft Alioth an der Birs ins Netz der neuen Versorgungsgesellschaft eingespiesen werden. Die Elektrizitätsgesellschaft Alioth musste sich verpflichten, eine konstante Energieversorgung zu gewährleisten. Dies bedeutete, dass sie neben dem eigentlichen Kanalwasserwerk eine Dampfreserveanlage bereithalten musste, um damit zusätzlichen Strom produzieren zu können, falls die Wasserturbine wegen zu niedrigen Wasserstands zu wenig Energie liefern sollte. Die Firma Alioth versah also den Stationsdienst im Kraftwerk. Aufgabe der Genossenschaft war es, die von ihr erstellten Leitungen und Anlagen zu unterhalten und den Geschäftsverkehr mit den Abonnenten, das heisst den Genossenschaftern, zu regeln. Beide Partner waren somit für die Errichtung und die Amortisation je eines Teils der Anlagen verantwortlich.

Vorerst sollten die Gemeinden Aesch, Arlesheim, Binningen, Bottmingen, Dornach, Ettingen, Münchenstein, Muttenz, Oberwil, Pfeffingen, Reinach und Therwil ans Netz angeschlossen werden. Als Bedingung für den späteren Anschluss weiterer Gemeinden sahen die Vertragspartner vor, dass beide Parteien mit dieser Gebietsausdehnung einverstanden sein müssten. Die Initianten waren 1896, ein Jahr vor der Gründung der Elektra Birseck, der Meinung, dass das Wasserkraftwerk an der Birs vorderhand sowohl den Kundenwünschen als auch den Bedürfnissen der Firma Alioth für ihre Fabrikation genügen würde. Man ging damals davon aus, dass nur ein kleiner Teil der Bevölkerung elektrischen Strom beziehen würde. Die Abonnentenzahl und die Kraftnachfrage würde so in einem bescheidenen Rahmen bleiben. Dennoch reichte das Initiativkomitee, um einem allfälligen Energiemangel vorzubeugen, am 27. Juli 1896 bei der Kantonsregierung ein Gesuch ein, dass bei künftgen Konzessionserteilungen für Wasserkraftwerke ein fixes Kraftquantum zum Erstellungspreis für die elektrischen Anlagen im Birseck reserviert werden sollte. Die Beteiligten rechneten damals aber wohl kaum damit, dass der Strombedarf in kürzester Zeit derart ansteigen würde, dass das Wasserkraftwerk an der Birs nicht mehr ausreichen würde. Für die Geschäftsführung dieser regionalen Genossenschaft sah man wohl deshalb auch ehrenamtliche Organe vor. Der Vertrag zwischen der Genossenschaft und der Firma Alioth sollte für eine Laufzeit von zehn Jahren abgeschlossen werden. Niemand rechnete damit, dass das von den Alioth-Turbinen ausgehende Versorgungsnetz wegen der unerwartet grossen Nachfrage nach wenigen Monaten bereits nicht mehr genügen würde und schon nach einem Jahr durch andere Kraftquellen ersetzt werden müsste.

Die Funktion der Gesellschaft umriss der Politiker Stefan Gschwind in seinem Statutenentwurf folgendermassen: «Die unter dem Namen ‹Elektra Birseck› im Birseck und den anstossenden Gemeinden des Kantons Solothurn und des Kantons Bern sich bildende Genossenschaft hat den Zweck, den Bewohnern elektrisches Licht und Kraft abzugeben. Als Sitz der Genossenschaft wird Arlesheim (Baselland) bestimmt. Licht und Kraft darf nur an Genossenschafter abgegeben werden.»

Die Verfügbarkeit des elektrischen Stroms sollte je nach Tageszeit begrenzt sein. Die Kraftproduktion richtete sich nach der Arbeitszeit der Elektrizitätsgesellschaft Alioth, wo an allen Wochentagen mit einer kurzen Unterbrechung zwischen 12 und 1 Uhr gearbeitet wurde. An Sonntagen und allgemeinen Feiertagen war während der Dauer der Tageshelle keine Stromlieferung geplant. Für die Berechnung des Strombezugs wurde ein einfaches Tarifsystem mit pauschalen Taxen für bestimmte Verbrauchsvorrichtungen eingeführt. Zu Beginn des Jahres 1897 waren die wichtigsten Vorkehrungen für die Gründung der Gesellschaft getroffen. Es lagen auch genügend definitive Abonnementsbestellungen vor – 774 Bestellungen für Glühlampen, zwei für Bogenlampen und einige Kraftabonnemente für Motoren –, so dass die Genossenschaft rechtsgültig gegründet werden konnte. Am 19. April 1897 fand die konstituierende Generalversammlung statt. Dieses Datum ist für die Geschichte der Elektra Birseck vor allem in organisatorischer Hinsicht bedeutend. Der Betrieb, also die Stromlieferung, wurde nämlich erst ein

FRITZ ECKINGER

Fritz Eckinger (1861–1948) hatte am Technikum Winterthur und an der maschinentechnischen Abteilung des Eidgenössischen Polytechnikums in Zürich studiert. 1884 schloss er seine Studien ab und erhielt das Diplom als Maschineningenieur. Er begann seine berufliche Karriere bei der Maschinenfabrik Oerlikon als Mitarbeiter von Charles Brown, einem Pionier der Elektrotechnik. Nach einigen Lehrjahren wechselte Friedrich Eckinger 1891 zur Elektrizitätsgesellschaft Alioth. Erst im Jahre 1902 verliess er die Firma, um sich ganz der Leitung der Elektra Birseck zu widmen.

Die Gründung der Genossenschaft

gutes Jahr später aufgenommen. An diesem Ostermontag fand in Arlesheim im Gasthof «Löwen» die erste Mitgliederversammlung der zu gründenden Genossenschaft statt, die mit rechtsverbindlichen Beschlüssen die Grundlage für die Tätigkeit der Genossenschaft schuf. An diesem denkwürdigen Tag waren 60 Abonnenten anwesend und weitere 68 durch Vollmachten vertreten. Offiziell waren an der Gründungsversammlung die Einwohnergemeinden Binningen, Birsfelden, Dornach, Oberwil, Reinach und Therwil sowie zwei Firmen anwesend. Der von Stefan Gschwind ausgearbeitete Vertrag mit der Firma Alioth & Cie. wurde ohne weitere Diskussion oder Gegenantrag mit grossem Mehr genehmigt. Damit stand fest: Die Genossenschaft Elektra Birseck bezieht ihren Strom von der Elektrizitätsgesellschaft Alioth, die sich verpflichtet, elektrische Energie bis zu 180 PS (was ungefähr 126 Kilowatt entspricht) zur Verfügung zu stellen. Für den Anfang konnte also die Genossenschaft die Kosten für eine eigene Kraftstation einsparen.

Eine Woche nach der Gründungsversammlung trat der an diesem wichtigen Treffen gewählte Verwaltungsrat – bestehend aus 15 Personen – zum ersten Mal zusammen. Am 25. April 1897 hielt er seine erste Sitzung im Gasthof «Ochsen» in Dornachbrugg ab. Diesmal mussten die Mitglieder der Betriebsleitung und der Direktion bestimmt werden. In die Betriebsleitung gewählt wurden Stefan Gschwind als Präsident, Albert Elsaesser als Vizepräsident und Wilhelm Krayer als Aktuar. Die Betriebsdirektion wurde von Friedrich Eckinger, Wilhelm Krayer und Wilhelm Schmidlin gebildet. Schon am 1. Mai 1897 hielten die vom Verwaltungsrat beauftragten Gremien ihre erste Sitzung ab. Damals lag die Mitteilung vor, dass die Firma Alioth respektive ihr Verwaltungsrat dem Vertragsentwurf – abgesehen von ein paar geringfügigen Änderungen und Präzisierungen – zugestimmt habe. Die Genehmigungen des Kantons gingen bald darauf ein. Der Baselbieter Landrat erteilte der Genossenschaft Elektra Birseck am 27. September 1897 die Konzession zur «Erstellung und (zum) Betrieb einer Leitung für elektrischen Strom im Bezirk Arlesheim». Die Elektra Birseck erhielt damit die Erlaubnis, das Kantonsstrassenterrain sowie die Staatsgebäude für den Bau der elektrischen Leitungen zu benützen. Die jährliche kantonale Konzessionsgebühr betrug von 1898 an fünf Franken pro Kilometer Hochspannungsleitung. Nach dem projektierten Leitungsnetz sollten die Leitungen auf basellandschaftlichem Gebiet eine Länge von rund 16 Kilometern haben. Dafür wurde vom Kanton Baselland eine jährliche Gebühr von 80 Franken in Rechnung gestellt. Im Oktober desselben Jahres lag auch die Genehmigung der Statuten der Elektra Birseck durch den Landrat des Kantons Baselland vor. Oberstes Organ der Genossenschaft war damit die einmal jährlich stattfindende Generalversammlung, an der jedes Mitglied eine Stimme hatte. An der Generalversammlung mussten Beschlüsse über gestellte Anträge gefasst werden; die eigentliche Geschäftsleitung oblag aber der Betriebsdirektion

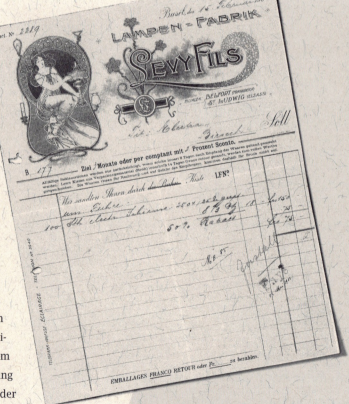

Lampen für die junge EBM aus dem nahen Elsass: Lieferschein aus dem Jahre 1901.

ZWECK DER GENOSSENSCHAFT EBM.
Die Funktion der Gesellschaft umriss der Politiker Stefan Gschwind in seinem Statutenentwurf folgendermassen: «Die unter dem Namen Elektra Birseck im Birseck und den anstossenden Gemeinden des Kantons Solothurn und des Kantons Bern sich bildende Genossenschaft hat den Zweck, den Bewohnern elektrisches Licht und Kraft abzugeben. Als Sitz der Genossenschaft wird Arlesheim (Baselland) bestimmt. Licht und Kraft darf nur an Genossenschafter abgegeben werden.»

der Elektra Birseck. Die Generalversammlung besass auch das Wahl- und Abberufungsrecht über den Verwaltungsrat. Nach dem Landratsbeschluss am 25. Oktober 1897 folgte die Genehmigung des bereinigten Bauvertrags mit der Elektrizitätsgesellschaft Alioth in Dornachbrugg. Zur Deckung der bevorstehenden Baukosten in der Höhe von rund 100 000 Franken wurde eine Obligationenanleihe vorgesehen. Zur Zeichnungsstelle wurde die Spar- und Leihkasse Arlesheim erklärt. Insgesamt kamen so bis Ende 1897 52 000 Franken zusammen. Damit waren die organisatorischen Vorbereitungen am Ende des Jahres 1897 so weit gediehen, dass mit dem technischen Aufbau der elektrischen Stromversorgung begonnen werden konnte.

Künstliche Helligkeit: Die Einführung des elektrischen Lichts

In den ersten Betriebsjahren der Elektra Birseck stellte die Beleuchtung mit elektrischem Licht den Hauptzweck der Stromversorgung dar. Zu Beginn verfügten freilich nur wenige Privathäuser über elektrisches Licht. Erste grosse Stromabonnenten waren eher der Öffentlichkeit zugängliche Häuser wie zum Beispiel die Wirtshäuser. Aber auch Gewerbetreibende gehörten zu den ersten Bezügern. Um überhaupt Elektrizität beziehen zu können, mussten die künftigen Lichtkunden erst einmal Mitglied der Genossenschaft Elektra Birseck werden und die Installationskosten und die Eintrittsgebühren begleichen. Letztere betrugen bei der Elektra Birseck im Jahre 1897 – neben einer Grundtaxe von fünf Franken – pro Glühbirne pauschal fünf Franken. Zu den Eintrittsgebühren kam eine jährliche Pauschaltaxe. Da es zu Beginn noch keine verlässlichen Stromzähler gab, wurden die Tarife in der Regel unabhängig vom effektiven Verbrauch einfach pauschal verrechnet. Die Taxen mussten im voraus für das kommende Quartal bezahlt werden, und zwar nach der Lichtstärke der Glühlampe und nach deren Verwendungsart. Die Genossenschaft kontrollierte die Anzahl und die Art der Glühlampen, um den Stromverbrauch der Kunden ungefähr bemessen zu können. Um die Jahrhundertwende waren dann erste zuverlässige Stromzähler verfügbar und für die Verbrauchsmessung nutzbar. Die Mitglieder der Elektra Birseck konnten zunächst wählen, ob sie ihre Taxen pauschal oder verbrauchsabhängig entrichten wollten.

Nachdem die elektrische Beleuchtung zu Beginn auf wenige Haushalte beschränkt geblieben war, erlebte sie im Ersten Weltkrieg einen Aufschwung. Dafür gibt es verschiedene Gründe. Die Elektra Birseck verzichtete zum Beispiel auf die Eintrittsgebühren. Zudem konnten die Installationskosten über mehrere Jahre hinweg abbezahlt werden. Ausserdem senkte die Genossenschaft die Tarife um zwölf bis vierzehn Prozent. Aber auch die Kosten für die elektrischen Glühlampen sanken. Ein weiterer Faktor war die Einführung der technisch überlegenen Metallfadenlampe. Sie trat an die Stelle der Kohlefadenlampe, welche im Schnitt sechsmal pro Jahr ausgewechselt werden musste. Die Metallfadenlampe wies dagegen nicht nur eine verlängerte Lebensdauer auf, sondern zeichnete sich auch durch einen wesentlich geringeren Stromverbrauch aus. Interessant ist in diesem Zusammenhang, dass damals die ans Netz angeschlossenen Glühlampen nur bei der Elektra Birseck direkt bezogen werden durften. Wegen der kriegsbedingten Rationierung konnte die Gas- und Petrolbeleuchtung während des Ersten Weltkrieges nur in begrenztem Umfang benutzt werden, was die Attraktivität der elektrischen Beleuchtung noch zusätzlich erhöhte. Die elektrische Beleuchtung setzte sich in den folgenden Jahren denn auch immer mehr durch. Auch nach dem Ende des Ersten Weltkriegs hielt die Nachfrage ungemindert an. Ende der dreissiger Jahre verfügten sozusagen alle Häuser über elektrische Energie.

▲

Organisation und Aufbau der EBM

Zu Beginn des Jahres 1898 besass die Elektra Birseck noch keine eigentliche Betriebsorganisation. Für die Installationen von Leitungen und Geräten sowie für die Verteilung von Strom an einige wenige Abnehmer schien zunächst kein vollamtliches Personal erforderlich zu sein. Die rasch ansteigende Stromnachfrage zwang jedoch die junge Genossenschaft bald zum Aufbau eines leistungsfähigen und professionellen Betriebs. Anfangs Januar 1898 wurde in einem ersten Schritt die Besorgung der Büroarbeiten, der Korrespondenz und der Protokolle an den Bezirkslehrer Edmund Rudin übertragen, der diese Arbeiten im Nebenamt erledigte. Im Februar 1898 begannen die Monteure der Elektrizitätsgesellschaft Alioth dann mit dem Bau der Leitungsanlagen und Transformatorenstationen. Zuerst erstellt wurden die Leitungen und die Umspannanlagen für die drei Gemeinden Oberwil, Arlesheim und Dornachbrugg. Neben den Wohnorten leitender Angestellter der Elektrizitätsgesellschaft Alioth und weiterer Förderer des Elektra-Projekts wurde Oberwil als erste Ortschaft im Birsigtal angeschlossen. Von dort aus sollten die Leitungen zu den benachbarten Dörfern gebaut werden. Bereits im März gab es erste Probleme mit Landbesitzern, die sich gegen das Aufstellen von Leitungsstangen auf ihrem Grundstück zur Wehr setzten. Letztlich konnten diese aber immer gelöst werden.

Was jetzt noch fehlte, bevor die effektive Stromlieferung aufgenommen werden konnte, waren die administrativen Grundlagen und Regelungen. Am 11. Mai 1898 wurde ein Licht- und ein Motorenreglement verfasst. Kurz darauf wurde die Stromversorgung der drei Gemeinden Oberwil, Arlesheim und Dornachbrugg aufgenommen. Über die dazu notwendigen Verwaltungsinstrumente, um das Geschäft mit den Kunden in geordneten Bahnen abwickeln zu können, verfügte die ehrenamtliche Verwaltung der Elektra Birseck jedoch erst einige Zeit später. Im Grunde genommen nahm Mitte Mai 1898 gar nicht die Elektra Birseck das Stromnetz in Betrieb, sondern die Elektrizitätsgesellschaft Alioth. Für deren Angestellte bedeutete der Anschluss des Stroms auf abgehende Leitungen wahrscheinlich nichts Besonderes. Aus Fabriksicht schien das Freileitungsnetz nicht viel mehr zu sein als eine räumliche Erweiterung des Werknetzes. Über das im Rückblick wichtige Ereignis – die erstmalige Aufnahme der Stromversorgung – gibt es denn auch keine verlässlichen Unterlagen. Im EBM-Archiv in Münchenstein findet sich nur ein indirekter Vermerk: Am 8. Juni 1898 protokollierte der Direktionssekretär ganz knapp, dass seit etwa einem halben Monat in Dornachbrugg und in Arlesheim die Beleuchtung in Betrieb sei.

Im Sommer 1898 waren die Bauarbeiten am Stromnetz noch immer in vollem Gang. Ende Juni wurden die Leitungen nach Neuewelt in Betrieb genommen. Noch nicht ganz abgeschlossen waren dagegen die Bauarbeiten in Allschwil, Birsfelden, Reinach und Therwil. In diesem Sommer ereignete sich auch der erste Stromunfall in der Geschichte der Elektra Birseck: Am 27. Juni 1898 erlitt ein Arbeiter der Brauerei in Oberwil schwere Verletzungen, als er wegen einer Mutprobe die Starkstromleitung berührte.

Mit der Inbetriebnahme einer ging die Suche nach eigenem Personal, denn der Unterhalt der Leitungsanlagen war gemäss Vertrag Sache der Elektra Birseck. Karl Meier, Monteur bei der Elektrizitätsgesellschaft Alioth, und Xaver Nebel, ebenfalls ein Angestellter von Alioth, meldeten sich für die Stelle. Die Direktion der Elektra Birseck beschloss, Karl Meier einzustellen, und zwar zu einem Monatsgehalt von 150 Franken. Da der

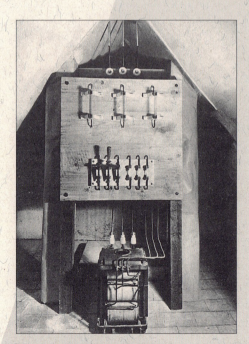

Strom für die Wirtschaft: Trafostation um 1900 im Estrich des Gasthofs «Ochsen» in Dornachbrugg.

FRÜHE WERBUNG IN ZEITUNGEN.

In Zeitungsinseraten wurden die Abonnenten ab 1898 darauf hingewiesen, dass sie Hausinstallationen direkt bei der Elektrizitätsgesellschaft Alioth bestellen können und dass diese dann mit der Elektra Birseck abrechne. Für den Bezug der Glühlampen legte die Direktion der Elektra Birseck fest, dass an ihr Netz nur Lampen angeschlossen werden dürfen, die bei ihr zum Selbstkostenpreis gekauft worden sind. Diese Massnahme ermöglichte es der Elektra Birseck, den Stromverbrauch der benützten Lampen für die pauschale Abrechnung genau zu bestimmen.

Monteur vorerst mit Netzbauarbeiten nicht ausgelastet war, wurde ihm auch das Einziehen der Gelder bei den Kunden übertragen. Die kaufmännischen Arbeiten übernahmen Edmund Rudin und neu auch Adolf Gutzwiller, letzterer ebenfalls Angestellter von Alioth. Gutzwiller führte die Bücher der Genossenschaft ab dem 1. Juli 1898 in geschäftsmässiger Form. Damit setzt die Firmenbuchhaltung der Elektra Birseck ein. Am 19. Juli 1898 bezahlten die ersten Genossenschafter ihre Lichtabonnemente. Dieses Datum ist somit als faktische Realisierung der vorher nur formal bestehenden Genossenschaft zu betrachten: Mit der Bezahlung der Eintrittsgelder zusammen mit den Lampenabonnenten schlossen sich die Stromkunden der Elektra Birseck mit allen Rechten und Verpflichtungen der Genossenschaft an.

Im August 1898 richtete die Elektra Birseck ein dezentrales Netz von Bezugsstellen für den Vertrieb der Lampen ein, damit die Strombezüger besser und schneller beliefert werden konnten. Die Genossenschaft bezeichnete fortan ihre Vertreter – in der Regel Spengler – als «Lampendepots & Reparateurs».

Stürmische Erfolge der neuen Energieform

Bei den ersten von der Elektra Birseck mit Lichtstrom bedienten Kunden handelte es sich meist um gutsituierte Personen. Als grösste Lichtkonsumenten fallen am Anfang vor allem die Wirte auf. Aber auch etliche Gewerbetreibende machten sich die Elektrizität früh zunutze. Zudem hielt der Strom immer mehr auch in den Fabrikanlagen Einzug: in der Mechanischen Ziegelei in Oberwil, in der Schuhfabrik Simon in Allschwil und in der Bierbrauerei Strübin, die ebenfalls in Allschwil domiziliert war. Dem ersten Geschäftsbericht der Elektra Birseck kann entnommen werden, dass bis zum August des ersten Betriebsjahres 451 Lampen mit fixem Abonnement, 612 Lampen mit Stromzählern sowie drei Motoren an das Stromnetz angeschlossen waren. Verglichen mit der Anmeldeliste aus dem Jahre 1897 wurde also bereits eine deutlich grössere Leistung bezogen, und dies, obwohl mehrere damals mitgezählte Ortschaften (Therwil, Aesch, Reinach, Binningen, Bottmingen, Ettingen) noch gar nicht ans Stromnetz angeschlossen waren. Die unerwartet grosse Nachfrage nach Stromanschlüssen liess die Betriebsleitung der Elektra Birseck denn auch kaum mehr zur Ruhe kommen. Der weitere Ausbau des Versorgungsgebietes ging aber gut voran. Anfangs Oktober war das Hochspannungsnetz, abgesehen von den Leitungen zum Metallwerk Dornach, zum Neuhof und zum Villenquartier Dornach-Arlesheim, fertig. Die Sekundärnetze in Reinach, Binningen und Aesch waren installiert. Im September konnte bereits der Bau der elektrischen Strassenbeleuchtung in Allschwil abgeschlossen werden.

Inzwischen stellte sich auch die Frage nach einem Betriebsmagazin, denn der von der Elektra Birseck angestellte Monteur Karl Meier benötigte immer mehr Arbeitsmaterial, weil er jetzt bei den Strombezügern auch vermehrt Installationsarbeiten durchführte. Durch die Vermittlung Stefan Gschwinds wurden im Konsumgebäude in Dornachbrugg Lokale gefunden. Im Dezember 1898 wurden dann betriebliche Umstellungen nötig. Der Monteur, Karl Meier, war mit den ihm übertragenen technischen Arbeiten derart ausgelastet, dass zu seiner Unterstützung ein Arbeiter als Gehilfe angestellt wurde. Zudem wurde beschlossen, dass ab 1. Januar 1899 neu die Policeneinzahlungen der Abonnenten über die Post abgewickelt werden sollten. Ende Dezember 1898 wurde den Kraftabonnenten erstmals der Stromkonsum verrechnet: Die mittlerweile fünf Besitzer elektrischer Maschinen, die Birsigtalbahn in Basel, die Mechanische Ziegelei in Oberwil, die Schuhfabrik Simon und die Bierbrauerei Strübin in Allschwil sowie der Metzger Bauer in Birsfelden,

Organisation und Aufbau der EBM

mussten Beiträge zwischen 179.35 und 2244.20 Franken an die Genossenschaft entrichten. Das Versorgungsgebiet der Elektra Birseck umfasste Ende 1898 die Ortschaften Dornach, Arlesheim, Neuewelt (Münchenstein), Muttenz, Birsfelden, Allschwil, Binningen, Bottmingen, Oberwil, Therwil, Reinach und Aesch. Insgesamt 170 Abonnenten hatten 1139 Lampen angeschlossen und Motoren mit einer Gesamtleistung von 36 PS.

Aus dem Jahresbericht der Elektra Birseck aus dem Jahre 1898 geht hervor, dass die Elektrizitätsgesellschaft Alioth die ihr übertragenen Arbeiten in diesem Jahr vollendet hatte, wobei im Verlaufe der Arbeiten einige Abweichungen vom ursprünglichen Plan beschlossen worden waren. So baute man die Leitung nach Allschwil von Oberwil statt von Binningen aus. Das Schloss Bottmingen und die Ortschaft Bottmingen kamen früher als geplant ans Netz. Zudem war ein Pumpwerk der Gemeinde Münchenstein zusätzlich ans Stromnetz angeschlossen worden. Auch das Metallwerk Dornach und das Villenquartier von Dornach-Arlesheim erhielten früher als geplant Strom von der Elektra Birseck. Ende 1898 gingen von der Kraftstation der Elektrizitätsgesellschaft Alioth vier unabhängige Hauptleitungen ins Hochspannungsnetz der Elektra Birseck: ins Birsigtal, nach Dornach-Aesch-Reinach, nach Arlesheim-Oberdornach und nach Münchenstein-Muttenz-Birsfelden. Dieses Primärnetz war insgesamt 38 Kilometer lang. Auf dieser Strecke waren über hundert Kilometer Draht montiert. Die Sekundärleitungen umfassten eine Länge von zwölf Kilometern. Einundzwanzig Transformatoren wandelten den Strom in eine für die Abonnenten nutzbare Verbrauchsspannung um: je drei in Dornachbrugg und in Oberwil, je zwei in Arlesheim, Reinach, Binningen und Münchenstein, Allschwil, Birsfelden, Muttenz und einer in Neuewelt. Ende September 1898 begann die Elektra Birseck mit den vertraglichen Anzahlungen an die Elektrizitätsgesellschaft Alioth, die für die Baukosten vereinbart worden waren. Die Genossenschaft konnte trotz des raschen Wachstums aber nur einen Teil der geschuldeten Gelder bis Ende des Jahres zurückerstatten.

Die Elektra Birseck wird unabhängig

Beflügelt vom Erfolg der ersten Betriebszeit, beschloss die Elektra Birseck, die Abhängigkeit von der Elektrizitätsgesellschaft Alioth zu verkleinern. Die Genossenschaft konnte und wollte jetzt, zunehmend mit eigenem Personal und ohne auf fremde Hilfe angewiesen zu sein, weitere Bauarbeiten und Anschlussinstallationen ausführen. Folglich teilte sie Ende Januar 1899 den drei bisher in ihrem Versorgungsgebiet für Installationen zugelassenen Firmen, der Elektrizitätsgesellschaft Alioth, der Allgemeinen Elektrizitätsgesellschaft Basel und Jules Ziegler (Basel) mit, dass diese ab sofort im Birseck keine Installationsarbeiten mehr ausführen dürften. Die anfänglich wegen grossen Arbeitsanfalls geduldete freie Installateurtätigkeit wurde damit nach kurzer Zeit rigoros unterbunden. Die einträglichen Hausinstallationen blieben fortan ausschliesslich der Bauabteilung der Elektra Birseck vorbehalten. Ausnahmen sollten nur bei grossem Arbeitsanfall gewährt werden. Ein gutes halbes Jahr nach Betriebsaufnahme begann wegen des raschen Wachstums bereits die Suche nach neuen Energiequellen. Schon gegen Ende des Jahres 1898

Der erste Maschinist der EBM, Arnold Baltisberger, knapp nach 1900 vor einem der ersten EBM-Generatoren. Wegen der sprunghaft steigenden Stromnachfrage befand sich die EBM in den ersten Jahren auf der ständigen Suche nach neuen Produktionsmöglichkeiten. Dabei wurde zunächst Wasser- und Dampfkraft eingesetzt.

musste die Elektra Birseck den Anschluss weiterer Motoren ans Netz verweigern, weil das reservierte Kraftquantum nicht mehr genügte. Nach dem ersten Winter begann man vorauszusehen, dass das Kraftwerk der Elektrizitätsgesellschaft Alioth bei wachsendem eigenem Strombedarf für deren Fabrik und bei gleichzeitig steigender Stromnachfrage der Abonnenten der Genossenschaft schon bald nicht mehr genügen würde. Am 1. April 1899 setzte sich der Verwaltungsrat der Elektra Birseck also zusammen, um gemeinsam eine Lösung für das Kapazitätsproblem auszuarbeiten. Grundsätzlich ergaben sich zwei Möglichkeiten: Entweder konnte man zusätzliche Energie vom im Bau befindlichen Kraftwerk Rheinfelden beziehen oder aber die Elektra Birseck musste eine eigene Kraftzentrale errichten.

Man entschied sich für die zweite Variante und übersiedelte in die ehemalige Sarasinsche Fabrik in Neuewelt am St.-Alban-Teich. Die bestehenden Bauten, die Dampfmaschinenanlage mit einer Leistung von 140 PS, das Wasserkraftwerk mit einer Nutzenergie von 200 PS sowie der dazugehörende Grund und Boden waren von der Birseckschen Produktions- und Konsumgenossenschaft erworben worden. Diese verpachtete die energieerzeugenden Wasserkraft- und Dampfmaschinenanlagen der Elektra Birseck zu einem jährlichen Pachtzins von 8000 Franken. Damit konnte die Genossenschaft die verfügbare Strommenge fast verdoppeln. Inzwischen waren in den erschlossenen

Organisation und Aufbau der EBM

Ortschaften bereits mehr als 3000 Glühlampen am Stromnetz. Neun Elektromotoren mit insgesamt 64 PS arbeiteten mit dem Strom der Elektra Birseck. Laufend gingen weitere Anfragen nach Stromlieferung ein. Grössere Gesuche mussten wiederholt abgelehnt werden, weil schlicht nicht genügend Strom zur Verfügung stand. Aber es fehlte nicht nur an Strom. Für einen raschen weiteren Ausbau der Anlagen und der Betriebsorganisation fehlte der Elektra Birseck auch das nötige Geld. Um die Jahreswende 1898/99 wies die Elektrizitätsgesellschaft Alioth ein sehr grosses Guthaben für Materiallieferungen und Leitungsbauarbeiten für das ausgedehnte Netz auf. Doch die Eintrittsgelder und die Stromgebühren konnten die Kosten der Genossenschaft nur teilweise decken, und die Zeichnung der Obligationen ging sehr zögerlich voran.

Als im Juli der Elektra-Arbeiter Luigi Volpe verunfallte, stellte man fest, dass bisher keine Unfallversicherung für die Angestellten abgeschlossen worden war. Dieser Missstand wurde sofort abgeschafft.

Auch im Jahre 1899 weitete sich der Kundenkreis der Elektra Birseck weiter aus. Parallel zu den neuen Anschlüssen wurden auch Änderungen – meist zusätzliche Lampen – an bereits bestehenden Hausinstallationen ausgeführt. Elektrische Motoren waren im weitgehend landwirtschaftlich geprägten Gebiet der Elektra Birseck noch eher selten. Aus den im Firmenarchiv befindlichen Unterlagen aus dieser Zeit geht aber dennoch hervor, dass diverse Kraftstrombegehren abgelehnt werden mussten, was als Anzeichen für ein wachsendes Potential für industriellen Energiebedarf gelesen werden kann. Die ersten Anfragen kamen von Unternehmen, die nicht an einem Gewässer lagen, dessen Gefälle für ein Wasserwerk hätte genutzt werden können. Dies trifft vor allem für die Ziegeleien zu, die sich in der Nähe grosser Tonvorkommen zwischen dem Birsigtal und der Landesgrenze angesiedelt hatten. Die älteren und grösseren Fabriken im Versorgungsgebiet der Elektra Birseck hingegen hatten sich vor allem an der Birs niedergelassen, von der sie auch ihre Betriebskraft bezogen.

Wasserkraft für das Birseck: Francis-Turbinen im Kraftwerk Neuewelt mit dem 15jährigen Robert Baltisberger.

Die Zahl der Motorenabonnemente bei der Elektra Birseck nahm 1899 nur langsam zu. Ende 1899 waren insgesamt elf Motoren ans Stromnetz der Elektra Birseck angeschlossen. Das Versorgungsgebiet umfasste am Jahresende zwölf Ortschaften mit insgesamt 236 Abonnenten.

Das jahrhundertealte Wasserwerk am St.-Alban-Teich in Neuewelt bestand aus einer Doppelanlage. Einerseits wurde das Kanalgefälle durch eine Turbine der Baumwollspinnerei Sarasin und andererseits durch das Wasserrad des auf der anderen Seite des Teichs stehenden Metallhammerwerks ausgenützt. Nachdem die Birsecksche Produktions- und Konsumgenossenschaft 1899 von

NEUE BETRIEBSORGANISATION.

Trotz der schwierigen finanziellen Situation musste die Betriebsorganisation der Elektra Birseck dem technischen Ausbau bereits kurz nach der Gründung angepasst werden. Im Hinblick auf die Einrichtung eigener Werkanlagen in Neuewelt schuf die Elektra Birseck also die Stelle eines Betriebsleiters. Aus zwanzig Kandidaten wurde am 21. Juni 1899 der Elektrotechniker Otto Schneider aus Langenbruck gewählt. Er sollte seine Stelle am 1. September 1899 antreten. Im November des gleichen Jahres trat ein Buchhalter in die Dienste der Elektra Birseck.

Neuewelt um 1920. Im Vordergrund das langgezogene Wohnhaus der Elektra Birseck. Dahinter dominant die ehemalige Baumwollspinnerei Sarasin, später André Klein AG, Läckerlifabrik. Zwischen den Gebäudekomplexen liegt der Kanal mit Maschinenhaus und Turbinenanlage.

der Christoph-Merian-Stiftung die Baumwollfabrik übernommen hatte, konnte sie die dazugehörende Wasserkraft der Elektra Birseck verpachten.

Für das Kraftwerk übernahm die Genossenschaft Elektra Birseck zwar gewisse technische Installationen wie zum Beispiel die Verteilanlagen von der Elektrizitätsgesellschaft Alioth, die Maschinen mussten aber grossteils neu gebaut werden. Auch diesen Auftrag vergab die Elektra Birseck an die Elektrizitätsgesellschaft Alioth. Vom Baubeschluss bis zur Inbetriebnahme vergingen nur wenige Monate. Den Stromliefervertrag mit der Elektrizitätsgesellschaft Alioth hatte die Elektra Birseck, da sie jetzt im Besitze eines eigenen Kraftwerks war, auf den 20. Oktober 1899 gekündigt. Wenige Tage vor diesem Termin musste die Genossenschaft jedoch erkennen, dass ihre Transmissionsanlage Fabrikationsmängel hatte: Eine Riemenscheibe der Firma Aemmer & Cie. wies nach einer ersten Belastungsprobe mehrere Sprünge auf, so dass der Betrieb sofort eingestellt werden musste. Die Baufirma war nicht in der Lage, rechtzeitig einen brauchbaren Ersatz zu liefern. Eilig wurde eine Notreparatur durchgeführt. Trotz dieser Anlaufschwierigkeiten gelang es der Elektra Birseck, von Ende Oktober an ihr Verteilnetz mit Strom aus dem eigenen Kraftwerk zu versorgen.

Als Kraftquelle stand neben der 200-PS-Wasserwerksanlage eine alte Dampfmaschine mit einer Leistung von 140 PS zur Verfügung sowie eine behelfsmässig aufgestellte

Organisation und Aufbau der EBM

Aushilfsdampfmaschine, ein sogenanntes Lokomobil. Für den Betrieb in Neuewelt wurde ein Maschinist eingestellt, dem im Dezember des gleichen Jahres bereits drei Gehilfen zugeteilt wurden, so dass sich je zwei Arbeiter in der Bedienung von Generator und Schaltanlagen ablösen konnten.

Fritz Eckinger wird erster Direktor der EBM

In den Weihnachtstagen des Jahres 1899 bildeten sich erneut Risse in der grossen Riemenscheibe der Transmission. Die Elektra Birseck entschied sich in der Folge, bei den Roll-Eisenwerken ein neues, solides Rad zu bestellen. Die Betriebsleitung der Genossenschaft stellte aber, abgesehen von den mechanischen Problemen, weitere Unzulänglichkeiten fest. Diese waren hauptsächlich auf die Wasserführung der Birs zurückzuführen. An der Birs waren damals derart viele industrielle Wasserwerke zugelassen, dass bei geringer Wasserführung nicht genug Wasser in den St.-Alban-Teich geleitet werden konnte, um einen gleichmässigen Betrieb des Neuewelt-Kraftwerks zu garantieren. So sah sich die Genossenschaft bereits während der Bauzeit ihres Kraftwerks gezwungen, nach anderen Bezugsmöglichkeiten für elektrische Energie Ausschau zu halten. Zu Beginn erfolgte die Stromlieferung aus Neuewelt noch über eine einfache Hochspannungsleitung in die Kraftzentrale der Elektrizitätsgesellschaft Alioth, wo der Strom über die etwas ergänzte Schaltanlage auf die bestehenden, von der Fabrik abgehenden Überlandleitungen der Elektra Birseck geschaltet wurde. Die Genossenschaft baute ihre Leitungsanlagen aber noch im selben Jahr teilweise neu auf, um die Übertragungsdistanzen zu verkleinern und um von der Firma Alioth ganz unabhängig zu werden. Vom Teichkraftwerk gingen in der Folge mehrere neue Leitungen sternförmig ab zu den einzelnen Absatzgebieten links und rechts der Birs.

Ein Jahr nach der Betriebsaufnahme wurden neun Personen im Angestelltenverzeichnis der Elektra Birseck aufgeführt. Neben den drei leitenden Angestellten, dem Betriebschef Otto Schneider, dem Buchhalter Adolf Gutzwiller und dem Monteur Karl Meier, arbeiteten als Buchhaltungsgehilfe R. Lindenmann, die vier Maschinisten Arnold Baltisberger, Jakob Weilenmann, Josef Ahlig und Christian Schmuggli sowie der Monteurgehilfe Victor Stebler für die Elektra Birseck. Friedrich Eckinger, wichtiges Mitglied der Direktionsgruppe der Genossenschaft, arbeitete nach wie vor für die Elektrizitätsgesellschaft Alioth. Er übte sein Amt also trotz der schnellen Entwicklung der Genossenschaft immer noch nebenamtlich aus. Die Genossenschaftsverwaltung verfügte zu

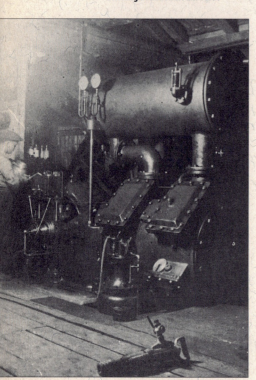

Das Dampflokomobil mit 250 PS Leistung in Neuewelt um 1899.

Galerie

Konrad Abt, Zeiningen

Patrick Aline, Arlesheim

Elisabeth Andrasi, Riehen

Christian Aegerter, Duggingen

Kurt Altenbach, Rodersdorf

Andreas Ankli, Büsserach

Sandra Aellig, Therwil

Martin Alter, Aesch

Salah Arradh, Birsfelden

Philipp Aenishänsli, Oberwil

Ernst Althaus, Therwil

Elvira Auer, Arlesheim

Hansruedi Albertin, Basel

Conrad Ammann, Therwil

Luciano Azzolin, Muttenz

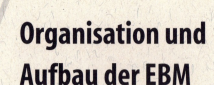

Organisation und Aufbau der EBM

diesem Zeitpunkt im Kraftwerk Neuewelt lediglich über ein provisorisch eingerichtetes Büro. Schnell wurde klar, dass das Betriebspersonal – entsprechend dem raschen Wachstum der Genossenschaftsverwaltung und der technischen Anlagen – aufgestockt werden musste. Im Verlaufe des Jahres 1901 zeigte es sich auch, dass der stetig wachsende Betrieb nicht mehr von einer Direktion auf nebenamtlicher Basis geführt werden konnte. So wurde Friedrich Eckinger 1902 als Direktor der Elektra Birseck auf Teilzeitbasis angestellt. Ab 1905 arbeitete er dann vollzeitlich als Elektra-Birseck-Direktor.

Als neue Siedlungen ans Stromnetz angeschlossen wurden und immer mehr Hausinstallationen ausgeführt werden mussten, stellte die Elektra Birseck zusätzliches Leitungsbaupersonal ein. 1904 teilte die Genossenschaft ihr ausgedehntes Versorgungsgebiet in fünf Monteurkreise ein, führte also eine dezentrale Organisation der technischen Arbeiten ein. Karl Meier übernahm einen Kreis und amtete zudem als Obermonteur. Ihm unterstanden die vier leitenden Monteure der übrigen vier Kreise. Den Bereichsleitern standen 1904 jeweils rund zwanzig Personen als Hilfskräfte zur Verfügung. Im folgenden Jahr hatte sich die Zahl der Gehilfen bereits verdoppelt.

Nach der Gebietsausdehnung ins Elsass wurde 1905 für Sankt Ludwig (heute Saint-Louis) und Burgfelden ein neuer, sechster Monteurkreis eingeführt. 1907 wurden dann die neu zum Versorgungsgebiet der Elektra Birseck gekommenen Ortschaften Breitenbach, Büsserach, Erschwil und Liesberg in einem siebten Monteurkreis zusammengefasst. 1909 wurden die Kreismonteure zur besseren Verständigung mit der Zentrale in Münchenstein mit einer Telefonstation ausgerüstet. Zudem verfügten die Monteurkreise jeweils über kleine Materialmagazine.

Auf der Suche nach neuen Energiequellen

Schon kurz nach der Inbetriebnahme des St.-Alban-Teich-Kraftwerks war aber die Leistungsgrenze des neuen Werks bereits erreicht. Unablässig gingen Gesuche um Hausanschlüsse in Münchenstein ein. Auch der Bedarf an Kraftstrom für den Betrieb von Motoren nahm stetig zu. Gewerbetreibende, Landwirte, Industriekunden und die Bahn meldeten ihre Bedürfnisse nach Maschinenkraft an. Die Elektra Birseck zählte im Jahre 1900 bereits 1898 Lampenabonnemente mit Pauschaltarif und 1355 mit Stromzähler. Die mit Genossenschaftsstrom betriebenen Motoren benötigten bereits 117 PS. Kurzfristig konnte eine grössere Dampfmaschine im Kraftwerk Neuewelt aufgestellt werden, die später, sobald Strom aus einem anderen Kraftwerk verfügbar war, als Reservemaschine genutzt werden konnte.

Mittelfristig musste sich die Elektra Birseck aber schleunigst auf die Suche nach einer neuen Energiequelle machen. Ende des Jahres 1899 erwog die Elektra Birseck deshalb eine Transitstromlieferung: Sie erkundigte sich sowohl bei der Elektra Baselland als auch bei dem in Bau befindlichen Kraftwerk Rheinfelden, ob von dort Strom bezogen werden könne. Der stets auf die Selbständigkeit bedachte Politiker Stefan Gschwind empfahl demgegenüber, die nötige Zusatzleistung mit einer eigenen Dampfmaschinen-Generatoren-Anlage selbst zu produzieren.

Galerie

Heinrich Bachmann, Reinach

Yves Barta, F-Village-Neuf

Urs Benkler, Dornach

Reinhold Bader, Brislach

Thomas Bärtschi, Büsserach

Hermann Berger, Dornach

Daniel Badoux, Allschwil

Claudio Baumann, Muttenz

Eduard Berglas, Erschwil

Orfea Baistrocchi, Münchenstein

Erich Beck, Oberwil

Thomas Bernhardt, Binningen

Adrian Ballmer, Liestal

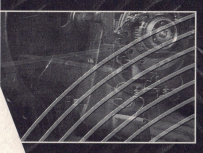
Energie Bewegt Menschen

Franz Bienz, Aesch

Organisation und Aufbau der EBM

Am naheliegendsten war der Bezug von Strom aus dem Elektrizitätswerk Rheinfelden. Dafür bot sich die Möglichkeit des Transits durch das Leitungsnetz der Elektra Baselland an. Zu diesem Zweck schlossen die beiden Elektrizitätswerke eine Transitstromvereinbarung. Im Januar 1901 erfolgte der technische Zusammenschluss der Leitungsnetze der beiden Baselbieter Genossenschaften. Zudem wurden im Jahre 1902 die Kraftwerksanlagen in Neuewelt massiv erweitert. Einen wesentlichen Anstoss dazu gab der Bau der Kraftanlage für die Birseckbahn, weil dafür neben der bestehenden Drehstromanlage eine Gleichstromanlage eingeführt werden musste. Die Elektra Birseck installierte, um der neuen Privatbahn Betriebsstrom liefern zu können, in einem Anbau des Maschinenhauses zwei Gleichstromgeneratoren mit je 100 PS als Umformeranlage, zwei kleinere Maschinen zur Regulierung sowie ein besonderes Schaltbrett für den Trambetrieb. Damals entstand auch die erste kleine Werkstätte der Genossenschaft, damit die eigenen Maschinen gewartet und Motoren von Kunden repariert werden konnten. Dank des Stroms von Rheinfelden war es der Elektra Birseck erstmals möglich, ihr Versorgungsgebiet systematisch auszubauen und neue Anschlüsse zu bewilligen. Der grosse Haken an der Sache waren aber die Strom- und Transitkosten, die dadurch entstanden. Die Direktion vermerkte damals denn auch in einem Protokoll, dass mit einem eigenen grösseren Kraftwerk wesentlich billiger Strom produziert werden könnte, da die Transitentschädigung an die Schwestergenossenschaft Elektra Baselland entfallen würde. Wegen unbefriedigender Messeinrichtungen in Pratteln kam es auch hin und wieder zu Unstimmigkeiten zwischen den beiden Genossenschaften.

Die Suche nach neuen Energiequellen wurde also fortgesetzt. Eine Lösung, die sich schnell einmal abzeichnete, war die Beschaffung einer eigenen grösseren Dampfmaschine. 1903 wurde eine neue Dampfmaschine in Neuewelt aufgestellt. Im Mai trat aber eine unerwartete Wendung ein. Das neu gegründete Kraftwerk Wangen unterbreitete der Elektra Birseck ein interessantes Angebot. Dieses vom deutschen, in Frankfurt am Main ansässigen Elektrounternehmen Lahmeyer & Cie. gegründete Werk wollte sich – im Wettlauf mit anderen Anbietern - möglichst rasch ein grosses Absatzgebiet sichern. Die Offerte von Wangen kam für die Elektra Birseck zum richtigen Zeitpunkt. Da das Elektrizitätswerk Rheinfelden kein wirtschaftlich gleich interessantes Angebot machen konnte, entschloss sich die Elektra Birseck, das Elektrizitätswerk Wangen für Elektrizitätslieferungen zu berücksichtigen. Noch im Jahr 1903 schloss die Genossenschaft Elektra Birseck einen Stromliefervertrag ab. Das Kraftwerk Wangen sollte gemäss diesem Vertrag ab dem 1. August 1904 an die Elektra Birseck Strom liefern. Da sich aber der Bau der Kraftzentrale in Bannwil verzögerte,

Vorstoss der neuen Energie in die Landwirtschaft: Inserat von 1913.

VERSORGUNGSPROBLEME.

Wegen des stetig ansteigenden Stromverbrauchs waren die Transformatoren und die Leitungen in einigen von der Elektra Birseck bedienten Ortschaften bald einmal zu schwach. An die für eine relativ kleine Zahl von Hausanschlüssen vorgesehenen Netzanlagen der Anfangszeit waren nach zwei Betriebsjahren etwa doppelt so viele Verbrauchseinrichtungen angeschlossen wie geplant. Die Technik war überlastet: Immer häufiger gingen Beschwerden über lästige Schwankungen des Lichts ein. Vor allem die Bevölkerung von Allschwil bekam die unangenehmen Auswirkungen der Energieknappheit zu spüren, weil diese Ortschaft am weitesten vom Kraftwerk Neuewelt entfernt war. Ab Frühjahr 1905 betrieb die Elektra Birseck die Versorgung des Birsigtals und von Allschwil mit einer neuen, stärkeren Leitung wieder zuverlässiger.

Galerie

Ernst Binggeli, Münchenstein

Energie Bewegt Menschen

Philippe Bouvier, F-Hésingue

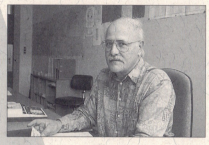
Paul Biri, Reinach

Hans-Rudolf Borer, Basel

Irene Brancolini, Basel

Franz Bischofberger, Arlesheim

Hanspeter Borer, Liesberg

Adolf Brodbeck, Münchenstein

Robert Bodmer, Tenniken

Leo Borer, Breitenbach

Brigitte Brodmann, Allschwil

Rudolf Bolzli, Bottmingen

Michele Borrelli, Muttenz

Walter Brodmann, Allschwil

Organisation und Aufbau der EBM

musste Wangen zwischenzeitlich Ersatzstrom von Rheinfelden liefern lassen. Am 15. Oktober 1904 erhielt die Elektra Birseck – wenn auch nur über provisorische Übertragungseinrichtungen – zum ersten Mal Strom aus dem Aaretal. Für diesen Zweck wurde erstmals eine grosse Hochspannungsleitung über den Jura geführt. Mit der Stromlieferung von Wangen einher ging die Trennung der Leitungsnetze der Elektra Birseck und der Elektra Baselland Mitte Oktober 1905.

Der Anschluss an das Werk Wangen befreite die Elektra Birseck vorläufig von einer weiteren Suche nach neuen Energiequellen. Stromknappheit war nach diesem Anschluss vorerst kein Thema mehr. Die Energie aus dem Aarekraftwerk deckte einen grossen Teil des Strombedarfs der Genossenschaft ab. Die Elektra Birseck war denn in den ersten Jahren zeitweise auch die grösste Stromabnehmerin des Kraftwerks Wangen. Dieses plante auch eine direkte Stromlieferung nach Sankt Ludwig und Mülhausen (heute Mulhouse). Gegen eine Entschädigung verzichtete Wangen dann aber zugunsten der Elektra Birseck auf die Gebietsausdehnung Richtung Elsass.

Neue Kraftwerke und neuer Geschäftssitz in Münchenstein

1906 entschloss sich die Elektra Birseck zum Bau eines neuen Kraftwerks an der Weidenstrasse in Münchenstein. Am 17. Juni 1906 stimmte die Generalversammlung dem Bau einer grossen Dampfzentrale in Münchenstein in der Nähe des Bahnhofs der SBB zu. Das kleine Kraftwerk in Neuewelt erbrachte trotz der zusätzlich installierten Maschinen nicht mehr genügend Leistung, um als sichere Reservekraftanlage dienen zu können. Denn das Versorgungsgebiet der Elektra Birseck war, zehn Jahre nach der Gründung der Genossenschaft, erheblich grösser als ursprünglich geplant. 1907 betrug die gesamte Länge der Hochspannungsleitungen mehr als hundert Kilometer. Die Genossenschaft Elektra Birseck hatte bereits über fünfzig Angestellte, die inzwischen weit über tausend Abonnenten in 37 Ortschaften (inklusive Sankt Ludwig und Burgfelden) mit elektrischem Strom versorgten. Mit dem Bau des Kohlekraftwerks an der Weidenstrasse in Münchenstein wurde 1907 begonnen. Schon 1908 konnte die Kraftanlage mit einer Leistung von 1125 PS in Betrieb genommen werden. 1911 verlegte die Elektra Birseck zum zweiten Mal ihren Geschäftssitz, jetzt innerhalb der Gemeinde Münchenstein. Die Genossenschaftsverwaltung und das Rechnungswesen erforderten immer mehr Hilfs-

Die erste Garage mit Magazin der EBM in Münchenstein. Im oberen Stock tagte der Verwaltungsrat.

Galerie

Jakob Brüderlin, Muttenz

Adrian Bürgin, Wittlinsburg

Dominique Cartelli, F-Uffheim

Günther Brüning, Münchenstein

Bruno Burkhard, Gempen

Gastone Chiaradia, Münchenstein

Roger Bruttin, Seewen

Andreas Buser, Liestal

Susanne Christ, Breitenbach

Urs Bucher, Therwil

Hans Büttiker, Dornach

Pietro Corna, Birsfelden

Pier-Luigi Bugolotti, Kleinlützel

Stefan Büttler, Reinach

Henriette Cueni, Grellingen

Organisation und Aufbau der EBM

kräfte und Arbeitsraum. Die Verwaltung bezog folglich Ende 1912 neben dem neuen Dampfkraftwerk ein neues Geschäftslokal an der Weidenstrasse in Münchenstein. Damit waren das grosse Kraftwerk, die Hauptschaltanlage und die Verwaltung der Elektra Birseck am selben Ort untergebracht.

Für die Weiterbenutzung der Wasserkraftanlage in Neuewelt wurde mit der Birseckschen Produktions- und Konsumgenossenschaft ein Pachtvertrag auf 25 Jahre abgeschlossen. Da für die Elektra Birseck damals jede Kraftreserve wichtig war, entschloss sie sich im Jahre 1912, das Wasserkraftwerk am St.-Alban-Teich umfassend zu modernisieren. Nach einer Erweiterung der Turbinenanlage lief es weitgehend automatisch und lieferte während Jahrzehnten Strom ins Netz der Elektra Birseck. 1913 waren es 510 880 Kilowattstunden, etwa 12 Prozent der Gesamtbelastung des Elektra-Birseck-Netzes. 1957 wurde das Wasserkraftwerk nach 45 Jahren Betrieb abgestellt.

Die Versorgungsnetze wachsen zusammen

Schon vor der Jahrhundertwende wurden Pläne für ein grosses Kraftwerk am Rhein in der Nähe von Basel diskutiert. Am 30. Dezember 1903 reichten die Kraftübertragungswerke Rheinfelden und die Stadt Basel ein Konzessionsgesuch für den Betrieb von zwei benachbarten Kraftwerken am Rhein ein. Für diese sollten auf beiden Seiten des Flusses, also bei Augst und bei Wyhlen, Maschinenhäuser gebaut werden, die mit einem gemeinsamen Stauwehr verbunden werden sollten. Durch das neue Wehr würde der Rhein auf einer Strecke von rund acht Kilometern bis nach Rheinfelden zurückgestaut. Die Kraftübertragungswerke Rheinfelden schlossen für die Zeit bis zum Bau des Doppelkraftwerks mit der Stadt Basel einen Stromliefervertrag ab. Das Werk bezog, um diesen einhalten zu können, bis zur Fertigstellung der Anlagen Strom aus dem Kraftwerk Beznau. Dieser Schritt stellt einen Meilenstein in der Entwicklung des überregionalen Stromverbundsystems dar. Weil die Stadt Basel vorläufig nicht sämtliche im Kraftwerk Augst produzierte Energie benötigen würde, beteiligte sich auch der Kanton Baselland an der Projektplanung. Da der Landkanton keine Verteilorganisation besass und den von Augst gelieferten Strom nicht selbst verwerten konnte, wurde am 20. November 1906 mit der Elektra Birseck und den anderen Elektra-Genossenschaften im Landkanton ein Vertrag über den Bezug von elektrischer Energie aus dem neuen Kraftwerk Augst abgeschlossen. Die Genossenschaft Elektra Birseck verpflichtete sich, vom Kanton Baselland «700 elektrische Pferdestärken (zu 736 Watt)» zu beziehen. Zwei Tage später, am 22. November 1906, einigten sich die beiden Kantonsregierungen Baselstadt und Baselland in einem Stromliefervertrag über die Aufteilung der Energie, die das Augster Kraftwerk produzieren würde. Weiter vereinbarten sie eine Aufteilung der Versorgungsgebiete entlang der Kantonsgrenzen. Gemäss einem Bericht des Regierungsrates des Kantons Baselland vom 14. Januar 1911 an den Landrat wurde die Augster Kraft letztlich wie folgt verteilt: Die Elektra Birseck sollte 1200 PS beziehen, die Elektra Baselland 800 PS, die Elektra Buckten und Umgebung 150 PS und die Elektra Farnsburg 600 PS. Schon die Bauarbeiten waren für die Elektra Birseck

DIE EBM-GRUNDAUSSTATTUNG.

Fünfzehn Jahre nach der Gründung, im Jahre 1912, verfügte die Elektra Birseck über mehrere gute Energiequellen – zwei eigene Maschinenstationen sowie die Laufkraftwerke Bannwil und Augst –, mittels deren sie ihr Versorgungsgebiet mit genügend Strom versorgen konnte. Inzwischen belieferte die Elektra Birseck in 49 Ortschaften 3011 Genossenschaftsmitglieder mit Strom für mehr als 34 000 Glühlampen und über 1500 Motoren.

Galerie

Ferruccio Dal Mas, Breitenbach

Jacques Demont, Pratteln

David Dinten, Münchenstein

Albin Dannacher, Ettingen

Riccardo Di Vincenzo, Brislach

Siegried Ditzler, Biel-Benken

Albin Degen, Oberwil

Markus Dietler, Laufen

Alfred Dobler, Büsserach

Lukas Degen, Basel

Werner Dietler, Nunningen

Bruno Doppler, F-Leymen

Theodor Degen, Münchenstein

Christian Dill, Dornach

Patrick Doppler, F-Biederthal

Organisation und Aufbau der EBM

von Bedeutung, da die Genossenschaft Strom für den Bau des Augster Kraftwerks liefern konnte. Die Baustelle bezog mehr als zwei Millionen Kilowattstunden pro Jahr vom Münchensteiner Unternehmen. Dies entspricht etwa einem Fünftel der ganzen Energieabgabe der Elektra Birseck zu dieser Zeit. Anfangs 1912 wurden die Stromlieferungen von der Elektra Birseck nach Augst eingestellt. Die Arbeiten am Kraftwerk Augst wurden im Verlaufe des Jahres 1912 abgeschlossen. Die Stromlieferung von Augst wurde am 23. August provisorisch und am 1. September 1912 definitiv aufgenommen. Die Elektra Birseck hatte sich dazu verpflichtet, eine Leistung von 1200 PS fest zu übernehmen. Damit bezog sie einen bedeutenden Anteil des benötigten Stroms aus dem Basler Kraftwerk.

Wichtig zu erwähnen ist in diesem Zusammenhang auch die Tatsache, dass die Elektra Birseck 1912 den «Gemeindevertrag» eingeführt hat. Angesichts der Expansionsbestrebungen anderer grosser Stromgesellschaften versuchte die Elektra Birseck, ihren Einflussbereich im Umland von Basel möglichst gut zu sichern. Sie unterbreitete den Gemeinden folglich einen «Gemeindevertrag», wonach eine Stromversorgung von anderer Seite untersagt und dafür im Gegenzug die Lieferung billigen Stroms für die öffentlichen Anlagen zugesichert wurde. Der Exklusivvertrag löste heftige Diskussionen aus. Der Einwand, durch den Vertrag werde eine Art Monopol für die Elektra Birseck geschaffen, war oft zu hören. Auch die Zeitungen berichteten kontrovers über das Vertragswerk. Die meisten Gemeinden fanden sich letztlich aber zum Abschluss der Vereinbarung bereit. Damit konnte sich die Elektra Birseck auch gegen allfällige Ausdehnungsabsichten des Elektrizitätswerks Basel absichern.

Nach wenigen Jahren war das Versorgungsgebiet der Elektra Birseck um einiges grösser als ursprünglich vorgesehen. Bis 1915 kamen praktisch jedes Jahr neue Ortschaften dazu. Dabei ist zu unterscheiden zwischen individuellen Anschlüssen für Privatkunden und jenen von Gemeindebehörden, die als Strombezüger für öffentliche Anlagen auftraten. In vielen Fällen erwarben private Kunden vor ihren Wohngemeinden Bezugsabonnemente. So waren 1898 beispielsweise 168 private Strombezüger aus zwölf Ortschaften der Genossenschaft beigetreten; jedoch nur drei Gemeindeverwaltungen, nämlich die von Arlesheim, Dornach und von Oberwil, gehörten zu den Bezügern.

Die Elektra Birseck streckt Fühler ins Elsass aus

Ebenfalls in diese Phase fällt die Gebietsausdehnung der Elektra Birseck Richtung Elsass. Nach dem Deutsch-Französischen Krieg von 1870/71 war das Elsass Deutschland zugesprochen worden. Es war die Zeit der Industrialisierung: Menschliche Arbeit wurde immer mehr durch maschinelle Kraft unterstützt. Während der Jahrhundertwende kam langsam die elektrische Energie, der Strom, auf. Am Anfang waren es auch im Elsass Pioniere, Bastler und Idealisten, die sich mit der neuen Energie auseinandersetzten. Das Interesse wuchs aber rasch, der Glaube an den Fortschritt und die Zukunft war ungebrochen. Die neue Energie war begehrt, egal ob in der Stadt oder auf dem Land. Auch im Elsass gingen viele frühe Projekte zur Verwendung elektrischer Energie von Privaten und Industriellen aus. Die ersten Anwendungen waren noch beschränkt – Hausbeleuchtung,

ENTWICKLUNG DER SPANNUNGSEBENEN.
Die Genossenschaft Elektra Birseck hatte von Anfang an Wechselstrom geliefert. Die Übertragungsspannung betrug zu Beginn 1500 Volt (V), die Niederspannung 110 V. 1913 erfolgte eine erste Umstellung der Hochspannung auf 6000 V, 1924 eine zweite auf 12 000 V. Im gleichen Jahr wurde auch die Niederspannung auf 220/380 V geändert. Sie blieb bis Ende 1989 auf dieser Ebene. 1946 wurde die Hochspannung auf 50 000 V umgestellt und die Mittelspannung auf 13 000 V festgelegt. Seit 1988 bezieht die Elektra Birseck den Strom auch mit einer Spannung von 150 000 V. Die kontinuierliche Erhöhung der Übertragungsspannung hat ihren Grund darin, dass die Transportverluste so minimiert werden konnten.

Galerie

Tobias Dörig, Biel-Benken

Martin Emmenegger, Reinach

Roland Eyacher, Birsfelden

René Dürr, Frenkendorf

Theodor Emmenegger, Himmelried

Pascal Fanti, Reinach

Bruno Dürrenberger, Muttenz

Claude Ernst, Reinach

Ute Fasnacht, Arlesheim

René Eggnauer, Gränichen

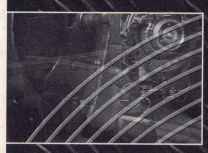
Energie Bewegt Menschen

Nicolo Fellino, Laufen

Peter Egli, Grellingen

Rolf Eugster, Witterswil

Salvatore Ferrara, Oberwil

Organisation und Aufbau der EBM

Strassenbeleuchtung, Antrieb für Motoren –, die Entwicklung nahm aber einen derart rasanten Verlauf, dass die Möglichkeiten der Verwendung elektrischen Stroms schnell zahlreicher wurden. 1890 hatte man Johannes Brandt die Konzession zur Verteilung von Gas und Strom in einer nicht näher bekannten Zahl elsässischer Gemeinden erteilt. Vom Gaswerk Hüningen aus wurde die Gasversorgung aufgebaut, die Stromversorgung hingegen lag noch im argen. Brandts Firma BREMA hatte es während fünfzehn Jahren nicht zustande gebracht, ein brauchbares Stromnetz aufzubauen. Es erstaunt deshalb nicht, dass rund um Sankt Ludwig weitere Pioniere aktiv wurden, unter anderen Armand Knoll. Dieser wollte in Hegenheim, Neudorf und Häsingen die elektrische Energie einführen. Aufgrund seiner Initiative wurde bereits 1901 geplant, in Hegenheim eine elektrische Strassenbeleuchtung einzurichten. Knoll errichtete zu diesem Zweck eine elektrische Zentrale, mit der fünfzehn Strassenlampen betrieben werden konnten. Im Jahre 1904 gehörte er auch zu den Initianten, die in Sankt Ludwig den Strom einführen wollten.

Im Jahre 1906, fünf Jahre nach der Errichtung des ersten Netzes, stellte die Gemeinde Hegenheim bei der Elektra Birseck ein Anschlussgesuch. Mit Armand Knoll vereinbarte die Gemeinde Hegenheim, dass während dreieinhalb Jahren die Stromrechnungen in Mark bezahlt werden müssten, die Elektra Birseck aber den Betrag in Franken erhalte. Die Differenz sollte im Sinne einer Abfindung an Knoll gehen. Im Oktober 1906 komplizierten sich die Dinge aber, indem der Kreisdirektor in Mülhausen, eine dem Gemeinderat vorgesetzte Behörde, das Anschlussgesuch der Gemeinde Hegenheim an die Elektra Birseck nicht bewilligen wollte. Letztlich konnten die Verhandlungen zwischen der Elektra Birseck und der Gemeinde Hegenheim dennoch erfolgreich abgeschlossen werden. Im März 1907 wurde mit dem Bau der Leitungen begonnen. Hegenheim war damit eine der ersten Gemeinden im Elsass, die mit elektrischer Energie versorgt wurden. Auch in Sankt Ludwig hatte man schon mehrere Versuche unternommen, die Elektrizität einzuführen. Das Bürgermeisteramt Sankt Ludwig hatte sich bereits um die Jahrhundertwende mit der Bitte um Stromversorgung an das Kraftübertragungswerk Rheinfelden gewandt. Dieses Gesuch wurde aber 1902 abschlägig beantwortet. Brandts BREMA hatte zwar versprochen, im Elsass ein Stromnetz aufzubauen, doch mit der Realisierung haperte es. Im Mai 1903 suchte dann auch noch das Kraftwerk Wangen bei der Stadt Sankt Ludwig um eine Bewilligung für eine Leitung nach, da ihm eine Strombestellung für einen 20-PS-Motor vorlag. Das Kraftwerk Wangen zog sich aber schon bald wieder aus dem Kampf um die Stromversorgung im Elsass zurück. Gegen eine Entschädigung war es 1903 bereit, einen Gebietsabgrenzungsvertrag mit der Elektra Birseck zu un-

Kohleverstromung in Münchenstein: Die Dampfzentrale der EBM um 1909.

Galerie

Helmut Fischer, Münchenstein

Hans Flükiger, Diegten

Hansjörg Friedlin, Rheinfelden

Peter Fivian, Arlesheim

Tobias Franz, Aesch

Denise Furrer, Therwil

Charles Fleury, Allschwil

Max Frei, Arlesheim

Markus Gamma, Witterswil

Glauco Floreani, Dornach

Hedwig Frey, Münchenstein

Hans Gass, Reinach

Roland Flückiger, Münchenstein

Marc Frey, Reinach

Gerald Gemulla, D-Bad Säckingen

Organisation und Aufbau der EBM

terzeichnen, welcher der Baselbieter Genossenschaft Sankt Ludwig und einen Umkreis von 10 Kilometern zusagte. Der Vertrag trat allerdings erst 1906 in Kraft.
Entscheidend vorangetrieben hat die Einführung der elektrischen Energie in Sankt Ludwig ein Initiativkomitee. Ab 1904 setzte sich eine Gruppe dafür ein, endlich Strom für die Modernisierung der Fabriken zu erhalten. Dem Komitee stand Fritz Seiffert, der Direktor der Firma Vischer & Cie., vor. Er nahm mit allen Beteiligten Kontakt auf, mit den Behörden von Sankt Ludwig, Colmar und Mülhausen, mit dem Elektrizitätswerk Wangen, der BREMA und Armand Knoll. Am 17. November 1904 schrieb er auch der Elektra Birseck. Diese antwortete, sie müsse zuerst umfangreiche Abklärungen und Vorbereitungen treffen, bevor sie ihm ein Angebot unterbreiten könne. Seiffert regte in der Folge ein persönliches Treffen mit den Vertretern des Baselbieter Unternehmens an, um die Angelegenheit schneller zu einem Ende zu bringen.

Ende des Streites um die Elsässer Gemeinden

1905 hatte die Elektra Birseck auf Schweizer Boden mit Versorgungsschwierigkeiten durch Leitungsunterbrüche zu kämpfen. Dies hielt sie aber nicht davon ab, zusammen mit Fritz Seiffert das Elsass-Projekt voranzutreiben. Am 20. August 1905 fand in Sankt Ludwig eine Orientierungsversammlung statt, an der die Elektra Birseck und das Initiativkomitee rund um Fritz Seiffert die Öffentlichkeit auf die Einführung des elektrischen Stroms vorbereitete. Mitte Oktober 1905 begann sich dann eine Lösung im Streit um die Versorgung des Elsass mit Elektrizität abzuzeichnen: Ein Abgrenzungsvertrag mit der BREMA wurde ausgearbeitet, die auf ihre Rechte unter der Bedingung verzichtete, dass die Elektra Birseck den Rhein-Rhone-Kanal nicht überschreite. Damit war der Weg frei, um bei den Behörden die notwendigen Eingaben zu machen. Am 28. Dezember 1905 stimmte schliesslich auch der Kreisdirektor in Mülhausen der Starkstromleitung Allschwil-Burgfelden zu. Am 26. Januar 1906 nahm die Elektra Birseck den Leitungsbau auf elsässischem Boden auf. Endlich sollten die Mitglieder des Initiativkomitees um Fritz Seiffert den Strom für ihre Motoren erhalten. Durch den stürmischen Netzausbau zu Beginn und wegen Lieferengpässen kam es immer wieder zu Unterbrüchen und Betriebsstörungen. Die Elektra Birseck musste ihr elsässisches Versorgungsgebiet zudem parallel zum rasch sich erweiternden Schweizer Netz aufbauen, was nicht immer ohne Probleme vonstatten ging. Doch die treibenden Kräfte im Elsass, die Industriellen, unterstützten die Elektra Birseck tatkräftig und trugen ihren Teil dazu bei, dass der Netzausbau zügig vorankam. Die Initianten waren einerseits von der Leistungsfähigkeit, andererseits von den günstigen Preisen der Genossenschaft überzeugt.
Das Netz im elsässischen Versorgungsgebiet der Elektra Birseck wurde zwischen 1906 und 1914 aufgebaut. Insgesamt zwölf Orte sind dazu zu zählen: Sankt Ludwig mit Burgfelden, Hegenheim, Häsingen, Leimen, Neuweiler, Liebenzweiler, Büschweiler, Biederthal, Volkensberg, Niederhagenthal, Oberhagenthal und Wenzweiler. Die Leitungen bestanden im Elsass grossteils aus Holzstangen und Kupferdrähten. Aus heutiger Sicht mag einem dieses erste Netz als einfach und nur beschränkt leistungsfähig erscheinen. Die damaligen Bedürfnisse vermochte es aber trotz des raschen Wachstums zu

Galerie

Alain Gerber, F-Hégenheim

Cédric Gex, Aesch

Walter Graf, Pratteln

Daniel Gerber, Dornach

Thomas Giger, Münchenstein

Christoph Grolimund, Breitenbach

Ursula Gerber, Aesch

René Goepfert, Allschwil

Hans Grossmann, Reinach

Anneliese Gerster, Seewen

Ernst Graf, Kleinlützel

Energie Bewegt Menschen

Gabriela Gerster, Reinach

Roger Graf, Allschwil

Guido Gschwind, Therwil

Organisation und Aufbau der EBM

erfüllen. Es ist im übrigen nicht zu vergessen, dass diese zwölf Gemeinden dank der Aktivitäten der Elektra Birseck teilweise Jahrzehnte früher als ihre Nachbargemeinden an ein Stromnetz angeschlossen wurden. Es kam denn auch immer wieder zu Anfragen aus anderen elsässischen Gemeinden. Nachdem die Gebietsabgrenzungsverträge im Elsass aber abgeschlossen waren, musste die Elektra Birseck diese Gesuche stets ablehnen.

Strom für Gewerbe, Landwirtschaft, Industrie und Bahn

Im Haushalt wurde der elektrische Strom zu Beginn vor allem für die Beleuchtung benutzt. Ganz anders sah es beim Gewerbe und in der Landwirtschaft aus. Dort nahm die Verwendung elektrischer Motoren seit der Jahrhundertwende rasch zu. 1905 wird denn auch – nicht ohne Stolz – im Geschäftsbericht der Elektra Birseck festgehalten: «Überhaupt freuen wir uns, feststellen zu dürfen, dass die Existenz unserer Genossenschaft und unserer Linien und Einrichtungen immer mehr einenteils zur Unterstützung der bestehenden grösseren und kleineren Industrien in unserem Versorgungsgebiet beigetragen hat, anderenteils die Gründung neuer industrieller Unternehmungen möglich machte.» 1906 wird verdeutlicht: «Und gleicher Weise wie im Vorjahr sind es ... Motoren für Zwecke des Kleingewerbes, die stetsfort mehr verlangt werden und im Berichtsjahr in grosser Menge von uns aufgestellt wurden. Metzger, Bäcker, Schreiner, Wagner, Schmiede, Schlosser und viele Kleinindustrielle mit Spezialbranchen in unserem Gebiet greifen nach und nach alle zur elektrischen Energie, und manche Sägerei und Müllerei wurde durch den grossen Wassermangel des Spätsommers zur Anschaffung eines Elektromotors als Aushilfe bewogen.»

Gewerbetreibende und Landwirte hatten also schnell einmal den praktischen Nutzen der Elektromotoren für viele alltägliche Arbeiten erkannt. Schon in den ersten Jahren nach der Gründung der Elektra Birseck wurden Versuche mit Arbeitsmaschinen angestellt. An beliebiger Stelle konnte ein Motor an die Freileitungen angehängt werden. Diese mobilen Motoren fanden vor allem in der Landwirtschaft schnell Verbreitung. Mit ihnen konnte eine vorher

Die Einführung elektrischer Motoren revolutionierte die Baselbieter Heimposamenterei.

Galerie

Fazli Güler, Münchenstein

Franz Haerri, Riehen

Rolf Hammel, Arlesheim

Markus Gut, Liestal

Albert Hafner, Binningen

Remo Hänggeli, Arlesheim

Peter Gwerder, Bubendorf

Karl Hagnauer, Pratteln

Emanuelle Hartmann, F-Mulhouse

Werner Häbig, D-Rheinfelden-Herten

Kurt Hamann, Bättwil

Theo Hartmann, Muttenz

Roland Haefflinger, F-Saint-Louis

Daniel Hammel, Basel

Basil Hasenböhler, Therwil

Organisation und Aufbau der EBM

mühsam von Hand ausgeführte Tätigkeit bedeutend erleichtert werden. Man betrieb zum Beispiel Aufzüge, Pumpen, Rührwerke, Sägen, Dreschgeräte und Häcksler mit einem auf ein Fahrgestell montierten mobilen Motor.

Im Ersten Weltkrieg stellte die Genossenschaft Elektra Birseck eine grosse Nachfrage nach kleinen Motoren für die Landwirtschaft fest. Es kam in der Folge auch immer wieder zu neuen Anwendungen der Elektrizität, beispielsweise wurden leistungsfähige Dörrgeräte entwickelt. Ab dem Zweiten Weltkrieg hat sich dann die Produktionsweise der Landwirte in mancher Beziehung grundlegend geändert. Das Angebot an neuartigen, strombetriebenen Apparaten wie Fördereinrichtungen, Gebläsen, automatischen Fütterungseinrichtungen nahm zu. Wärmeeinrichtungen für den Pflanzenbau wurden entwickelt und die Aufzucht von Tieren wurde intensiviert, was ebenfalls einen erhöhten Strombedarf der Landwirte mit sich brachte.

EBM-Strom macht Menschen im Birseck mobil

Aber nicht nur Landwirte und Gewerbetreibende, auch die Industriellen glaubten an die neue Energieform. Die ersten kleineren Fabriken, die ans Netz der Elektra Birseck angeschlossen wurden, befanden sich im Jura. Zu nennen sind die Fabrik Vischer, die Sägerei Saner in Büsserach und die Uhrenfabrik in Breitenbach, die alle 1904 der Genossenschaft Elektra Birseck beitraten. 1906 verzeichnete die Elektra Birseck dann mehrere Eintritte bedeutender Industriekunden: die Elektrizitätsgesellschaft Alioth in Münchenstein, die jetzt selbst auf Fremdstrom angewiesen war, die Süsswarenfabrik André Klein, die Isolawerke Breitenbach und die Basler Anstalt Klosterfiechten auf dem Bruderholz. Im Jahr darauf löste die Portland-Zementfabrik in Münchenstein bei der Elektra Birseck ein Kraftabonnement für einen 40-PS-Motor. 1908 bezog sie zusätzlich nochmals 165 PS von der Genossenschaft. Im selben Jahr trat die Zementfabrik in Liesberg der Genossenschaft Elektra Birseck bei und löste ein Kraftabonnement für 425 PS. Damit war die Zementfabrik einer der grössten Stromab-

STROM FÜR DIE BAUERN.
Die Landwirtschaft war nicht nur wegen der strombetriebenen Apparate stets ein Gegenstand der Geschäftspolitik der Elektra Birseck. Auch der Anschluss weit von den Ortschaften entfernter Höfe und der Alpliegenschaften auf den Jurahöhen an das Stromnetz der Genossenschaft musste nach und nach – teilweise mit recht grossem Aufwand – realisiert werden. Diese umfassende Flächenerschliessung kam erst um 1970 mit dem Anschluss der Berghöfe Unter Bös, Ober Bös, Schemelhof, Trogberg, Mittlere Rotmatt, Nüselboden in Beinwil und des Hofs Graben bei Seewen zum Abschluss.

Mobile Elektromotoren leiteten die Mechanisierung der Landwirtschaft ein. Im Bild eine elektrische Dreschanlage im Jahr 1897.

Galerie

Max Hasler, Zuzgen

Beatrice Heiniger, Reinach

Marius Henzi, Breitenbach

Susanne Hatanek, Zwingen

Michel Heinimann, F-Hégenheim

Franz Herger, Reinach

Markus Häusermann, Muttenz

Dieter Heinzelmann, D-Haltingen

Daniel Hertig, Ziefen

Rolf Häusermann, Basel

Claudio Hengge, Basel

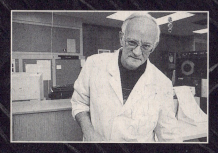
René Hiltwein, Reinach

Martin Heidersberger, Münchenstein

Gerald Henkel, D-Lörrach

André Hirschi, Metzerlen

Organisation und Aufbau der EBM

nehmer der Elektra Birseck. Einen weiteren grossen Stromabnehmer stellten die Bahngesellschaften in und um Basel dar. Wie bei der Elektra Birseck ging die Initiative für den Bau einer Trambahnlinie von Basel nach Arlesheim und Dornach von Mitarbeitern der Elektrizitätsgesellschaft Alioth aus. Die Fabrik hatte sowohl in der Schweiz als auch im Ausland Erfahrung mit der elektrischen Ausrüstung von Bahnen gesammelt.

Da der bescheidene Fahrplan der Jura-Simplon-Bahn dem Reiseverkehr der Firma Alioth nicht genügte, setzte sie sich für eine leistungsfähige Tramlinie ein. Ein Initiativkomitee versandte also 1898 eine Denkschrift an Interessenten in der engeren Umgebung und reichte am 23. Juni 1898 beim Bundesrat ein Konzessionsgesuch für eine Trambahn Basel (Aeschenplatz)-Münchenstein-Arlesheim-Dornach ein. Die Regierung des Kantons Baselstadt erhob gegen dieses Gesuch umgehend Beschwerde. Sie lehnte eine zweite Trambahngesellschaft auf ihrem Kantonsgebiet entschieden ab. Denn in der Stadt Basel hatte man nach ausländischen Vorbildern bereits 1895 eine elektrische Trambahn errichtet. Dem Komitee wurde die Führung der rund acht Kilometer langen Tramlinie durch die Basler Strassenbahn angeboten. Damit waren die Initianten einverstanden.

Doch dann verlangten die Gemeinden Münchenstein und Arlesheim, dass die Bahnlinie auf die Hauptstrasse dieser Dörfer verlegt werden müsse. Damit konnten sich die Initianten wiederum gar nicht einverstanden erklären. Sie wollten die weite Entfernung des Trassees und der Haltestellen von ihrer Fabrik, der Elektrizitätsgesellschaft Alioth, nicht akzeptieren. Den beigezogenen Bahnexperten gelang es in der Folge aber, eine Kompromisslösung zu vermitteln, die der Landrat am 10. Mai 1900 genehmigte. Die eidgenössischen Behörden erteilten dem entsprechend modifizierten Konzessionsgesuch der Elektrizitätsgesellschaft Alioth dann bereits im Juni 1900 die Betriebsbewilligung.

Die Birseckbahn war geboren. An der konstituierenden Versammlung der neuen Trambahngesellschaft am 17. Juli 1901 in den Geschäftsräumlichkeiten der Elektrizitätsgesellschaft Alioth ging die Konzession auf die neue Bahngesellschaft über. Die Maschinenfabrik Alioth deckte die für den Bahnbau ausgegebene Anleihe von 250 000 Franken. Für die Stromversorgung der Birseckbahn baute die Elektra Birseck gemäss dem Liefervertrag vom 7. Februar 1902 eine neue Kupferleitung vom Kraftwerk Neuewelt zur Haltestelle Neuewelt. Der von der Genossenschaft Elektra Birseck mit Traktionsstrom versorgte Abschnitt der Bahn erstreckte sich von der Kantonsgrenze bis zur Endstation in Dornachbrugg. Die Birseckbahn kaufte von der Elektrizitätsgesellschaft Alioth vier neue Motorwagen mit achtzehn Sitzplätzen und vierzehn Stehplätzen. Weitere Fahrzeuge wurden von den Basler Strassenbahnen zur Verfügung gestellt. Die Einweihung der Birseckbahn fand am 2. Oktober 1902 statt. Die neugegründete Bahn stellte in der Folge für den Stromverteiler Elektra Birseck einen wichtigen Grosskunden dar.

Als dritte Bahngesellschaft neben der Basler Strassenbahn und der Birseckbahn fungierte die Birsigtalbahn (BTB), deren Bahnstrecke von Basel nach Flüh zwischen 1884 und 1888 gebaut worden war.

Auch die BTB bezog ab 1921 Traktionsstrom von der Genossenschaft Elektra Birseck. Damit bezogen also alle drei Bahngesellschaften in der Region Basel Strom für den Betrieb ihrer Bahnen von der Elektra Birseck. ▲

DIE EBM UND DIE BIRSECKBAHN.

Am 1. Januar 1906 schloss die Birseckbahn mit der Elektra Birseck einen Vertrag über eine grössere Energielieferung ab. Die Geschäftsbeziehungen der Birseckbahn zur Elektra Birseck gestalteten sich problemlos, was nicht erstaunt, war doch Fritz Eckinger, der Direktor der Genossenschaft, gleichzeitig als nebenamtlicher Direktor der Bahngesellschaft angestellt. Ab 1916 führte die Birseckbahn den Trambetrieb in eigener Regie. Eckinger blieb aber an der Spitze der Bahn. Die personellen Verbindungen zwischen der Elektra Birseck und der Birseckbahn blieben wegen der engen Geschäftsbeziehungen auch nach dem Rücktritt Eckingers erhalten. Sie wurden auch von der Nachfolgegesellschaft, der Baselland Transport (BLT), weitergeführt, die 1974 durch die Fusion der basellandschaftlichen Bahn- und Busbetriebe entstand.

Galerie

Fritz Holinger, Therwil

Ursula Immeli, Duggingen

Claude Jaeger, F-Leymen

Hanny Hollinger, Brislach

Nicole Ingold, Münchenstein

Hanspeter Jauslin, Muttenz

Marco Huber, Zullwil

Susanne Iseli, Muttenz

Heinz Jauslin, Muttenz

Walter Hunziker, Bättwil

Andreas Isenegger, Augst

Alberto Jeger, Meltingen

Ursula Hüppi, Arlesheim

Christoph Jaeger, F-Leymen

Dominik Jeger, Meltingen

Die EBM um den Ersten Weltkrieg

Der Beginn des Ersten Weltkriegs im August 1914 führte auch für die Schweizer Elektrizitätswirtschaft zu neuen Rahmenbedingungen. Die Folgen des Kriegszustands waren für die Elektra Birseck im Vergleich zu anderen Stromverteilern besonders einschneidend, da sie zu diesem Zeitpunkt auch im Elsass und damit auf deutschem Gebiet tätig war. Im Geschäftsbericht der Elektra Birseck wird die Lage im Jahre 1914 folgendermassen beschrieben: «Mit dem Ausbruch des Krieges anfangs August haben sich auch die Verbrauchsverhältnisse von elektrischem Strom gründlich geändert. Die noch in Betrieb befindlichen Gewerbe arbeiteten plötzlich zu einem kleineren Teile erheblich reduziert, zum grösseren Teile sind sie ganz eingestellt worden. Die Ursache mag sowohl in dem Entzug eines grossen Teiles der Arbeiterschaft und des leitenden Personals durch die Mobilisierung aller Heeresklassen gelegen haben als auch in der voraussichtlichen Unmöglichkeit, auf längere Zeit hinaus für die Erzeugnisse der Industrie Absatz zu finden, insbesondere für Lieferungen der Baugewerbe; in der Beschränkung des Bahnverkehrs usw. Im elsässischen Versorgungsgebiete, wo naturgemäss noch eine grössere Behinderung und Gefährdung des Verkehrs der übrigen Kalamität sich beifügen musste, und wo sehr viele Personen sofort verreist sind, war der Stromverbrauchsausfall besonders bedeutend. Unsere Stromlieferung wurde dergestalt auf 1. August mit einem Schlage um 50 Prozent herabgesetzt.»

Auch bei den Installationsarbeiten machten sich die Folgen des Krieges bemerkbar: Es trat schnell eine Rohstoffverknappung ein. Besonders das für die Rüstungsindustrie wichtige Kupfer stand für die Elektrizitätswerke kaum mehr frei zur Verfügung. Die schweizerischen Elektrizitätswerke schlossen sich deshalb zu einer gemeinsamen Importgesellschaft zusammen, um mit Unterstützung der Bundesbehörden aus Übersee das benötigte Kupfer zu importieren, was aber aufgrund der Kriegswirren nur mit wechselndem Erfolg gelang.

Mit Kriegsbeginn verminderte sich der Stromkonsum erstmals in der Firmengeschichte der Elektra Birseck innert eines Jahres von 1913 bis 1914 von 9,5 auf 9,3 Millionen Kilowattstunden. Dies veranlasste die Genossenschaft zu einer vorübergehenden Preissenkung von 20 Prozent auf Koch- und Heizstrom im Winterhalbjahr 1914/15.

In den folgenden Jahren stieg der Stromverbrauch in bisher unerreichtem Ausmass an. Für die Elektra Birseck ergaben sich aus den Kriegsverhältnissen also mehrere, zum Teil widersprüchliche Konsequenzen. Dem Rohstoffmangel und dem starken Rückgang des Strombezugs der Industrie standen Faktoren gegenüber, die das Elektrizitätsgeschäft der Genossenschaft vorteilhaft beeinflussten. 1917 verkaufte die Elektra Birseck 14,2 und 1918 15,6 Millionen Kilowattstunden Strom. Am Ende des

WACHSTUM TROTZ UND WEGEN KRIEGES.

Trotz des Krieges und des damit verbundenen Verbrauchseinbruchs stieg die Zahl der Abonnenten bis Ende 1914 auf 5000 Genossenschafter, und die Zahl der ans Netz der Elektra Birseck angeschlossenen Glühlampen überschritt die Grenze von 50 000. 1914 überschritt die Zahl des Betriebspersonals der Elektra Birseck erstmals die Schwelle von hundert Personen. Fünfzehn Angestellte arbeiteten in der Verwaltung, weitere fünfzehn in den Kraftwerken, den Werkstätten und im Magazin. 71 Angestellte und Arbeiter waren für die Planung, die Montage und den Unterhalt der technischen Netzeinrichtungen verantwortlich.

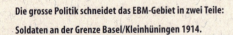

Die grosse Politik schneidet das EBM-Gebiet in zwei Teile: Soldaten an der Grenze Basel/Kleinhüningen 1914.

Galerie

Peter Jeker, Reinach

Walter Jundt, Therwil

Karin Käser, Oberwil

Jean-Claude Jenni, F-Biederthal

Peter Junker, Aesch

Peter Keller, Reinach

Peter John, Muttenz

Corinne Kaiser, Hofstetten

Erica Kempf, F-Saint-Louis

Marcello Jotti, Basel

Germann Känzig, Grindel

Peter Kern, Arlesheim

Peter Jundt, Bottmingen

Patric Karrer, Laufen

August Kiefer, Reinach

Die EBM um den Ersten Weltkrieg

Krieges wurde also erheblich mehr Elektrizität verbraucht als 1914, obwohl die Industrieproduktion in der gleichen Zeit nicht zunahm. Diese Steigerung war vor allem der massiven Zunahme abonnierter Lampen zuzuschreiben. Die vermehrte Benützung von Glühbirnen ist einerseits auf den Petroleummangel, andererseits aber auch auf den Kohlemangel, der vor allem die Gasbenützer traf, zurückzuführen. Immer mehr Menschen sahen sich aufgrund dieser Mangelsituation gezwungen, in ihrem Haus elektrische Beleuchtungsanlagen zu installieren.

Auf der anderen Seite ging die Nachfrage nach Strom für den Betrieb von Motoren stark zurück. Vor allem die Bauindustrie und die im Gebiet der Elektra Birseck vertretene Baustoffabrikation litten unter der wenig investitionsfreudigen Zeit. Der Rückgang der Einnahmen beim Kraftstrom für Motoren wurde aber durch den grösseren Umsatz bei den Lichtabonnenten mehr als wettgemacht. Die Elektra Birseck vermerkte 1915: «Zum ersten Male ist im Berichtsjahr die Einnahme aus Lichtabgabe grösser als diejenige für den Motorenstrom.» Aber nicht bei allen Kraftstrombezügern war die Tendenz rückläufig. Einige Firmen, zum Beispiel die Schweizerischen Metallwerke Dornach, boomten im Ersten Weltkrieg dank der Herstellung von Munitionsbestandteilen regelrecht. Auch im Industriebereich zeichneten sich – für einzelne Firmen – günstige Veränderungen ab, von denen auch die Elektra Birseck als Stromlieferantin dieser Unternehmen indirekt profitierte. 1916 beispielsweise kamen in Laufen zwei neue Fabriken ans Netz der Genossenschaft: die Portland-Zementfabrik Laufen und die Tonwarenfabrik Laufen.

Ab 1916 wurde zudem die Elektrifizierung der Schweizerischen Bundesbahnen forciert, was dem Münchensteiner Werk der Brown, Boveri & Cie. – der einstigen Elektrizitätsgesellschaft Alioth – volle Auftragsbücher bescherte. Zudem schlug sich die Stromversorgung der Truppenunterkünfte in der Energiebilanz der Elektra Birseck positiv nieder. Die vielen militärischen Einrichtungen entlang der Landesgrenze bezogen Energie für die Beleuchtung der Unterkünfte und die elektrische Heizung. Diese Stromlieferungen haben ebenfalls zur Erhöhung der Einnahmen aus dem Stromverkauf während des Ersten Weltkriegs geführt. Trotz Kriegswirren war also keine Stagnation bei der Stromnachfrage zu verzeichnen.

Doch im Winter 1917 wurde nun der elektrische Strom in der ganzen Schweiz knapp. Das Schweizerische Volkswirtschaftsdepartement, genauer gesagt: die Abteilung für industrielle Kriegswirtschaft, hatte infolge des Kohlemangels den Gebrauch der Dampfreserven verboten. Diese Notlage bewirkte – übrigens zum ersten Mal in der Schweiz – die Einmischung der Behörden in

**Ursprung der Allianz zwischen Atel und EBM:
Das Kraftwerk Gösgen um das Jahr 1921.**

DIE MACHT DEN DELEGIERTEN.

An der letzten Generalversammlung im Juni 1917 verabschiedete die Genossenschaft neue Statuten. Die wesentliche Änderung betraf den Übergang von der General- zur Delegiertenversammlung. Die Führung der Genossenschaft hatte erkannt, dass mit der zunehmenden Mitgliederzahl die effiziente Diskussion und Beschlussfassung nicht mehr gewährleistet war. Deshalb wurde neu die Form einer Versammlung gewählter Delegierter als Entscheidungsgremium bestimmt. Lediglich auf die wichtigsten Entscheide sollten die Mitglieder noch in Urabstimmungen Einfluss nehmen können. Weitere wichtige Änderungen, die im Rahmen dieser Statutenänderung beschlossen wurden, waren: die Reduktion der Eintrittsgelder, der Wegfall der Haftung für Genossenschafter sowie der Übergang der Mitgliedschaft bei Todesfall an die Stromverbrauchsliegenschaft und nicht an die Erben.

Galerie

Elisabeth Kilchherr, Arisdorf

Elsa Klossner, Münchenstein

Erika Kohler, Seewen

Laslo Kis, Muttenz

Manfred Klossner, Münchenstein

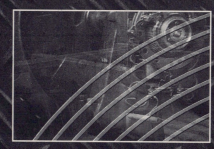
Energie Bewegt Menschen

Markus Kissling, Arlesheim

Thomas Klossner, Metzerlen

Markus Kohler, Breitenbach

Rosemarie Kissling, Reinach

Daniel Klötzli, Kleinlützel

Thomas Kohler, Grindel

Liliane Kleinmann, F-Saint-Louis

Roger Kneier, Binningen

Peter Krähemann, Aesch

Die EBM um den Ersten Weltkrieg

die Strombeschaffung und -verteilung: Der Bund beschleunigte mit Hilfe von Bundesmitteln die Fertigstellung der Wasserkraftwerke, die sich bereits im Bau befanden. Zudem wurden verbindliche Massnahmen für die Stromlieferung und die gegenseitige Unterstützung der verschiedenen Elektrizitätswerke getroffen. Ausserdem ordneten die Behörden sowohl auf seiten der Werke als auch der Abonnenten eine Einschränkung der Benutzung des elektrischen Stroms an, damit dieser für die kriegswichtigen Verwendungszwecke verfügbar war. Die Einschränkungen betrafen die Elektra Birseck nur von Mitte November bis Mitte Dezember 1917. Denn ab 1. Januar 1918 konnte das Elektrizitätswerk Olten-Aarburg aus dem neuen grossen Aarewasserkraftwerk bei Gösgen in bedeutendem Umfang elektrischen Strom nach Münchenstein liefern. Diese Lösung hatte sich schon 1914 abgezeichnet, denn Olten hatte schon früh mit möglichen Abnehmern der Gösgener Elektrizität Kontakt aufgenommen. Die Baselbieter Genossenschaft Elektra Birseck hatte damit einmal mehr einen Engpass vermeiden können.

Dank der Stromlieferung aus Gösgen war im Versorgungsgebiet der Elektra Birseck im Winter 1918 ein normaler Netzbetrieb möglich. Die Genossenschaft bezog in diesem Jahr vom neuen Laufkraftwerk etwas mehr als drei Millionen Kilowattstunden Strom. Dies entsprach damals einem Fünftel ihres gesamten Stromumsatzes. Der Strombezug von den anderen Kraftwerken in Augst und Wangen lief parallel dazu. Das Zusammenführen der drei grossen Stromquellen im Kraftwerk Münchenstein und das Verteilen auf das Versorgungsnetz war damals noch keine Alltäglichkeit. Noch hatte man wenig Erfahrung mit dem Verbund mehrerer Kraftwerke in einem weitgespannten Leitungssystem. Im Verlauf des Jahres 1917 hatte die Elektra Birseck das Kraftwerk und die Schaltanlagen in Münchenstein diesen neuen Anforderungen angepasst und sie um die zusätzlichen Anschluss-, Mess- und Reguliereinrichtungen für den Strom aus Gösgen erweitert. Parallel dazu wurde auch das Verteilnetz stetig ausgebaut. Da alle drei Hauptlieferanten der Elektra Birseck – Augst, Wangen und Gösgen – nebst der Genossenschaft noch andere Elektrizitätsverteiler belieferten, wurden in Münchenstein immer häufiger Schwankungen der Spannung in den Zuleitungen festgestellt. Dadurch wurde nicht nur die Lebensdauer der Glühlampen verkürzt, sondern auch eine kontinuierliche und konstante Stromabgabe verunmöglicht. Als relativ kleines regionales Stromverteilwerk hatte die Elektra Birseck nur wenig Einflussmöglichkeiten auf die grossen Stromproduzenten. Die Baselbieter Genossenschaft befand sich also in der unangenehmen Position des schwächeren Verhandlungspartners. Sie musste ihr Verteilnetz und ihre Kunden folglich mit eigenen Massnahmen schützen. Der dazu

Dampf-Reserven für alle Fälle: Blick in die Reserve-Dampfzentrale mit 300 PS Leistung 1912 in Neuewelt.

ZUKUNFTSTRÄCHTIGE ZUSAMMENARBEIT.
Der Vertrag von 1917 zwischen dem Elektrizitätswerk Olten-Aarburg und der Elektra Birseck hatte nicht nur die Stromlieferung von Gösgen nach Münchenstein zum Inhalt, sondern auch die gegenseitige Interessensabgrenzung für den weiteren Stromabsatz: Das Elektrizitätswerk Olten-Aarburg nahm Rücksicht auf die bestehende Stromversorgung im Einzugsgebiet der Elektra Birseck. Einziger Vertragsvorbehalt seitens des Oltener Elektrizitätswerkes war, dass industrielle Grossabnehmer bei Bedarf auch direkt mit Energie aus dem Aarewasserkraftwerk Gösgen beliefert werden durften. Dieses Modell wurde übrigens sechzig Jahre später in Schweizerhalle mit der Elektrolyseanlage der Säurefabrik tatsächlich realisiert. Der Vertrag aus dem Jahr 1917 legte den Grundstein zur weiteren, intensiven Zusammenarbeit der EBM mit der späteren Atel.

Galerie

Susanne Kramer, Münchenstein

Franz Kugler, Oberdorf

Leonardo La Manna, Basel

Ljerka Krause, Basel

Reinhard Kuhn, Gempen

Albert Landert, Dornach

Eva Kresta, Liestal

René Kummli, Arlesheim

Ernst Lang, Riehen

Christoph Krimbacher, Basel

Markus Kunz, Reinach

Yvonne Langenbach, Münchenstein

Daniel Kuentz, F-Hagenthal-le-Haut

Fritz Kuster, Pratteln

Eduard Längin, Flüh

Die EBM um den Ersten Weltkrieg

notwendige Eingriff wurde 1923 vorgenommen: Drei starke Spannungsregler in den Zuleitungen von Wangen, Augst und Gösgen im Schaltwerk Münchenstein sorgten dafür, dass im ganzen Verteilnetz eine gleichbleibende Spannung gewährleistet werden konnte. Die Elektra Birseck war einmal mehr der Meinung, dass mit dem Strom aus Gösgen auf längere Sicht eine ausreichende Kraftreserve vorhanden sein würde. Da die Genossenschaft einen Teil ihrer Anlagen in Münchenstein für veraltet hielt, entschloss sie sich deshalb 1920, sich von einer Dampfmaschine mit 300 PS zu trennen. Die 1902 speziell für den Betrieb der Birseckbahn aufgestellte Maschine konnte nach Tonkin in Vietnam verkauft werden.

Der Erste Weltkrieg und die EBM im Elsass

Vor allem im elsässischen Teil des Versorgungsgebietes der Elektra Birseck waren die Folgen des Kriegszustands einschneidend. Die Wirren des Ersten Weltkriegs verzögerten hier nicht nur die weitere Entwicklung, es kam zu einem regelrechten Einbruch bei der Stromabgabe. Zudem machte der Genossenschaft eine Verfügung der deutschen Kriegsrohstoffabteilung zu schaffen, die das Kriegsministerium in Berlin Ende Januar 1917 erliess: Mit sofortiger Wirkung wurden sämtliche Metallvorräte beschlagnahmt. Nur noch kriegswichtige Aufträge durften weiter bearbeitet werden. In den kommenden Monaten brach zudem die administrative Ordnung zusammen. Stellenweise kam es sogar zur Demontage von Kupferleitungen. Die Elektra Birseck konnte durch den Abbau doppelter Leitungen – sie hatte in der Zwischenzeit die Elektrizitätsgesellschaft Sankt Ludwig aufgekauft – begehrtes Kupfer freimachen und so dem Verlangen des Militärs entsprechen, ohne selbst grossen Schaden zu erleiden. Durch direkte Kriegshandlungen kam die Elektra Birseck nicht zu grossem Schaden. Die Baselbieter Genossenschaft konnte trotz des Kriegszustandes die Stromlieferung ins Elsass über die Landesgrenze hinweg während des ganzen Ersten Weltkriegs aufrecht erhalten. Natürlich mussten Abstriche gemacht werden. Die Verbreitung der Elektrizität kam ins Stocken, viele Rechnungen blieben wegen der Kriegswirren unbeglichen. Stellenweise wurde auch Strom bezogen, ohne dass eine entsprechende Meldung an die Elektra Birseck erfolgte. Dennoch gelang es dem Münchensteiner Unternehmen, trotz Kriegswirren den Bedürfnissen der elsässischen Kunden gerecht zu werden. Damit gewann sie für die Zukunft das Vertrauen vieler Menschen, die in diesem Versorgungsgebiet der Elektra Birseck lebten oder arbeiteten.

Machtwechsel im Elsass: Französische Truppen und die Töchter des Bürgermeisters Haas 1918 in Saint-Louis.

Galerie

Charles Lardon, Pratteln

Daniel Leitner, Basel

Irma Lottaz, Arlesheim

Francine Latuner, F-Kappelen

Energie Bewegt Menschen

Susanne Luder, Muttenz

Doris Lauber, Münchenstein

Sandra Licci, Münchenstein

Felix Lüscher, Reinach

Gérard Legendre, F-Folgensbourg

Andres Linder, Therwil

Johann Lustenberger, Reinach

Doris Leibundgut, Hofstetten

Max Loop, Reinach

Simone Lüthi, Münchenstein

Die EBM um den Ersten Weltkrieg

Elektrische Energie im Dienste der Hausfrauen

Das elektrische Bügeleisen stellte die erste wärmetechnische Anwendung der Elektrizität im Haushalt dar. Die Genossenschaft Elektra Birseck verkaufte seit Beginn der Elektrifizierung regelmässig Bügeleisen. Von diesem einfachen Elektrogerätetyp waren denn auch schon seit mehreren Jahren taugliche Modelle auf dem Markt. Die 1899 in Liestal gegründete Firma Prometheus A.G. war eine der ersten Firmen, die solche elektrische Geräte baute. Für die Benutzung des Bügeleisens für den Hausgebrauch musste der EBM – vor der Installierung der Stromzähler – eine jährliche Pauschale von vierzehn Franken entrichtet werden.

Das vor der Elektrifizierung benutzte Kohleeisen war im Vergleich zum elektrischen Bügeleisen nicht nur aufwendiger zu bedienen, es hatte auch zwei einschneidende Nachteile: Einerseits bestand die Gefahr eines Brandes, andererseits wurde die frisch gewaschene Wäsche oft von der Asche beschmutzt, die aus den Belüftungslöchern fiel. Die schnelle Akzeptanz des elektrischen Bügeleisens lässt sich aber nicht nur auf die einfachere Inbetriebsetzung und Handhabung zurückführen. Das Bügeln konnte jetzt auch in kürzerer Zeit erledigt werden. Früher war diese Tätigkeit zeitintensiver, laufend waren Unterbrüche notwendig, zum Beispiel, um glühende Kohlen aus dem Ofen nachzufüllen. Das elektrische Bügeln mit all seinen Vorteilen brachte rasch einen neuen Sauberkeitsstandard. Die herkömmliche Bügelqualität des Kohleeisens vermochte bald die gestiegenen Bedürfnisse an Qualität und Sauberkeit nicht mehr zu befriedigen. Bei der Elektrifizierung des Baselbiets ging es vor allem um die Bereitstellung von Licht und Kraft; die Wärmeproduktion spielte vorerst eine Nebenrolle. Der mit Holz beheizte Herd wurde damals nicht nur zum Kochen benutzt, sondern stellte in der ersten Jahrhunderthälfte auch die zentrale Wärmequelle des Hauses dar. Das Aufkommen und die Verbreitung des Elektro- oder Gasherds setzte also gleichzeitig eine andere Heizform voraus. Die Elektrizitäts- und die Gasindustrie mussten zuerst derartige ergänzende Geräte – Gas- oder Warmwasserboiler, Gas-, Elektro-, Ölöfen oder Zentralheizung – entwickeln und anbieten, bevor sie die Elektro- oder Gasherde absetzen konnten. Diese Bemühungen wurden während des Ersten Weltkrieges, bedingt durch den Holz-, Kohle-, Petrol- und Gasmangel, intensiviert.

Bügeleisen gehörten zu den ersten elektrischen Haushaltgeräten. Steckdosen gab es damals noch kaum.

BÜGELEISEN ALS WEGBEREITER.

Das elektrische Bügeleisen erlebte vor allem im Ersten Weltkrieg einen enormen Aufschwung und hat sich wahrscheinlich in den dreissiger Jahren endgültig durchgesetzt. Es trug als erste wärmetechnische Anwendung im Haushalt mit seiner Handlichkeit und seiner Bedienungsfreundlichkeit mit dazu bei, dass die elektrische Energie in zunehmendem Masse auch für weitere Zwecke im Haushalt genutzt wurde.

Galerie

Rolf Madörin, Münchenstein

Robert Meier, Bretzwil

Karl Meyer, Büsserach

Kurt Maier, Basel

Walter Meier, Witterswil

Richard Meyer, Basel

Patrick Mang, F-Buschwiller

Nathalie Menz, Birsfelden

Walter Misteli, Birsfelden

Reto Mangold, Lausen

Tobias Merz, Therwil

Claudia Mohler, Lausen

Georges Mangonaux, F-Saint-Louis

Cyrill Meyer, Aesch

René Mohler, Diegten

Die EBM um den Ersten Weltkrieg

Die Entwicklung und Konstruktion funktionstüchtiger Apparate für die elektrische Küche wurde mit verstärktem Einsatz in Angriff genommen.

Die Gasindustrie erlitt im Ersten Weltkrieg durch die Kohleknappheit und die Gasrationierung grosse Verluste. Ihre Lage verbesserte sich auch in den ersten Jahren nach dem Krieg nicht. Die Elektrizitätswirtschaft hingegen erlebte während des Krieges einen ungeahnten Aufschwung. Sie lieferte eine vom Ausland unabhängige, nationale Energie, mit der dem Kohlemangel begegnet werden konnte. Nach dem Krieg, als die Gaspreise allmählich wieder auf das Vorkriegsniveau sanken und die Elektrizitätsindustrie die Wasserkraft weiter ausgebaut hatte, bestand infolge der Weltwirtschaftskrise und des Konkurrenzkampfes zwischen der Gas- und der Elektrizitätsindustrie ein Überangebot an Strom. Es mussten also neue Absatzmärkte und somit Energienutzer gefunden werden. Ein solcher, noch kaum ausgeschöpfter Markt war die Küche der Zwischenkriegszeit. Dort wurde idealerweise während der Phasen niederen Stromverbrauchs durch die Industrie, also am frühen Morgen, über Mittag und am Abend, vermehrt Strom verbraucht. Auch die Elektra Birseck entdeckte dieses ungenutzte Potential. Der Elektroherd für Privatleute stand folglich im Zentrum ihrer Aktivitäten. Dabei wurde vor allem der Aspekt der Arbeitsentlastung und des Zeitgewinns betont. Die Verwendung elektrischer Geräte im Haushalt wurde damals als modern und zukunftsweisend dargestellt, als Prozess, den man nicht mehr aufhalten konnte.

Bei diesen Werbemassnahmen – vor allem bei den Kochdemonstrationen – ging es weniger darum, die neuen Möglichkeiten des Kochens mit dem Elektroherd zu zeigen, sondern vielmehr um den Nachweis, dass mit diesem neuen technischen Gerät dieselben Mahlzeiten mit weniger Arbeitsaufwand und in kürzerer Zeit zubereitet werden konnten.

Zudem verlangte der Elektroherd von den Benutzern ein Umlernen. Anfänglich behielten die Frauen ihr gewohntes Kochverhalten bei. Sie merkten aber schnell, dass der neue Herd auch ein neues Kochverhalten erforderte: Die grosse Hitze ermöglichte das Kochen von Speisen in kürzerer Zeit und mit kleinerem Aufwand. Die Köchinnen mussten dafür aber am Herd bleiben und konnten nicht mehr wie vorher, als stundenlang bei geringer Hitze gekocht wurde, zwischendurch etwas anderes erledigen, ohne dass etwas überkochte oder verbrannte. Den Umgang mit der

Kinderleichtes Haushalten: Der Einsatz von Maschinen veränderte den Arbeitsrhythmus nachhaltig.

GAS UND STROM IN HARTER KONKURRENZ.
1930 hielt die Elektra Birseck zu ihren Werbekampagnen für den Einsatz elektrischer Geräte in der Küche fest: «Wir haben uns gezwungen gesehen, gegenüber den Aktionen der Gasfabriken mit ihren Instruktionskochkursen, der Gratiserstellung der Leitungen usw. für die elektrische Küche ebenfalls mehr Reklame zu machen, nachdem eine weitere Ausdehnung der Gasversorgung auf entferntere Landgemeinden in Aussicht stand. In der Erkenntnis, dass es die höheren Erstellungskosten sind, welche wesentlich die elektrische Küche gegen die Gasküche in ihrer Verbreitung zurückstehen lassen und auch dort ihre Einführung erschweren, wo keine Gasversorgung besteht, haben wir dabei unser ganzes Augenmerk auf eine Verbilligung der Kochherde gerichtet durch Massenherstellung und Massenfabrikation.» Die Werbeaktionen der Elektra Birseck für elektrische Küchengeräte sind vor allem als Reaktion auf die Ausweitung der Gasleitungen zu verstehen. Sie erwiesen sich letztlich als Erfolg, wenn auch die Elektra Birseck die Installationen zum Selbstkostenpreis oder sogar etwas darunter ausführen musste, um ihr Ziel zu erreichen.

Galerie

Erika Möller, Basel

Gerhard Müller, Grellingen

Gertraud Nowak, Arlesheim

Felix Moser, Biel-Benken

Ruedi Müller, Therwil

Hans-Rudolf Nussbaum, F-Hégenheim

Olivier Mossmann, F-Village-Neuf

Thomas Müller, Pratteln

Ambrosius Oberlin, Münchenstein

Arlette Müller, Münchenstein

Guglielmo Mutton, Dornach

Denise Oeschger, Allschwil

Barbara Müller, Dornach

Mario Negri, Basel

Jean-Jacques Oser, F-Biederthal

Die EBM um den Ersten Weltkrieg

Elektrizität musste die Hausfrau der Zwischenkriegszeit also regelrecht neu erlernen. Der Elektroherd verlangte einiges von ihr, sie musste sich neue Abläufe und Regeln aneignen. Sie musste aber auch lernen, sparsam und wirtschaftlich mit der Energie, sei es Gas oder Elektrizität, umzugehen, da beides teuer war. Mit der Zeit wurde aber auch diese neue Technik zur Selbstverständlichkeit.

Als das elektrische Kochen erstmals aufkam, wurden meistens sowohl ein Elektro- als auch ein Feuerherd verwendet. Dies hatte mehrere Gründe. Einerseits waren es heiztechnische – die Abwärme des Feuerofens war im Winter hoch willkommen –, andererseits waren es auch Kostengründe, denn der Verzicht auf den Feuerherd hätte nicht nur den Umbau der Küche bedingt, sondern auch die Nutzung der eigenen Holzvorräte verhindert. Daneben spielte aber sicher auch eine gewisse Skepsis gegenüber der Versorgungssicherheit des elektrischen Kochens eine Rolle.

In der Zwischenkriegszeit war der Elektroherd nur schwach verbreitet, was nicht erstaunt, war er doch im Vergleich zu den übrigen Lebenshaltungskosten und den niedrigen Löhnen für den Normalverbraucher nahezu unerschwinglich. In der Stadt war weiterhin vor allem der Gasherd verbreitet, auf dem Land der Holz- oder Kohleherd. Die Hausfrauen, die wählen konnten, entschieden sich für das Kochen mit Gas, weil dieses erheblich kostengünstiger war. In der Zwischenkriegszeit konnte der billigere Gasherd deshalb nach wie vor gegenüber dem Elektroherd die Vorherrschaft wahren.

Die elektrischen Haushaltshelfer hatten ihren Durchbruch im Krieg.

Im Zweiten Weltkrieg waren wiederum die fossilen Brennstoffe, die als Heiz- und Kochenergie dienten, rationiert, die grossteils aus Wasserkraft gewonnene Elektrizität aber nicht. Dies begünstigte die Verbreitung des elektrischen Kochens, das denn auch einen Aufschwung erlebte. Nachdem die Elektrizität in Form von Licht und Wärme (Bügeleisen) in grösserem Umfang Einzug in den Haushalt gehalten hatte, stufte die Bevölkerung das Gas als die gefährlichere Energieform ein. Dies förderte natürlich die Verbreitung des elektrischen Kochens zusätzlich. Der Siegeszug des elektrischen Kochens und Backens war aber auch eine Folge der veränderten Essgewohnheiten im und nach dem Zweiten Weltkrieg. Mit Hilfe des Elektroherds war es möglich, den heimischen Speisezettel zu bereichern und herkömmliche Speisen zu variieren.

Nach dem Zweiten Weltkrieg war der Elektroherd denn auch entschieden populärer als je zuvor. Zwischen 1912 und 1914 verdoppelte sich die Zahl der Elektroherde in der Schweiz von 500 auf 1000. 1916/17 waren es bereits 50 000 Haushalte, die elektrisch kochten. 1931 verfügten dann bereits 18 Prozent der Haushalte über einen Elektroherd. 1940 standen 130 000 Elektroküchen 600 000 Gasküchen gegenüber. ▲

TEURES ELEKTRISCHES KOCHEN.
Elektrische Kochtöpfe und Bratpfannen, welche per Kabel direkt an den Strom angeschlossen werden konnten, kosteten in den zwanziger Jahren zwischen 35 und 200 Franken. Für einen gusseisernen Kochtopf mit einem Fassungsvermögen von 3,5 Litern mussten 70 Franken bezahlt werden. Die Preise für Kochréchauds bewegten sich zwischen 140 und 295 Franken. Der Brat- oder Backofen mit Ober- und Unterhitze dazu kostete 275 Franken. Für einen Herd mit vier Platten und integriertem Backofen musste man Ende der vierziger Jahre mit 490 Franken rechnen. Schon der Entscheid für einen Elektroherd zog einige Kosten mit sich: Nebst dem Anschaffungspreis für den Elektroherd fielen die speziellen Pfannen und der zusätzlich notwendige Anschluss ans Leitungsnetz ins Gewicht.

Direkte Hinweise auf die Verwendung von Wärmeapparaten sind aus der Anfangszeit der Elektra Birseck selten. Dennoch ist anzunehmen, dass man in wohlhabenden Haushalten schon bald nach der Elektrifizierung erste Kochversuche durchgeführt hat. Elektrische Kocheinrichtungen blieben im Versorgungsgebiet der Genossenschaft dennoch für Jahrzehnte eine Rarität. Die bescheidenen Anfänge des elektrischen Kochens gehen im Birseck auf die Zeit des Ersten Weltkriegs zurück. Der Siegeszug des Elektroherdes hing direkt mit der kriegsbedingten Rationierung des Gases zusammen.

Galerie

Peter Oser, Brislach

Roman Pernter, Birsfelden

Heidi Preiswerk, Münchenstein

Roger Papet, Arlesheim

Ines Picton, Reinach

Martin Preiswerk, Münchenstein

André Paris, Basel

Manuel Plattner, Nunningen

Bruno Probst, Kaiseraugst

Nunzia Pastorino, F-Saint-Louis

René Plattner, Nunningen

Stefano Prosdocimo, Allschwil

Virgilio Peduzzi, Kaiseraugst

Serge Pommier, F-Ruederbach

Rudolf Pulver, Arlesheim

Die EBM zwischen den Weltkriegen

Nach dem Ersten Weltkrieg erholte sich die Wirtschaft nur sehr langsam. Die Exportindustrie in der Umgebung von Basel litt unter den Folgen des Krieges, wurde teilweise gar lahmgelegt, was zu einem Rückgang des Stromabsatzes führte. Eine Wirtschaftskrise weltweiten Ausmasses setzte ein, bedingt durch den kriegsbedingten Zerfall der Währungssysteme, die neuen Handelshemmnisse und die hohen Rohstoffpreise. Die Arbeitslosenzahlen stiegen aufgrund der Krise rapide. Im Kanton Basellandschaft waren 1921 mehr als zehntausend Stellensuchende registriert. Immer mehr Betriebe im Versorgungsgebiet der Elektra Birseck mussten aus finanziellen Gründen schliessen, was natürlich auch die Genossenschaft als deren Stromlieferantin traf. So brach beispielsweise das Seidenbandgewerbe völlig zusammen. Die Heimweber machten den grössten Teil der Arbeitslosen im Kanton Baselland aus (1925/26 rund 90 Prozent).

Der Geschäftsgang der Elektra Birseck wurde nach dem Ersten Weltkrieg von konjunkturellen, technischen und klimatischen Faktoren beeinträchtigt, die zum Teil sogar noch unglücklich zusammenwirkten. 1920 beispielsweise klagten die Flusskraftwerke aufgrund grosser Trockenheit über tiefe Wasserstände. Dies hatte zur Folge, dass der Strom im folgenden Winter in der ganzen Schweiz drastisch rationiert werden musste.

1921 bezogen die Genossenschafter der Elektra Birseck insgesamt eine Million Kilowattstunden weniger Strom als ein Jahr zuvor. Dies belastete aber den Ertrag der Genossenschaft nur wenig, da die Verbrauchsentwicklung innerhalb der Struktur der Strombezüger insgesamt günstig für die Elektra Birseck ausfiel: «Wenn wir trotz der geringen Stromlieferung eine höhere Einnahme und Rendite erzielt haben, so ist das auf den Umstand zurückzuführen, ... dass die ausgefallene Stromabnahme Industriekraft ist, welche billig bezahlt. Die Kleinabonnenten zu höherem Preis haben zugenommen. Der Tarif ist nicht verändert.»

In den zwanziger Jahren begannen viele Betriebe, aber auch Private, in der Nacht Wasserspeicher mit billigem Strom aufzuheizen. Bis jetzt hatte man keinen Verwendungszweck für die in der Nacht zur Verfügung stehende Energie gefunden, die deshalb auch herablassend «Abfallstrom» genannt wurde. Die Laufkraftwerke hatten bis jetzt während der Nachtstunden, wenn nur wenige Beleuchtungsanlagen und Maschinen in Betrieb waren, das Wasser ungenutzt über die Turbinen oder durch die Wehre laufen lassen. Den Kunden, die jetzt Nachtstrom bezogen, wurde dieser folglich zu verhältnismässig günstigen Tarifen zur Verfügung gestellt.

In dieser Zeit fand denn auch der die «Abfallenergie» nutzende aufheizbare Boiler enorme Verbreitung. Mit Warmwasserboilern für den Haushalt oder das Gewerbe sowie grossen Heizkesseln in der Industrie konnte kostensparend einerseits Energie gespeichert, andererseits aber auch der Strombedarf tagsüber reduziert werden, wodurch der Kunde Kosten sparen konnte. Für das Elektrizitätswerk dagegen ergab sich tagsüber eine Entlastung. Deshalb vermerkte die Elektra Birseck 1924 zu dieser neuen Entwicklung: «Wir verkaufen im Verhältnis zur Tagesbelastung immer mehr Nachtstrom, was eine immer bessere Ausnutzung der Wasserkraft-Energie bedeutet.» Die bessere Auslastung erlaubte es der Genossenschaft, auf den 1. Januar 1925 den Bezügern eine Tarifreduktion von zehn Prozent über alle Energiepreise hinweg anzubieten. Trotz Kriegsfolgen waren die Geschäftsergebnisse der Elektra Birseck in den zwanziger Jahren durchwegs

DAS ENDGÜLTIGE VERSORGUNGSGEBIET.
1921 schloss die Elektra Birseck die Gebietsausdehnung mit dem Anschluss der Gemeinde Beinwil im Bezirk Thierstein ab. Seither versorgt die EBM 58 Politische Gemeinden in den Kantonen Baselland und Solothurn (Bezirke Dorneck und Thierstein) sowie im Elsass mit elektrischer Energie. Weiteren Aufnahmebegehren – ob auf schweizerischer oder französischer Seite – wurde nicht mehr entsprochen.

Hausinstallationen waren schon früh ein wichtiger Geschäftszweig der EBM: Installationsgruppe bei der Papierfabrik Liechti & Cie. 1922.

Die EBM zwischen den Weltkriegen

sehr gut. Der Aufschwung war vor allem auf den steigenden Stromkonsum Privater zurückzuführen. Der Mehrverbrauch elektrischer Energie fiel überwiegend auf das Gebiet der Wärmeerzeugung, also auf die Verwendung der Elektrizität für Wärmegeräte wie Boiler, elektrische Kochherde und Heizöfen.

Beteiligung an grossen Stromproduzenten

Nach dem Ersten Weltkrieg ging das Elektrizitätswerk Wangen an die Bernischen Kraftwerke (BKW) über. Die Elektra Birseck löste 1921 den Stromlieferungsvertrag mit Wangen auf und ersetzte ihn durch eine entsprechende Vereinbarung mit den Bernischen Kraftwerken. Seit dem Bau der ersten grossen Kraftwerke in der Schweiz war die Elektrizitätswirtschaft der Meinung, dass die Nutzung der Wasserkräfte der Schweiz am besten dazu geeignet sei, die schwankende tägliche Stromnachfrage optimal auszugleichen. Laufkraftwerke an den Flüssen erbrachten eine solide Grundleistung; ergänzend ermöglichten es die Speicherwerke in den Alpen, Bedarfsspitzen während des Tages abzudecken. 1928 wurde auch die Elektra Birseck in ein solches Projekt im Zusammenhang mit einem Speicherwerk verwickelt. Es ging um die Frage, ob sich das Baselbieter Werk – wie auch das Elektrizitätswerk Basel – an der Gesellschaft «Kraftwerk Oberhasli A.G.» in Innertkirchen beteiligen solle. Dieses Geschäft wurde in zahllosen Verhandlungen zwischen der Genossenschaft und den Bernischen Kraftwerken besprochen. Die Elektra Birseck stand unter einem gewissen Druck, da die Stromnachfrage in ihrem Gebiet immer noch rasch anstieg. 1928 bezog nicht nur die bestehende Industrie im Versorgungsraum der Genossenschaft mehr Energie, es kamen auch noch neue Fabriken dazu. Zudem wurden im Elektra-Birseck-Gebiet viele Neubauten erstellt, und die Verwendung des Stroms in den Haushalten für das Kochen und den Warmwasserboiler nahm im gleichen Zeitraum ebenfalls zu. Im Frühjahr 1928 hatte in Basel der Grosse Rat einen Vertrag zur Beteiligung des Kantons an der Oberhasli-Gesellschaft genehmigt. Die Bernischen Kraftwerke boten nun am 20. August 1928 der Elektra Birseck den gleichen Vertrag an: Bei einer Beteiligung von einem Zwölftel am Aktienkapital, was einer Summe von drei Millionen Franken entsprochen hätte, würde die Elektra Birseck Teilhaberin am Grimselwerk. Bei einer Besichtigung konnten sich die Verwaltungsratsmitglieder der Elektra Birseck von den bereits weit fortgeschrittenen Arbeiten am grossen Alpenwerk überzeugen. Der Verwaltungsrat befürwortete das Geschäft denn auch. Die Genossenschaft erhoffte sich davon erstmals mitbestimmenden Einfluss auf eine wichtige Stromproduktionsanlage. Man war in Münchenstein nämlich der Ansicht, dass sich die kleinen Verteiler an den Kraftwerken beteiligen müssten, um einer Konzentration der Produktionsmittel bei einigen wenigen, grossen Lieferanten vorzubeugen.

Nachdem die Regierung des Kantons Baselland der Beteiligung der Elektra Birseck an den Bernischen Kraftwerken grundsätzlich zugestimmt hatte, erteilte auch die Delegiertenversammlung der Elektra Birseck am 1. Dezember 1928 dem Vertragskonzept die prinzipielle Genehmigung. Die weiteren Verhandlungen der Elektra Birseck mit den Bernischen Kraftwerken gestalteten sich aber schwierig. 1929 hatten

Galerie

Patrick Queloz, Basel

Peter Regenass, Liestal

Hans Rickenbach, Aesch

Roman Ramseyer, Muttenz

Werner Reimann, D-Lörrach

Patrick Ritter, Kappel

Peter Reber, Gempen

Petra Reinecke, Therwil

Gilles Rosenzweig, F-Village-Neuf

Hansjörg Rebmann, Möhlin

Marie-Rose Reinhard, Binningen

Kurt Rossé, Zwingen

André Rebstock, Birsfelden

Paul Ricci, F-Hégenheim

Thomas Rubez, Basel

Die EBM zwischen den Weltkriegen

sich neben der Stadt Bern noch einige bernische Genossenschaften und selbständige Ortswerke um die Beteiligung am bernischen Alpenwerk beworben. Aus dieser gestärkten Position heraus verlangten die Bernischen Kraftwerke nun von der Elektra Birseck für die Beteiligung am Oberhasli-Projekt bessere Gegenleistungen. Die Bernischen Kraftwerke wollten im Gegenzug eine verbindliche Abmachung über die zukünftige Beteiligung am geplanten basellandschaftlichen Kraftwerk Birsfelden aushandeln. Die Elektra Birseck befand sich folglich in einem Dilemma: Sie hatte, von ihrem bereits grossen und immer noch steigenden Absatzvolumen einmal abgesehen, kaum Verhandlungstrümpfe in der Hand und konnte hinsichtlich des vom Kanton zu errichtenden Rheinkraftwerks bei Birsfelden keinerlei Zusicherungen machen.

Atel wird Hauptlieferantin der Elektra Birseck

Während der Verhandlungen mit den Bernischen Kraftwerken über die Beteiligung am Oberhasli-Projekt führte die Elektra Birseck auch intensive Gespräche mit dem Elektrizitätswerk Olten-Aarburg, der späteren Aare-Tessin AG für Elektrizität (Atel). Die Stromlieferung von Gösgen an die Genossenschaft hatte in den letzten Jahren immer mehr an Bedeutung gewonnen. Als die Bernischen Kraftwerke der Elektra Birseck bekanntgaben, dass sich das Baselbieter Unternehmen nicht mehr als Aktionärin beteiligen, sondern nur noch einfache Strombezügerin des neuen Alpenwerks sein könne, entschied sich die Elektra Birseck für eine intensivere Zusammenarbeit mit dem Elektrizitätswerk Olten-Aarburg. Aus Gösgen kam nämlich nicht nur die Zusage für die Lieferung von Speicherstrom, sondern auch das Angebot, dass sich die Elektra Birseck am Elektrizitätswerk Olten-Aarburg beteiligen könne. Der Elektra Birseck wurde eine zum Strombezug proportionale Beteiligung von sechstausend Aktien zum Preis von je 720 Franken (nominell 500 Franken) angeboten. Zusätzlich wurde ihr eine Vertretung im Verwaltungsrat des Elektrizitätswerks Olten-Aarburg zugesichert. Auf dieser Basis wurden sich die beiden Verhandlungspartner, die Baselbieter Genossenschaft und die Aktiengesellschaft in Olten, rasch einig. Auch die Delegiertenversammlung der Elektra Birseck genehmigte dieses Geschäft schon am 28. Juni 1930. Damit war das Angebot aus Bern, also eine Beteiligung am beziehungsweise der Strombezug vom Oberhasli-Werk, für die Elektra Birseck kein Thema mehr. Olten-Aarburg sollte in Zukunft – in Abänderung der 1914 und 1924 abgeschlos-

Energie-Partnerschaft für die Zukunft: Der Verwaltungsrat am 50-Jahre-Jubiläum der Atel in Olten.

FUSION ZUR AARE-TESSIN AG.
1935 wurde der Strombezug der Elektra Birseck durch die Fusion des Elektrizitätswerks Olten-Aarburg mit den Officine Elettriche Ticinesi in Bodio weiter abgesichert. Neben den Aarekraftwerken in Ruppoldingen und Gösgen waren nun über die neue Gotthardleitung auch die Tessiner Kraftwerke an das grosse Netz der Überlandleitungen angeschlossen. Die neue Stromgesellschaft wurde unter dem Namen Aare-Tessin AG für Elektrizität (Atel) mit Sitz in Olten zu einer der grössten Stromproduzentinnen der Schweiz.

Galerie

Patrick Rubly, F-Saint-Louis

Jörg Runser, Arlesheim

Silvio Saner, Röschenz

Andreas Ruch, Allschwil

Claudia Russi, Allschwil

Astrid Schäfer, Ettingen

Werner Rudin, Birsfelden

Energie Bewegt Menschen

Georg Schäfer, Pratteln

Giacomo Ruggaber, Basel

Heidi Ryser, Münchenstein

Peter Schaffner, Reinach

Dominik Rumpel, Lausen

Jean-Claude Sanchez, F-Hégenheim

Julia Schällebaum, Muttenz

Die EBM zwischen den Weltkriegen

senen Energielieferverträge – sogenannte Ergänzungsenergie zum Strom des Elektrizitätswerks Augst liefern, bis das geplante Kraftwerk Birsfelden seine Produktion aufnahm. Die Vertragspartner gingen davon aus, dass die Elektra Birseck die vom Kraftwerk Birsfelden kommende Energie, die nicht vor 1940 zu erwarten war, gar nicht vollständig im eigenen Versorgungsgebiet würde absetzen können. Deshalb vereinbarten sie, dass der überschüssige Strom ab dann an das Werk Olten-Aarburg zurückgegeben werden sollte, sozusagen im Austausch mit der bis zu diesem Zeitpunkt gelieferten Energie. 1930 wurde ein entsprechender Vertrag abgeschlossen, der wiederum eine Gebietsabgrenzungsklausel enthielt, die besagte, dass das Werk Olten-Aarburg während der Vertragsdauer keinen Strom direkt an die Kunden im Versorgungsgebiet der Elektra Birseck liefern dürfe.

Die Stromversorgung in den dreissiger Jahren

Ab 1931 verschlechterte sich die finanzielle Ertragslage der Elektra Birseck zwischenzeitlich und erholte sich erst 1937 wieder. Der Gewinneinbruch war auf die insgesamt schlechte Auftragslage der Schweizer Industrie zurückzuführen. Die Baselbieter Genossenschaft beschrieb 1931 die damalige Lage wie folgt: «Auch in unserem französischen Absatzgebiet, das zuvor noch verschont geblieben war, hat sich die Krise eingestellt. Die Exportindustrie, welche wir mit Strom versorgen, arbeitet kaum noch zur Hälfte; wer für den Inlandmarkt beschäftigt sein kann, ist etwas besser daran, aber meistens auch schlimm.» Es gibt aber auch noch etwas Positives zu berichten aus dem Jahre 1931: Die Elektra Birseck war zum ersten Mal schuldenfrei, alle Investitionen für die Infrastruktur waren abgeschrieben. Somit konnten die Überschüsse in Form von jährlichen Rücklagen für zukünftige Investitionen gespart werden. Zunächst wurden vor allem für den bevorstehenden Bau des Elektrizitätswerk Birsfelden Rücklagen gebildet.

Stand der Technik: Stangen-Trafo der EBM gegen Ende der 20er Jahre.

Die Nachfrage der Privaten nach Strom stieg zu Beginn der dreissiger Jahre so stark an, dass die Elektra Birseck trotz einer Tarifermässigung zu Beginn des Jahres 1931 in diesem Bereich beträchtliche Mehreinnahmen verbuchen konnte. Angesichts der schweren Wirtschaftskrise gewährte die Elektra Birseck 1933 sogar einen ausserordentlichen Rabatt von zehn Prozent auf alle Stromrechnungen, um den Genossenschaftsmitgliedern in der Krisenzeit entgegenzukommen. Dennoch legte 1933 das Stromgeschäft um rund fünfzehn Prozent zu. Dies war einerseits auf die Zunahme der Anschlüsse für Wärmeapparate (Boiler, Kochherde, Heizöfen) zurückzuführen, andererseits auf die Umstellung

STROM-BOOM ZWISCHEN DEN KRIEGEN.
1935 bezogen die Kunden der Elektra Birseck erstmals mehr als siebzig Millionen Kilowattstunden. Es liessen sich immer mehr Kleingewerbler in der weiteren Umgebung von Basel und vor allem entlang der beiden grossen Eisenbahnlinien zum Hauenstein und nach Delémont/Biel nieder. Damit einher ging eine Zunahme der Stromabonnemente industrieller und gewerblicher Betriebe, was die Elektra Birseck zu einem weiteren Netzausbau respektive zur Verstärkung der bestehenden Anlagen veranlasste. Wegen dieser enormen Siedlungsentwicklung in der Gegend wurden auch im öffentlichen Bereich zunehmend mehr Investitionen in die Infrastruktur wie zum Beispiel in die Installation von Heizungssystemen in den Kirchen getätigt, wovon auch die Elektra Birseck profitierte.

Galerie

Franziska Schär, Aesch

Andreas Schläpfer, Frenkendorf

Xaver Schmidlin, Birsfelden

Hans Schärer, Bottmingen

Peter Schmid, Riehen

Didier Schmitt, F-Hégenheim

Anton Schaub, Basel

Silvia Schmid, Basel

Robert Schmitt, F-Muespach-le-Haut

Urs Schenk, Dornach

Alois Schmidli, Gempen

Roland Schmitt, F-Seppois-le-Bas

Richard Scherrer, Pratteln

Philipp Schmidlin, Liesberg

Bernard Schmitter, F-Saint-Louis

Die EBM zwischen den Weltkriegen

vieler Fabrikanlagen auf elektrischen Betrieb. 1934 nahm der Stromabsatz nochmals um mehr als zehn Prozent zu. Es waren aber auch gleichzeitig alarmierende Anzeichen einer sich anbahnenden Wirtschaftskrise auszumachen. Die Elektra Birseck beurteilte die damalige Wirtschaftslage wie folgt: «Fast nur Betriebe, die für den Inlandsverbrauch arbeiten können, erfreuen sich noch eines befriedigenden Beschäftigungsgrades. Aber auch unter ihnen sind die Fabriken und Unternehmungen der Baubranche bereits schon schwer gehemmt; es wird wenig mehr gebaut. Noch schwerer aber lastet die Ungunst der Zeit auf allen Industrien, die einen wesentlichen Teil ihrer Fabrikation sollten ins Ausland liefern können. Die völlige Betriebseinstellung einer der grössten Fabrikationsunternehmungen in unserer unmittelbaren Nähe [wahrscheinlich ein Hinweis auf die Brown, Boveri & Cie. in Münchenstein], die sich gegenwärtig vollzieht, ist dafür ein trauriger Beweis. Zahlreiche bisherige Lieferanten, worunter auch wir, verlieren damit einen Teil ihres Absatzes.»

Umstrittenes Installationsmonopol und neue Zähler

Die Elektra Birseck vertrat nach wie vor den Standpunkt, dass private Installationsaufträge ausschliesslich von ihren Monteuren ausgeführt werden dürfen. Der Bedarf an Neuinstallationen ging während der Krisenjahre aber spürbar zurück. Zudem kam es immer wieder zu Auseinandersetzungen wegen des durch die Elektra Birseck beanspruchten Installationsmonopols. In der Stadt Basel wurde dies liberaler gehandhabt. Das Elektroinstallationsgewerbe konnte ohne Konkurrenz durch das Elektrizitätswerk Basel Installationen im Versorgungsgebiet vornehmen. Die Genossenschafter im Birseck hatten deshalb teilweise wenig Verständnis dafür, dass die Hausinstallationen nur von Elektra-Birseck-Mitarbeitern ausgeführt werden durften. In den dreissiger Jahren sah sich die Elektra Birseck denn auch langsam, aber sicher dazu gezwungen, Ausnahmen zu gewähren. Im Jahre 1935 erliess die Genossenschaft für Elektroinstallateure, die eine Montagekonzession erhielten, Vorschriften für die Installation technischer Teile und für das administrative Verfahren. Es wurden aber nach wie vor etliche Konzessionsbewerber mit der Begründung abgewiesen, dass die Elektra Birseck im Gegensatz zum Elektrizitätswerk Basel eine eigene Installationsabteilung habe. Diese sei nötig, weil in entfernteren Landorten sonst niemand die Anschlüsse sachgemäss korrekt ausführen könne. Die Konzessionsfrage gab auch in den folgenden Jahren noch Anlass zu Auseinandersetzungen und Dis-

Bauen für die elektrische Zukunft einer Region: EBM-Angestellte beim Stationsbau im Jahr 1927.

STROM PAUSCHAL PRO «KERZE».

Die früheste Tarifform der Elektra Birseck war der lampenspezifische Pauschaltarif, bei dem für Lampen einer bestimmten Kerzenstärke – eine mittlere Brenndauer vorausgesetzt – ein Pauschalbetrag verrechnet wurde. Der Stromabnehmer konnte aber auf Wunsch auch einen Stromzähler anbringen lassen, allerdings nur bei mindestens zehn Lampen. Auch beim Kraftstrom wurde der Verbrauch entweder pauschal berechnet oder mit einem Stromzähler gemessen und verrechnet. Lampen wie Motoren waren je nach Verwendungsort und -zweck in mehrere preislich abgestufte Kategorien unterteilt, die sich jeweils aus einer Grundgebühr und dem Kilowattstundenpreis zusammensetzten.

Knochenarbeit für den Ausbau der Verteilinfrastruktur: Kabelzug im Bruckfeld in Münchenstein 1935. Die vermehrte Bautätigkeit und der steigende Verbrauch von Privaten, Industrie und Gewerbe liessen den Stromabsatz im EBM-Gebiet im selben Jahr erstmals auf über 70 Millionen Kilowattstunden steigen.

kussionen. Wiederholt wurde an Delegiertenversammlungen die freie Erteilung von Konzessionen gefordert. Die Elektra Birseck gab aber erst in den fünfziger Jahren nach und öffnete den Elektromarkt für alle Konzessionsempfänger.

Der Hauptzweck der genossenschaftlichen Organisation beim Elektrizitätsbezug ist ein niedriger Tarif. Dieser wurde vom Verwaltungsrat festgelegt und galt für alle Genossenschafter, schliesslich ist eine wichtige Pflicht der Genossenschaft die Gleichbehandlung aller Mitglieder. Kein Genossenschafter erhielt also einen besonderen Stromliefervertrag. Die Tarifhöhe wiederum hing von den Selbstkosten ab. Die Verrechnung des effektiven Stromverbrauchs setzte die Entwicklung funktionstüchtiger Zählapparate voraus. Den Durchbruch bei der Messung des Energieverbrauchs brachte zu Beginn des Jahrhunderts der Induktionszähler, bei dem ein mechanisches Zählwerk durch den Energieverbrauch verursachte Laufradumdrehungen zählte und daraus den Verbrauch in Kilowattstunden bestimmte. Da diese Zähler relativ teuer waren und die Beschaffung der benötigten Stückzahlen enorme Kosten verursachte, entschloss sich die Elektra Birseck, die Kosten separat auf die Nutzer zu überwälzen: Dem Strombezüger wurde zusätzlich eine Apparatemiete in Rechnung gestellt. Auf den 1. Januar 1962 wurde dann der Zweigliedsammeltarif für Haushaltungen und Grosskunden eingeführt, und zwar zu Sommer- und zu Winter-

Die EBM zwischen den Weltkriegen

preisen. Für die übrigen Stromkunden galten die auf dem Zweigliedsammeltarif basierenden Einzeltarife für Licht, Kraft und Wärme. Bei den Haushaltungen, bei denen die Leistung nicht gemessen werden konnte, wurde eine sogenannte Grundgebühr, die nach der Anzahl der Räume festgelegt wurde, verrechnet. 1988 wurde dann die Grundgebühr verbrauchsabhängig vom Hochtarif gemacht: Wer tagsüber, also während der Hochtarifzeit, mehr Strom verbrauchte, zahlte dementsprechend auch eine höhere Grundgebühr.

Die Sozialeinrichtungen der Elektra Birseck

Aus der von Fritz Eckinger, dem Direktor der Elektra Birseck von 1902 bis 1942, verfassten Festschrift anlässlich des 50-Jahre-Jubiläums der Genossenschaft Elektra Birseck geht hervor, dass das Verhältnis zwischen Geschäftsleitung und Arbeiterschaft stets gut gewesen sei. Es gab keine Lohnkämpfe, die Angestellten und die Arbeiterschaft setzten sich gemäss Fritz Eckinger immer mit viel Pflichtbewusstsein und Interesse für die Genossenschaft ein. Die Elektra Birseck hatte zudem kaum Austritte zu verzeichnen. Sie fühlte sich aufgrund dieser besonderen Loyalität ihrer Mitarbeiter verpflichtet, im Gegenzug auch in überdurchschnittlichem Masse Vorsorge für das Alter und die Krankheit der Angestellten zu treffen. Schon früh führte die EBM deshalb fortschrittliche Sozialeinrichtungen ein.

Die Pensionskasse wurde 1923 anlässlich der Delegiertenversammlung als Stiftung mit einer Summe von 300 000 Franken gegründet. Die Pensionskasse wurde unabhängig vom Betrieb und ohne Beitragsleistung des Personals vom Verwaltungsrat und der Betriebsdirektion der Genossenschaft verwaltet. Zweck der Pensionskasse war es, denjenigen Angestellten und Arbeitern, die mindestens zehn Jahre im Dienst der Genossenschaft gestanden hatten und infolge Invalidität arbeitsunfähig wurden oder altershalber pensioniert wurden, eine Rente zukommen zu lassen. Der Anspruch hing von der Anzahl der geleisteten Dienstjahre ab und betrug nach zehn Dienstjahren 40 Prozent, nach 40 Dienstjahren 70 Prozent des letzten Gehalts. Die Pensionskasse wurde einerseits von den Zinsen der Stiftungssumme und sonstigen Vermögenszinsen, andererseits durch einen Jahresbeitrag der Genossenschaft von zuerst 25 000 Franken, später 40 000 Franken, unterhalten. Zudem hat die Elektra Birseck wiederholt Überschüsse oder sonstige unerwartete Einnahmen in die Pensionskasse fliessen lassen.

1931 wurde die Hinterbliebenen-Versicherungskasse des Personals der Elektra Birseck gegründet und

Die EBM als sozialer Vermieter: Doppel-Einfamilienhaus für Schaltwärter in Münchenstein.

FRITZ ECKINGER ALS SOZIAL-PIONIER.
Eckingers Initiative zu verdanken sind die Gründungen der Betriebskrankenkasse und der Pensionskasse im Jahre 1923. Die Betriebskrankenkasse Birseck, zu der auch das Personal der Birseckbahn gehörte, wurde 1923 als Versichertengenossenschaft gebildet. Finanziert wurde die Kasse mit den Prämien des versicherten Personals, den Beiträgen der beiden Unternehmen und des Bundes sowie mit den anfallenden Vermögenszinsen aus dem Genossenschaftskapital. Im Bedarfsfall übernahm die Betriebskrankenkasse die Arzt- und Arzneikosten inklusive der Zahnpflege, sie leistete aber auch ein Krankentaggeld bei Arbeitsunfähigkeit sowie ein Sterbegeld.

Frühe Ansätze zum sozialen Wohnungsbau: EBM-eigene Wohnhäuser für Angestellte ermöglichten nicht nur Komfort zu günstigen Mieten. Sie verkürzten auch den Arbeitsweg und dienten als Pikett-Wohnungen. Baustelle für Wohnhäuser in Münchenstein um 1912.

vom Werk mit einem Gründungskapital von drei Jahresbeiträgen zu je 40 000 Franken ausgestattet. Unterhalten wurde diese Kasse durch je zwei Lohnprozente von Betrieb und Personal. Sinn und Zweck dieser Versicherung war die Unterstützung hinterbliebener Frauen und Kinder von Angestellten und Arbeitern. Die Hinterbliebenen-Versicherungskasse leistete Witwenpensionen von 20 bis 35 Prozent des versicherten Monatsgehaltes des Angestellten, Waisenpensionen von 20 Prozent und Vollwaisenpensionen von 40 Prozent. Auch dieser Fonds wurde gelegentlich durch Sonderbeiträge, die von der Delegiertenversammlung gesprochen wurden, aufgestockt.

Die Folgen des Machtwechsels im Elsass für die Elektra Birseck

Nach und nach übernahm die ehemals deutsche Region die neue französische Gesetzgebung. Die Verteilung der elektrischen Energie wurde mit einem Gesetz vom 15. Juni 1906 geregelt. Dieses sah eine Beteiligung der Gemeinden am erzielten Gewinn vor. Dies konnte die Elektra Birseck akzeptieren, da sie den Gemeinden von Anfang an Rabatte auf die Strassenbeleuchtung und für Gemeindebauten gewährt hatte.

Die EBM zwischen den Weltkriegen

Eine weitere Forderung bereitete mehr Mühe. Alle Stromerzeuger und -verteiler mussten bis zum 31. August 1921 der Aufsichtsbehörde in Colmar sämtliche Unterlagen über das Netz, die Strassen- und Bahnkreuzungen und die Abmachungen mit den Gemeinden und Privaten einreichen. Da diese Vorschrift nur im Elsass publiziert wurde, erfuhr die Elektra Birseck erst mit grosser Verspätung davon. Die Unterlagen der Genossenschaft mussten dann zuerst übersetzt und beglaubigt werden. Die Aufsichtsbehörde in Colmar hatte offenbar von ihren deutschen Vorgängern nur unvollständige Dossiers übernommen oder verstand diese nicht. Letztlich kamen aber die Elektra Birseck und die Aufsichtsbehörde trotz anfänglicher Feindschaft überein, dass sich die Schweizer Genossenschaft im Elsass für eine normale Konzession bewerben solle. Das entsprechende Verfahren wurde 1925 eingeleitet. Der Wechsel der staatlichen Zuständigkeit im Elsass brachte für die Elektra Birseck etliche Umstellungen, was mit der Tatsache zu tun hatte, dass die französische Verwaltung der Betriebsdirektion der Genossenschaft insgesamt fremder war als zuvor die deutsche. Der Aufbau des Netzes im Elsass war während der Zeit der deutschen Staatszugehörigkeit, also unter deutschem Recht, geschehen. Damals bestanden aber erst rudimentäre Vorschriften über die Elektrizitätsversorgung. Die Gemeinden erteilten gegen ein Entgelt pro Stange die Bewilligung zur Erstellung der Leitungen entlang der öffentlichen Strassen und Plätze. Nach der Gründungsphase, also nach dem Ersten Weltkrieg, war das Elsass neu unter französischer Verwaltung. Mit diesem Wechsel änderte sich nicht nur die Verwaltungssprache.

Nach dem Machtwechsel: Basler Grenzübergang zum Elsass 1936.

1920 wurden auch neue Gesetze und Verordnungen erlassen. Die Elektra Birseck holte in der Folge zwei Gutachten über die bestehenden Konzessionen und Verträge ein. Ab 1926 arbeitete die Elektra Birseck mit dem in Strassburg domizilierten Juristen Frédéric Eccard und dem Anwalt Paul Riff zwecks Erlangung einer Konzession zusammen. Dabei wurde schnell einmal klar, dass die neue Verwaltung nicht an die bestehenden Verträge gebunden war, vielmehr wurden diese rückwirkend nach französischem Recht beurteilt. Man machte sich also daran, ein neues Konzessionsgesuch auszuarbeiten. Bald einmal stellte sich heraus, dass das nur wenige Kilometer von Saint-Louis entfernte Kraftwerk Kembs beabsichtigte, das Gebiet bis zur Schweizer Grenze mit Strom zu beliefern. Damit kam erstmals die Idee auf, eine rein elsässische Stromverteilgesellschaft zu bilden. Dagegen wehrte sich die Elektra Birseck vehement. Zur Festigung ihrer Position führte sie Versammlungen durch und warb um Genossenschaftsmitglieder. Viele Gemeinden, der Hausbesitzerverein und Industrielle standen hinter der Elektra Birseck, da deren Tarife im Vergleich zu allen anderen Anbietern am günstigsten waren. Das Konzessionsgesuch der Elektra Birseck fand also breite Unterstützung sowohl seitens der

DIE WIRTSCHAFTSKRISE IM ELSASS.

Auch im Elsass war die Zeit nach dem Ersten Weltkrieg von einer Wirtschaftskrise und einer hohen Arbeitslosigkeit geprägt. Trotzdem konnte die Genossenschaft aufgrund des Zuzugs neuer Gewerbe- und Industriebetriebe im elsässischen Versorgungsgebiet der Elektra Birseck aber schon bald weitere Ausbaumassnahmen ins Auge fassen. Der Stromkonsum in diesem Gebiet stieg von 1921 bis 1930 von 2,3 auf 6 Millionen Kilowattstunden. Das Wachstum nach dem Ersten Weltkrieg war im Elsass sogar noch ausgeprägter als in der Schweiz, so dass im Jahre 1930 der Anteil des Stromabsatzes im Elsass mehr als zehn Prozent des gesamten von der Elektra Birseck gelieferten Stroms ausmachte. Aufgrund des Mehrverbrauchs an Energie wurde in der Zwischenkriegszeit praktisch das ganze Verteilnetz im Elsass verbessert und erweitert.

Galerie

Roger Schneider, Basel

Josef Schopmans, Dornach

Otto Siegrist, Reigoldswil

Albin Schnider, Breitenbach

Peter Schultheiss, Münchenstein

Franz Signer, Münchenstein

Andrée Schoeffel, Allschwil

Marcel Schumacher, Wegenstetten

Robert Sitterle, F-Waldighoffen

Andreas Scholer, Münchenstein

Heidi Schüpfer, Arlesheim

Fridolin Spaar, Münchenstein

Mario Schönenberger, Allschwil

Heinz Siegrist, Münchenstein

Hansruedi Spaar, Grellingen

Die EBM zwischen den Weltkriegen

Bevölkerung als auch seitens der Wirtschaft. Im Verlauf der Verhandlungen wurde bald einmal klar, dass der Kampf hart werden würde und dass, um siegreich daraus hervorzugehen, ein Beziehungsnetz bis zu den Politikern in Paris aufgebaut werden musste.

Die Verhandlungen um die Konzession für die Stromversorgung kamen aber nicht recht voran. Es musste also eine neue Strategie entwickelt werden, um dennoch zur angestrebten behördlichen Genehmigung zu gelangen: Die Elektra Birseck sah die Gründung einer Tochtergesellschaft nach französischem Recht vor, weil sie sich so mehr Chancen im Kampf um die Konzession erhoffte. Anfang 1933 nahm dieser Plan konkrete Formen an. Die Vorarbeiten für die Gründung der elsässischen Tochtergesellschaft wurden aufgenommen. Am 1. Mai 1934 wurden dann die Statuten der Tochtergesellschaft «Société Coopérative pour la Distribution d'Electricité dans le Haut-Rhin», abgekürzt «Electra du Haut-Rhin», beim Handelsregisteramt in Mulhouse zur Prüfung vorgelegt. Am 7. Mai 1934 erfolgte die rechtswirksame Gründung. Im September 1934 reichte die Elektra Birseck über ihre Tochtergesellschaft – die «Electra du Haut-Rhin» – bei den französischen Behörden ein Konzessionsgesuch ein. Damit wurde den sich in Paris in Beratung befindenden Gesetzen Rechnung getragen, die strengere Vorschriften bezüglich der Nationalität von Konzessionsgesellschaften mit sich bringen sollten. Im Februar und März 1935 wurde das Konzessionsbegehren bereinigt und die Übereinkunft mit der französischen Tochtergesellschaft zur Vertragsreife gebracht. Der Streit um die Konzession für die Versorgung des Elsasses mit Elektrizität dauerte inzwischen schon fast zehn Jahre. 1936 drängten wiederum die Industriellen auf eine rasche Entscheidung, da ihre Ausbaupläne durch den vertragslosen Zustand blockiert waren. Die Verhandlungen mit den Behörden in Paris, Strasbourg und Mulhouse wurden in den folgenden Jahren denn auch fortgesetzt. Es gelang der Elektra Birseck vorerst aber nicht, den Kampf um die Konzession für sich zu entscheiden. Die Konzession als Ausdruck geregelter rechtlicher Verhältnisse war offensichtlich nicht leicht zu haben, obwohl die Elektra Birseck sich mit den Behörden in Saint-Louis zu arrangieren versuchte.

Musik liegt in der Luft: Der Durchbruch des Radios

Zu Beginn des Jahrhunderts konnten lediglich ausländische Sender empfangen werden, da in der Schweiz noch keine eigenen Sendungen ausgestrahlt wurden. Erste regionale Sendestationen wurden 1924 in Betrieb genommen. Neben Radio Basel sendeten die Stationen Zürich, Bern, Lausanne und Genf ihr Programm. 1931 wurde der erste Landessender, «Sottens» bei Moudon, in Betrieb genommen, danach «Beromünster» bei Luzern und ein weiterer Landessender auf dem Monte Ceneri. Parallel dazu konnten natürlich auch Stationen aus dem europäischen Ausland, genauer gesagt von Deutschland, Frankreich, Italien, England und Spanien, empfangen werden. In den zwanziger Jahren war das Radio respektive das Hören von Radiosendungen wenig verbreitet. Radioempfangsgeräte waren nur vereinzelt anzutreffen, da die Radioapparate damals noch sehr teuer waren. Obwohl sie seinerzeit in der Regel selbst zusammengebaut werden mussten, kostete das Gerät im Bausatz rund 300 Franken. Ein bereits zusammengebauter Apparat war

WERBEN UM DIE ELSÄSSER KUNDEN.
1932/33 führte die Elektra Birseck bei ihren Abonnenten im elsässischen Teil ihres Versorgungsgebietes eine Erhebung der angeschlossenen Lampen und Geräte durch. In diesem Zusammenhang wollte die Elektra Birseck auch demonstrieren, dass ihre Mitglieder Genossenschafter und nicht einfach nur Konsumenten waren. Man wollte die Strombenutzer integrieren, sie an der Entwicklung und den Entscheidungen der Genossenschaft teilhaben lassen. Es wurden folglich alle Mitglieder an die Delegiertenversammlung von 1932 eingeladen, um über die Zukunft der Genossenschaft mitzubestimmen. Die Erhebung war also ganz klar auch als Werbeaktion für die Genossenschaft zu verstehen, als Mittel im Kampf um die Konzession für das Elsass.

Galerie

Viktor Spenlehauer, F-Fislis

Hansrudolf Stenz, Muttenz

Paul Strauss, Dittingen

Bernard Spiegel, F-Wittenheim

Patrick Stenz, Muttenz

Helene Studer, Röschenz

Claude Spielmann, Büsserach

Werner Stocker, Obermumpf

Energie Bewegt Menschen

Roland Stampfli, Bottmingen

Ulrich Stöcklin, Ettingen

Pia Sutter, Arlesheim

Hansjörg Stebler, Arlesheim

Eric Stohrer, Arlesheim

Klara Szurdok, Basel

Die EBM zwischen den Weltkriegen

erst für rund 700 Franken zu haben. Anstatt sie zu kaufen, konnten die Empfangsgeräte damals aber auch gemietet werden. Die Instandstellung und der Betrieb der Radios erforderte in jenen Jahren aber noch einiges an technischem Wissen. So erstaunt es nicht, dass zu Beginn vor allem die Elektriker derartige Geräte besassen. Das Radiohören stellte damals aber nicht nur für die Hörer eine Herausforderung dar. Dieses neue Medium verlangte auch von der Elektrizitätswirtschaft eine Umstellung. Weil die Strombezüger jetzt ohne Unterbruch zu jeder Tageszeit Strom beziehen wollten, sahen sich die Elektrizitätswerke vor ein organisatorisches Problem gestellt. Stromunterbrüche für Reparaturen und Unterhaltsarbeiten am Netz wurden von den Stromkonsumenten immer weniger toleriert.

Krieg macht Radio zu neuem Massenmedium

Als das Radio langsam aufkam und erst wenige ein Gerät besassen, stellte es einen Grund für die Aufnahme des sozialen Kontaktes mit den Nachbarn dar: Die Leute kamen in der Regel sonntags zusammen und hörten gemeinsam Radio. Neben diesem kollektiven Gebrauch war bei den Radiobesitzern aber auch die Bereitschaft vorhanden, das Empfangsgerät für Nachbarn, die extra wegen einer Sendung vorbeikamen, einzuschalten, damit diese in den Hörgenuss der gewünschten Sendung kamen. Dieses kollektive Radiohören – zu Beginn unter Nachbarn, später unter mehreren Familienmitgliedern – hielt sich bis in die 60er Jahre. Die soziale Akzeptanz des Radios war in den Jahren, als das Radio aufkam, sehr gross. Wenn am Sonntag das Radio aufgedreht wurde, begrüssten dies die Nachbarn, da sie so mithören konnten. Diese Radioeuphorie veranlasste denn auch viele, selbst ein Gerät zu kaufen, wodurch das öffentliche beziehungsweise gemeinsame Radiohören in den Hintergrund gedrängt wurde. Die damalige Beliebtheit des Radios ist grossteils darauf zurückzuführen, dass bekannte und gern gehörte Musik gesendet wurde. Das Radio ermöglichte es aber auch, Politikern, die prominent waren und über die in den Zeitungen berichtet wurde, bei Reden im Parlament oder vor hohen Regierungsvertretern zuzuhören, als wäre man selbst dabei. Der Ausbruch des Zweiten Weltkriegs trug mit zur weiteren Popularisierung des Radios bei. Mit diesem Medium konnte schneller informiert werden als mit jedem anderen. Zivilisten wie Aktivdienstler verfolgten den Kriegsverlauf vor dem Lautsprecher. Das Radio besass gegenüber anderen Medien einen Aktualitätsvorsprung und konnte zudem authentische Eindrücke liefern. ▲

Massenmedium mit Symbolcharakter im Krieg: Radiostudio Basel im Jahre 1942.

ZUNAHME DER RADIOKONZESSIONEN.
1930 gab es in der ganzen Schweiz insgesamt 104 000 Radiokonzessionen. Die Empfangsbewilligung war schon damals Sache des Bundes. Sie wurde ursprünglich durch die Eidgenössische Obertelegraphendirektion erteilt. Im Jahre 1930 kostete die Konzession 15 Franken pro Jahr. Zehn Jahre später verfügten bereits 634 000 Personen über eine entsprechende Bewilligung. Das Radio erlebte also in den dreissiger Jahren in der Schweiz einen enormen Aufschwung. Zwischen 1940 und 1950 stieg die Zahl der Konzessionen dann noch einmal gewaltig an. 1950 zählte man über eine Million Konzessionen.

Galerie

Susanne Thaler, Basel

Heinz Thürkauf, Pratteln

Energie Bewegt Menschen

Roger Thoma, Basel

Arnold Thurnherr, Tenniken

Pascal Tournier, F-Saint-Louis

Waldemar Thomi, Münchenstein

Angela Tirendi, F-Hégenheim

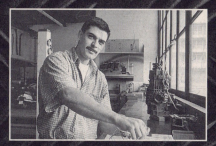
Beat Tschan, Pratteln

Rudolf Thommen, Reinach

Claude Tissot, Flüh

Urs Tschan, Aesch

Adrian Thüler, Arlesheim

Patricia Tissot, Flüh

Andreas Tschopp, Reinach

Die EBM im Zweiten Weltkrieg

Die Schweiz reagierte auf den Beginn des Zweiten Weltkrieges in Europa mit der Mobilmachung. Für die Elektra Birseck bedeutete dies, dass ein Grossteil ihres Personals zum aktiven Grenzdienst aufgeboten wurde. Da praktisch das ganze Versorgungsgebiet der Genossenschaft von Augst bis nach Delsberg mit Truppen beschütztes Grenzgebiet war, stellte es für die Elektra Birseck eine grosse Herausforderung dar, mit geringen Personalressourcen die Bedürfnisse der aufgebotenen Grenztruppen nach Licht, Kraft und Wärme zu befriedigen. Parallel dazu blühte allmählich der Handel mit elektrischen Wärmegeräten auf. Auch diesmal kamen die Gaswerke wegen des kriegsbedingten Kohlemangels unmittelbar in Bedrängnis und mussten ihre eigenen Kohlereserven abbauen. Schon bald waren die Vorräte aufgebraucht, und die Gasfabriken litten an akutem Brennstoffmangel. Die Gasunterbrüche und die Preisaufschläge der Gaswerke liessen den Absatz von Elektrowärmegeräten sprunghaft ansteigen. 1940 installierten die Elektra Birseck und die konzessionierten Unternehmer im Versorgungsgebiet der Baselbieter Genossenschaft 940 elektrische Wärmeapparate. Fast zwei Drittel davon waren Heizöfen (561). Ein Jahr später, 1941, kamen noch einmal 1046 neue Wärmeapparate ans Stromnetz der Elektra Birseck, darunter 258 Kochherde und 588 Heizöfen. 1942 waren es bereits 1113 Wärmestromgeräte, die neu installiert worden waren, darunter 609 Heizöfen. 1942 waren vor allem die drei bis vier Platten umfassenden Kochherde bei den Kunden begehrt. Sowohl der Gebrauch von Kochapparaten als auch von Heizöfen nahm, aufgrund des Kohle- und Gasmangels, weiterhin stark zu. Im Betriebsjahr 1944 waren es 1063 Wärmegeräte, die neu ans Netz der Elektra Birseck kamen.

1941 erreichte die Energiekrise einen Höhepunkt. Die Nachfrage nach elektrischer Energie stieg in ungeahnte Höhen. Den Gaswerken fehlte der Betriebsstoff, und auch die Wasserwerke hatten mit Problemen zu kämpfen: In der zweiten Jahreshälfte fiel so wenig Regen, dass die Nachfrage nicht mehr vollständig gedeckt werden konnte. Am 3. November 1941 verfügte das Eidgenössische Volkswirtschaftsdepartement deshalb die Kontingentierung des Stroms, damit die Versorgung wichtiger, besonders kriegsnotwendiger Betriebe gesichert war. Die teilweise einschneidenden, mehr als ein Jahr dauernden Einschränkungen betrafen sowohl die Beleuchtung als auch den Betrieb von Motoren und Wärmegeräten. Die Elektra Birseck hielt in dieser Situation des Energiemangels fest: «Alles Schlimme hat meist auch eine gute Seite. Der Energiemangel hat in der ganzen Schweiz einen Schrei nach neuen Wasserwerken ausgelöst, und da bei uns in Verbindung mit den neu erstellten basellandschaftlichen Rheinhäfen eine Entwicklung strom-

ZUSAMMENBRUCH DER GASVERSORGUNG.
Nachdem die Importwege aus Deutschland völlig gesperrt waren, kam die heimische Gasversorgung 1945 praktisch zum Erliegen. Als Folge davon war das ziemlich grosse Lager an elektrischen Kochherden der Elektra Birseck innert Kürze nicht nur ausverkauft, die Genossenschaft musste sogar weitere 250 Kochherde beschaffen. Die Fabrikationsfirmen waren diesem Ansturm nicht gewachsen. Man improvisierte und stellte provisorische Einzelkochplatten her. Bei der Elektra Birseck führte dieser gewaltige Ansturm zu einer Überlastung der vorhandenen Verwaltungs- und Installationskapazitäten. Erst nach etlichen Verzögerungen und unter Inanspruchnahme der Geduld ihrer Kunden konnte die Genossenschaft den Wünschen und Anforderungen ihrer Bezüger überhaupt gerecht werden.

Mit dem Überfall auf Polen entfesselte Adolf Hitler den Zweiten Weltkrieg. Auch die Schweiz mobilisierte.

Galerie

Fredi Ulmer, Reinach

Yves Van de Velde, F-Saint-Louis

Robert Vogt, Allschwil

Hugo Ulmi, Dornach

Hajo Verheyen, Bubendorf

Ruth Vogt, Liestal

René Umher, Dornach

Reinhard Vögeli, Arlesheim

Heinz Vögtli, Aesch

Sylvie Unterseh, F-Saint-Louis

Hugo Vogt, Liestal

Markus Vögtli, Seewen

Zdenka Urban, Münchenstein

Max Vogt, Erschwil

Markus Vögtli, Hochwald

Die EBM im Zweiten Weltkrieg

bedürftiger Industrien in Rheinnähe bereits eingesetzt hat und in grösserem Masse noch zu erwarten ist, so wurde gegen Jahresende seitens der Behörden und der Werke der definitive Entschluss zum Bau des Wasserkraftwerkes Birsfelden gefasst. Es erhält wohl als erstes neues Laufwerk die eidgenössische Konzession. Das Werk wird zwar in einer schwierigen und teuren Zeit gebaut werden müssen, aber seine Vollendung wird sicherlich einen Markstein in der Entwicklung der Elektra Birseck bilden.»

Der Zweite Weltkrieg brachte eine Mangelwirtschaft mit sich, behördliche Rationierungen wurden zunehmend notwendig, die Preise stiegen stark und konnten nur durch staatliche Eingriffe in vernünftigen Schranken gehalten werden. Der Materialmangel machte sich vor allem bei den Reparaturarbeiten, aber auch beim Weiterausbau der Anlagen und der Privatinstallationen bemerkbar. Wegen des Materialmangels und der Teuerung wurden denn auch nur die absolut notwendigen Bauten ausgeführt. Bei den Installateuren herrschte trotz Kriegswirren zeitweise Hochbetrieb, vor allem zwischen 1940 und 1942, als Neubauten der Firma Geigy, die Hafenanlagen (Au- und Rheinhafen bei Birsfelden) und die Anlagen der Säurefabrik Schweizerhalle ans Netz der Elektra Birseck angeschlossen und mit Motorenstrom versorgt werden mussten. 1944 und 1945 nahm die Installationstätigkeit erneut zu, als neue Industriesiedlungen und in vermehrtem Mass Kochherde ans Netz kamen.

Die Elektra Birseck konnte in der Zeit von 1939 bis 1945 trotz Kriegswirren einen erfreulichen Geschäftsgang verzeichnen. Im Jahre 1941 betrugen die Einnahmen aus der Stromlieferung erstmals über vier Millionen Franken. Die Elektra Birseck verkaufte in diesem Betriebsjahr 7,9 Prozent mehr Strom als 1940. Die gesamte Strommenge von 97 Millionen Kilowattstunden setzte sich aus drei Teilen zusammen: Die Aare-Tessin AG für Elektrizität (Atel) lieferte mehr als die Hälfte dieser Menge, aus den Bernischen Kraftwerken (BKW) kam rund ein Drittel des Stromes, und sechs Millionen Kilowattstunden wurden vom Kraftwerk Augst bezogen. 1942 setzte das Baselbieter Unternehmen dann zum ersten Mal mehr als 100 Millionen Kilowattstunden ab. 1944 stieg der Stromverkauf der Elektra Birseck gar auf 125 Millionen Kilowattstunden, was einer Steigerung von sechzehn Prozent gegenüber dem Vorjahr entsprach. Weniger positiv zu verbuchen sind die vielen Betriebsunterbrüche, Störungen und Defekte an den Leitungen, die 1944 zu verzeichnen waren. Diese waren einerseits auf Drahtbrüche, Isolatorendefekte oder Zentralenausschaltungen infolge starker Gewitter zurückzuführen, andererseits aber auch auf Unachtsamkeit oder Fahrlässigkeit Dritter, beispielsweise beim Holzfällen.

Schwere Zeiten für die Elektra Birseck im Elsass

Auch während des Zweiten Weltkrieges war die Genossenschaft Elektra Birseck in ihrem Versorgungsgebiet im Elsass besonders stark von den Kriegsereignissen betroffen. Mit Kriegsbeginn brach die Stromversorgung in den elsässischen Orten zusammen. Der vorübergehende Anschluss des Elsass an das Deutsche Reich hatte schwerwiegende Konsequenzen für die Elektra Birseck: Die Kundstruktur veränderte sich in diesem Gebiet völlig. Die Stromlieferung für die neue deutsche Verwaltung, die

KRIEGSSCHAUPLATZ ELSASS.
Als Frankreich am 3. September 1939 Deutschland den Krieg erklärte, erhielten die grenznahen Gemeinden im Elsass von der französischen Regierung den Räumungsbefehl. Kurz zuvor hatte die oberste Behörde des Departements der Elektra Birseck noch eine Konzession für die Stromverteilung im Elsass erteilt. Diese Nachricht erreichte die Genossenschaft aber wegen des Kriegsbeginns nicht mehr und war ohnehin gegenstandslos geworden. Die elsässische Bevölkerung brach inzwischen – nur mit Handgepäck – nach Altkirch auf. Von dort führte der Weg nach Lectoure. Im Juni 1940 nahmen deutsche Truppen Saint-Louis ein, im September desselben Jahres konnte die Bevölkerung dann nach der deutschen Besetzung wieder in ihre verlassenen Dörfer zurückkehren. Im November 1944 befreiten die Truppen der freien französischen Armee das Elsass. Nach heftigen Gefechten wurden die Kampfhandlungen am 24. April 1945 eingestellt.

Galerie

Tobias Vögtli, Seewen

Thomas Wälchli, Münchenstein

Günther Weber, Reinach

Werner Vögtli, Hochwald

Josef Walker, Oberwil

Michael Weber, Aesch

Martin Vögtlin, Brislach

Hans Walz, Allschwil

Verena Wehrli, Münchenstein

Daniel Vollenweider, Allschwil

Rudolf Wartlsteiner, Büsserach

Anton Weibel, Reinach

Daniel Währen, Birsfelden

Alex Weber, Münchenstein

Kurt Weinknecht, Basel

Die EBM im Zweiten Weltkrieg

Bevölkerung und die Industrie, die sich in den verlassenen Fabriken niedergelassen hatte, kam – erschwert durch die Abriegelung der Landesgrenzen – erst rund zwei Jahre später zustande.

Die Elektra Birseck hielt in ihrem Geschäftsbericht des Jahres 1940 zu ihrem elsässischen Versorgungsgebiet fest: «Statt bloss 4 Monate wie 1939 ist sozusagen das ganze Jahr (1940) unser elsässisches Versorgungsgebiet von der Zivilbevölkerung geräumt und ohne wichtigen Strombedarf gewesen. Wohl ist in den letzten Monaten dort die deutsche Zivilverwaltung eingerichtet worden und hat energische Massnahmen für Wiederankurbelung von Handel, Industrie und Landwirtschaft begonnen. Allein bis das sich auswirken kann, vergeht naturgemäss eine erhebliche Zeit.»

Der Ausbruch des Zweiten Weltkriegs brachte die Elektra Birseck in eine missliche Lage. Zwar konnte sie einzelne, neue Geräte kurz vor Kriegsausbruch in die Schweiz schaffen, aber sie konnte natürlich nicht die ganzen Einrichtungen aus dem Elsass evakuieren. Dazu kam, dass der Kontakt zum elsässischen Versorgungsgebiet nach der Schliessung der Grenze teilweise über längere Zeit vollständig abbrach: Die Betriebszentrale der Elektra Birseck in Münchenstein hatte keinerlei Nachricht aus dem Elsass. Die hiesigen Mitarbeiter der Genossenschaft mussten grösstenteils in den Militärdienst einrücken. Ihre Arbeit blieb folglich liegen oder wurde erst mit grosser Verzögerung erledigt. Dennoch wollte die Elektra Birseck ihre Verträge erfüllen und weiterhin elektrische Energie ins Elsass liefern. Der Strom wurde aber

Deutsche Truppen überschreiten am 10. Mai 1940 die französische Grenze.

nicht nur von den der Elektra Birseck bekannten Abnehmern verbraucht. Es wurden auch immer wieder provisorische Leitungen erstellt und damit unkontrolliert Strom bezogen beziehungsweise vom Militär requiriert. Dennoch hat die Elektra Birseck auch in diesen schweren Zeiten immer versucht, ihre Verpflichtungen so gut als möglich einzuhalten. Probleme gab es mangels Material auch bei den Instandhaltungsarbeiten im elsässischen Versorgungsgebiet der Elektra Birseck, vor allem dann, wenn Leitungen abgebaut und das Kupfer entwendet wurde.

Auch leitende Angestellte der Stromversorgerin mussten ihre Posten wegen des Militärdienstes verlassen. Die Elektra Birseck war beispielsweise mitten im Krieg gezwungen, einen neuen administrativen Leiter für die Aussenstelle zu finden. Die Wahl fiel auf Louis Lang, der umgehend seine neue Arbeitsstelle antrat. Nach einer Einarbeitungsphase von einigen Monaten hatte er seine Arbeit im Griff. Es sollte aber nochmals Monate dauern, bis er erstmals einen Passierschein erhielt und auch tatsächlich die Grenze überschreiten durfte, um sich seinen Vorgesetzten in der Zentrale der Elektra Birseck in Münchenstein vorzustellen. Jahrelang hatten verschiedene Konkurrenten um die Konzession für

ENTEIGNUNGSPLÄNE IM ELSASS.
1943 kamen die deutschen Besatzer im Elsass auf die Idee, das Verteilnetz der EBM kurzerhand zu übernehmen. Sie stellten deshalb eine in Reichsmark gerechnete Aufstellung aller Anlagen und Kosten zusammen. Die deutschen Behörden verlangten, dass eine inländische Gesellschaft den Strom verteile. Aus diesem Anlass debattierte man 1944 darüber, ob die Elektra Birseck ihr Leitungsnetz im Elsass verkaufen sollte. Inzwischen lebten mehr als tausend Genossenschafter in diesem Teil des Versorgungsgebietes der Elektra Birseck, die in dieser Sache natürlich ein Mitspracherecht hatten. Die Tochtergesellschaft der Elektra Birseck, die Electra du Haut-Rhin, hatte in der Zwischenzeit von der Besatzungsbehörde auch einen deutschen Namen erhalten: «Elsässische Elektrizitäts-Verteilungsgesellschaft im Oberelsass». Die Genossenschafter entschieden sich gegen einen Verkauf, und die EBM konnte ihr Geschäft im Elsass unter eigener Regie weiterführen.

Galerie

Friedrich Wenger, Himmelried

Matthias Wind, Birsfelden

Bruno Wyss, Allschwil

Martin Wenger, Münchenstein

Serge Wisselmann, F-Huningue

Hans-Ulrich Zaugg, Aesch

Bernard Werlen, F-Saint-Louis

Doris Wissler, F-Saint-Louis

Martin Zimmermann, Basel

Adrian Wilhelm, Muttenz

Eric Wissler, F-Saint-Louis

Patrick Zuber, Allschwil

Claus Wimmer, Aesch

Thomas Wohlgemuth, Münchenstein

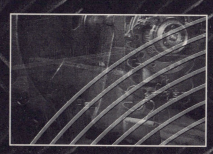
Energie Bewegt Menschen

Die EBM im Zweiten Weltkrieg

das Elsass gekämpft. Zusammenfassend lässt sich sagen, dass die Kriegsverluste heute zwar nicht mehr genau zu ermitteln sind, dass sie für die Elektra Birseck aber einschneidend waren. Vor allem die Problematik der Grenze kam bei diesem Krieg zum Tragen. Die Grenze war oft für längere Zeit gesperrt. Die Zentrale in Münchenstein hatte keine Vorstellung davon, was im Elsass vor sich ging, auch waren ihre Einflussmöglichkeiten nur sehr gering. Trotzdem musste die Elektra Birseck täglich Strom in den abgeschnittenen Teil ihres Versorgungsgebietes liefern.

Strom überwindet Distanzen: Der Aufschwung der Telefonie

Gegen Ende des 19. Jahrhunderts entstanden die ersten Stadttelefonnetze, so zum Beispiel 1881 in Basel. Diese Telefonnetze bildeten aber isolierte Einheiten; die interurbane Verbindung, das heisst das Telefonieren von einem Netz zum anderen, war zu Beginn noch nicht möglich. Mit der Zeit entstanden aber auf dem Land kleinere Ortsnetze, die man an die Telefonzentrale des nächst-grösseren Netzes anschloss. Ab 1890 waren dann die meisten Telefonnetze untereinander verbunden.

Das Telefonnetz funktioniert elektrisch, technisch gesehen arbeitet es mit Schwachstrom. Trotz der Verwendung der Elektrizität wurde der Ausbau des Telefonnetzes aber nicht von den Elektrizitätswerken besorgt. Der Bund hatte für sich das Monopol auf die Verwaltung, den Auf- und Ausbau des Telefonnetzes in Anspruch genommen. Organisatorisch gesehen oblag die Verantwortung dem eidgenössischen Telegraphendepartement. Nach zähen Verhandlungen erhielten die konzessionierten Elektriker die Erlaubnis, Inneninstallationen von Telefonanlagen ausführen zu dürfen. Das Apparatemonopol blieb aber bestehen. Die Telefonapparate wurden nur im Abonnement abgegeben, sie durften nicht im Privathandel gekauft werden. Die Mietkosten für ein Telefon waren für die damaligen Abonnenten ziemlich hoch. Die reinen Abonnementgebühren für einen einfachen Telefonanschluss in Netzen bis zu 300 Abonnementen beliefen sich auf 60 Franken pro Jahr. Zudem hatte jeder Abonnent einen Grundbeitrag von 20 Franken jährlich an die Kosten des Umschaltdienstes zu leisten. Das Gespräch – eine Drei-Minuten-Einheit für interurbane Gespräche, also zum Beispiel eine Verbindung von Liestal nach Basel – kostete 30 Rappen. Wenn im selben Netz telefoniert wurde, kostete das dreiminütige Gespräch 10 Rappen. Die Gespräche wurden jeweils Ende Monat in Rechnung gestellt, die Abonnementgebühren hingegen mussten im voraus für das kommende Halbjahr bezahlt werden.

Bis in die zwanziger Jahre waren fest an der Wand montierte Telefonapparate mit fixem Mikrofon und beweglichem Hörer am gebräuchlichsten. Der Kontakt zur Telefonzentrale wurde mittels einer Kurbel am Telefonapparat hergestellt. Dort wurde die gewünschte Gesprächsverbindung manuell gestöpselt. Es gab also noch keine Drehwählscheibe, mit der man selbst die gewünschte Nummer einstellen konnte. Die Komplexität der Bedienung des neuen technischen Apparates war damit auf ein Minimum beschränkt, die Fachperson in der Zentrale übernahm den anspruchsvolleren Teil. Ende der zwanziger Jahre kam es dann zu einer wichtigen technischen Veränderung für die

BEGEHRTE TELEFONAPPARATE.

Vorher den Wohlhabenden vorbehalten, fanden sich während des Zweiten Weltkrieges immer häufiger auch in kleinbürgerlichen Stuben Telefonapparate. Die Soldaten im Aktivdienst konnten so den Kontakt zu ihren Familien wahren. Die Anschaffung eines eigenen Geräts befreite einen von der Abhängigkeit vom Nachbarn, der bereits einen Apparat hatte. Inzwischen hatte man erkannt, dass nur das eigene Telefon die zeitlich uneingeschränkte und private Benützung dieser technischen Apparatur erlaubte. Bis in die fünfziger Jahre war das Telefon zu einem alltäglichen Gegenstand geworden.

Benützer: zur Einführung der Automatisierung. Jetzt konnte der Benutzer direkt per Drehscheibe am Telefonapparat die gewünschte Nummer einstellen und somit die Verbindung selbst herstellen. Um 1920 zählte man im Baselbiet einen Telefonapparat auf rund fünfzig Personen. In den meisten Dörfern im Versorgungsgebiet der Elektra Birseck machte die Gemeindeverwaltung den Anfang, das heisst, sie führte als erste das Telefon ein. Bei der Grosszahl der frühen Anschlüsse handelte es sich um Geschäftstelefone, die eher selten und nur für wichtige geschäftliche Angelegenheiten gebraucht wurden. Das Telefonieren war damals etwas Aussergewöhnliches, keine alltägliche Handlung, da nur wenige Privathaushalte über einen Anschluss verfügten. Bis in die dreissiger Jahre stellte das Telefonieren keine Selbstverständlichkeit dar. Es wurde nur für geschäftliche Zwecke benutzt und war mit Erwerbsarbeit und amtlichen Funktionen verbunden. Deswegen wurde das Telefon auch geschlechtsspezifisch unterschiedlich genutzt: Da es vor allem von Berufs wegen gebraucht wurde, waren es anfangs mehrheitlich Männer, welche die neue technische Einrichtung verwendeten. Auch sie benutzten das Telefon vor allem in ausserordentlichen Situationen. Man griff nicht wie heute bei jeder Kleinigkeit zum Hörer.

Pionierzeit des Fernsprechens: Bis zum Zweiten Weltkrieg waren Telefone eine soziale Exklusivität. Erst nach dem Krieg wurden die Apparate allmählich zur Selbstverständlichkeit.

Die meisten Menschen hatten damals ein wenig Angst vor dem Telefonieren. Sie hatten noch nie oder nur ganz selten einen solchen Apparat benutzt. Der Hauptgrund für die Verunsicherung war wohl die Tatsache, dass via Telefon mit einer abwesenden Person, die ausser Sicht- und Rufweite war, gesprochen werden konnte. Die akustische Anwesenheit einer Person, die nicht physisch präsent war, bereitete vielen psychologisch Mühe. Dazu kam der Kostendruck in Form des mitlaufenden Gebührenzählers. Bis jetzt war ein Gespräch immer jenseits von Zeit und Geld abgewickelt worden, nun verursachte das alleinige Sprechen schon Kosten.

Jahrzehnte nach der Einführung des Telefons zeigten viele Baselbieter immer noch ehrfürchtigen Respekt vor dieser technischen Einrichtung, welcher bis zur Ablehnung gehen konnte. Damals war es üblich, dass die Besitzer eines Telefons den Unkundigen beim Telefonieren halfen. Damit sorgten sie für die zunehmende Verbreitung der Bedienungskenntnisse. Telefonieren mit Unterstützung Fachkundiger beschränkte die Anforderungen für den Anrufer auf folgende zwei Tätigkeiten: Zuhören und Antworten. Es war also nicht zwingend erforderlich zu begreifen, wie ein Telefon bedienungstechnisch gesehen funktioniert. Da viele des Telefonierens nicht mächtig waren, wurde es an manchen Orten sogar in den Lehrplan der Schule aufgenommen.

Die geringe Zahl verfügbarer Apparate zu Beginn der Verbreitung des Telefons bedingte die mündliche Weitervermittlung eines erfolgten Anrufs. Dadurch haftete dem Telefonieren etwas Öffentliches an. Die Benützung der wenigen Apparate, vor allem derjenigen, die sich in den Wirtshäusern befanden, war für die Allgemeinheit gedacht. Alle Dorfbewohner konnten telefonisch erreicht werden über diese öffentlichen Geräte, auch wenn nur wenige Telefone effektiv vorhanden waren. Das Führen eines ungestörten Telefongesprächs hingegen war damals schwierig. Man war weder im Wirtshaus noch beim Nachbarn allein. Also wurde die private, beziehungsweise vertrauliche Fernkommunikation in der Regel noch weitgehend brieflich abgewickelt. Private Gespräche waren zu jener Zeit den Inhabern von Telefonkonzessionen vorbehalten, die in ihren eigenen vier Wänden ungestört telefonieren konnten. Wer im Besitz eines Telefons war, besass folglich auch eine soziale Sonderstellung, da der Grossteil sich keines leisten konnte und gezwungen war, auswärts zu telefonieren. ▲

An der Schwelle zur Moderne

Die Abonnentenstatistik der Elektra Birseck aus den Jahren nach dem Zweiten Weltkrieg weist wiederum eine gewaltige Steigerung des Stromverbrauchs aus. Die Siedlungs- und die Wirtschaftentwicklung kam im Versorgungsgebiet der Elektra Birseck rasch wieder in Gang. 1946 wurden im ganzen Baselbiet mehr als zehntausend Lampen neu eingerichtet. Fast tausend Motoren sowie rund siebenhundert Kochherde und etwa neunhundert Heizöfen wurden neu ans Stromnetz der Baselbieter Genossenschaft angeschlossen. Im ersten Nachkriegsjahr, 1946, setzte die Elektra Birseck knapp 170 Millionen Kilowattstunden Energie um. Dies sind vierzehn Prozent mehr als im Jahr 1945 und das Doppelte der Menge, die 1936 verbraucht worden ist. Gleich nach dem Krieg hatte eine lang andauernde Hochkonjunkturphase eingesetzt, deren grosse Strombedürfnisse die Schweizer Elektrizitätswerke während Jahrzehnten nur knapp befriedigen konnten.

Für die rasche wirtschaftliche Expansion in der Schweiz nach dem Zweiten Weltkrieg gibt es mehrere Gründe. Die Schweiz besass damals, im Gegensatz zu den kriegszerstörten Nachbarländern, intakte Produktionsanlagen und eine funktionsfähige Infrastruktur und verfügte damit über einen entscheidenden Vorteil respektive Vorsprung auf die umliegenden Länder. Im Geschäftsbericht der Elektra Birseck aus dem Jahre 1946 wird denn auch festgehalten: «Unsere Fabriken müssen heute für den Inlandmarkt auch noch all das produzieren, was früher an Fertigfabrikaten aus dem Ausland, hauptsächlich aus Deutschland, importiert worden ist.» Der Nachholbedarf der Wirtschaft führte schnell zu einer Überbeschäftigung, bald machte sich ein Mangel an Arbeitskräften bemerkbar. Aber nicht nur in der Wirtschaft, auch bei allen anderen Verwendungsarten von Elektrizität war ein steigender Bedarf zu verzeichnen. Obwohl fossile Brenn- und Treibstoffe inzwischen wieder frei erhältlich waren, wechselte keine der im Krieg auf elektrischen Betrieb umgestellten Produktionsanlagen wieder auf Gas oder Kohle zurück. Im Gegenteil, die Verbreitung der elektrischen Einrichtungen in der chemischen und der metallurgischen Industrie nahm sogar noch weiter zu.

TROCKENHEIT UND KRAFTWERKBAU.
In den Jahren 1947 und 1949 musste der Energieverbrauch durch die Behörden auf ein Mindestmass eingeschränkt werden, um den Zusammenbruch der schweizerischen Energieversorgung zu verhindern. Mangels Niederschlägen konnten die Wasserwerke nur bedingt genutzt werden, was vor allem im Winterhalbjahr Probleme bereitete. Dieser Energiemangel machte den Beteiligten verstärkt bewusst, dass die schweizerische Elektrizitätswirtschaft stark vom Wetter respektive von der Niederschlagsmenge abhängig war und dass dringend neue Kraftwerke gebaut werden mussten, um den steigenden Energiebedarf auch in Zukunft decken zu können. Mit weiteren Flusswerken konnte das Problem aber nur bedingt gelöst werden. Also setzte man sich vermehrt für neue Stauwerke in den Bergen ein.

Die grosse Zeit des Kraftwerkbaus in den Alpen

Etliche Projekte für grosse Stauwerke in den Alpen wurden entwickelt. Damals wurde auch die Idee geboren, im Urserental ein riesiges Speicherwerk zu erstellen. Dafür hätte man aber die Bevölkerung von Andermatt und Hospental aussiedeln müssen. Es kam folglich zu energischem Widerstand seitens der lokalen Bevölkerung, aber auch von Kritikern, die sich gegen ein derart landschaftzerstörendes Vorhaben erhoben. Die Opposition konnte sich letztlich durchsetzen und die Baupläne vereiteln. Um 1950 wurde das Projekt von den Initianten wegen des starken Widerstandes fallengelassen.

Das Speicherwerk Urserental war aber bei weitem nicht das einzige Kraftwerkprojekt. Am Hinterrhein, im Bleniotal, an der Saane, am Inn, auf der Grimsel und in den Walliser Tälern sollten Gewässer in Stauseen gesammelt und zur Energieerzeugung auf Turbinen geleitet werden. Auch das Greina- und das Grande-Dixence-Projekt wurden erstmals vorgelegt. Die Aare-Tessin AG für Elektrizität (Atel) baute das Speicherwerk Lucendro im Tessin. In den späten vierziger Jahren kamen neben den Speicher-

Inbegriff der «weissen Kohle»: Nach dem Zweiten Weltkrieg wurden in der Schweiz die grossen Speicherkraftwerke in den Alpen, auch die Grande-Dixence, gebaut. Bald aber zeigte sich schon, dass auch mit dieser Technik die Bäume nicht in den Himmel wachsen konnten.

kraftwerken auch Elektrizitätswerke anderen Typs auf. Zu nennen sind vor allem die Niederdruckkraftwerke an den Flüssen. Die Nordostschweizerischen Kraftwerke AG (NOK) mit Sitz in Baden erhielten 1947 eine Konzession für das Aarekraftwerk Wildegg-Brugg. Zudem baute die NOK in Beznau das erste thermische Kraftwerk der Schweiz. Ende 1947 nahm in Beznau eine Gasturbinen-Generatoren-Anlage mit 13 000 Kilowatt Leistung die Stromproduktion auf. Eine zweite gasbefeuerte Anlage mit einer Leistung von 27 000 Kilowatt sollte folgen.

In der Schweiz war die Energieversorgung nach dem Zweiten Weltkrieg aus den Fugen geraten. Die schweizerische Elektrizitätswirtschaft setzte sich deshalb zum Ziel, einerseits eine zuverlässige Inlandversorgung sicherzustellen, andererseits aber auch Reserven aufbauen zu können. Damals machten witterungsbedingte Energieengpässe im Winter einen Energieimport aus den umliegenden Ländern nötig. Die Schweiz geriet damit in eine Abhängigkeit vom Ausland. Als 1955 wieder behördliche Einschränkungen des Energieverbrauchs erforderlich waren, besann man sich erneut auf die Wasserkraft und trieb entsprechende Projekte energisch voran. Im Vergleich zu den nicht erneuerbaren Ressourcen Kohle, Öl und Erdgas war die Wasserkraft nur durch die örtlichen Gegebenheiten quantitativ beschränkt. Wenn das Werk aber einmal erstellt war,

An der Schwelle zur Moderne

konnte es nachher ständig genutzt werden. Der Standort der Elektra Birseck respektive ihr Versorgungsgebiet erwies sich in der Nachkriegszeit als ideal. Damals entstanden im Versorgungsgebiet der Elektra Birseck Münchenstein viele neue Betriebe. Bereits 1945 befanden sich 103 von den 253 industriellen Betrieben, die beim Kanton registriert waren, im Bezirk Arlesheim. Die Genossenschaft hatte gegenüber Konkurrenten also einen echten Standortvorteil. Ebenfalls in das erste Nachkriegsjahr fällt die Erhöhung des Aktienkapitals der Atel um zwanzig Millionen Franken. Die Elektra Birseck übernahm – entsprechend ihrem 1930 ausgehandelten Anteil – weitere 2400 Aktien zu nominell 500 Franken. 1000 Anteilscheine bezog die Genossenschaft, 1000 der Pensionsfonds der Angestellten und 400 Aktien die Direktion und der Verwaltungsrat der Elektra Birseck.

Das Niederdruck-Laufkraftwerk in Birsfelden (KWB)

In die Zeit nach dem Zweiten Weltkrieg fallen auch der Bau und die Inbetriebnahme des grössten Laufkraftwerks der Schweiz, des Rheinkraftwerks bei Birsfelden. Es entstand ein halbes Jahrhundert nach der Gründung der Genossenschaft Elektra Birseck und wurde gegen Ende des Jahres 1954 in Betrieb genommen. Mit diesem Grosskraftwerk hatte die Elektra Birseck endlich eine eigene Energiequelle, die den regionalen Strombedarf für eine gewisse Zeit zu decken versprach. 1955, im ersten Jahr nach der Inbetriebnahme des Kraftwerks Birsfelden, bezog die Elektra Birseck von Birsfelden 124,4 Gigawattstunden, von der Aare-Tessin AG für Elektrizität (Atel) 10,5 (plus 3,5 GWh Überschussenergie), von den Bernischen Kraftwerken (BKW) 59,5, von Augst etwas über 7 und aus den Birswerken 5,2 Gigawattstunden. Im ersten Betriebsjahr machte die Birsfelder Strommenge also knapp die Hälfte des Energiebezuges der Elektra Birseck aus.

Wie kam es aber zum Bau des Birsfelder Kraftwerkes? Nachdem der Strombedarf im Ersten Weltkrieg weiter zugenommen hatte, befassten sich die Energieverteiler in Basel, Liestal und Münchenstein wieder mit dem Projekt «Grosskraftwerk bei Birsfelden». Zwischen dem Kraftwerk Augst und der Stadt Basel gab es ein ungenutztes Gefälle von mehr als sechs Metern. Die Nutzung dieses Gefälles machte eine Energieproduktion möglich, die diejenige des Kraftwerks in Augst sogar noch übertraf. Also beauftragte die Regierung des Kantons Baselland 1917 ein Ingenieurbüro, ein konkretes Bauprojekt auszuarbeiten. 1919 lagen bereits die Konzessionsgrundlagen für ein Rheinkraftwerk bei Birsfelden vor. Die weiteren Verhandlungen über das neu zu erstellende Kraftwerk am Rhein gingen dann aber äusserst schleppend voran. Als alle drei Basler Elektrizitätswerke fremde Stromquellen erschliessen konnten und zudem die Wirtschaftskrise die Stromnachfrage dämpfte, drängte das Birsfelder Projekt nicht mehr. 1929 fand man immerhin eine Antwort auf die Frage nach dem deutschen Anteil an der Konzessionsstrecke bei Birsfelden: Das Land Baden verzichtete auf seinen Anteil am Strom aus dem zukünftigen Birsfelder Kraftwerk, erhielt dafür aber im Gegenzug die gesamte Produktion aus dem in Planung begriffenen Kraftwerk Albbruck-Dogern gegenüber von Leibstadt, das 1933 den Betrieb aufnahm. 1931 verständigten sich die Kantone Basel-Stadt und Basel-Land über die Errichtung

GRENZEN DER WASSERKRAFTNUTZUNG.
Die starke Steigerung der Nachfrage nach elektrischer Energie nach dem Zweiten Weltkrieg hatte einen raschen Ausbau der Wasserkraft notwendig gemacht. Die in der Schweiz in den Jahren 1940 bis 1958 neu erstellten Kraftwerke erzeugten genau gleich viel Energie wie alle Werke, die vor 1940 entstanden sind. In den sechziger Jahren stieg der Energieverbrauch noch weiter an, was auf die Zunahme der Bevölkerung, die Vergrösserung der industriellen Produktion, die vermehrte Mechanisierung und den erhöhten Lebensstandard zurückzuführen ist. Bei der Wasserkraft stiess man aber allmählich an die natürlichen Grenzen der Schweiz: Mögliche Projekte für die weitere Erschliessung der Wasserkräfte fehlten oder waren nicht wirtschaftlich. Für die Zukunft waren somit der Bau grösserer thermischer Kraftwerke und die Nutzung der Atomkraft unumgänglich.

Damals grösstes Niederdruck-Laufkraftwerk der Schweiz: Luftaufnahme der Baustelle des Kraftwerks Birsfelden am Rhein vom 13. Oktober 1953. Links im Bild die Schleusen, die für die Schiffahrt passierbar sind. Rechts das modern gestaltete Maschinenhaus.

eines Kraftwerks bei Birsfelden und beschlossen die Gründung der Betreibergesellschaft «Kraftwerk Birsfelden AG». Zudem einigten sich die beiden Parteien darauf, dass die Verteilregion der einzelnen Werke – im Landkanton die Elektra Birseck – mit den Kantonsgrenzen zusammenfallen solle. Die Elektra Birseck rechnete in der Folge fest damit, dass die Realisierung des Kraftwerks Birsfelden unmittelbar bevorstehe. Damit die Genossenschaft ihren Anteil an den Baukosten nicht auf einmal aufbringen musste, wurde 1933 an der Delegiertenversammlung beschlossen, jährlich einen Betrag von 100 000 Franken als besondere Kraftwerksrücklage beiseite zu legen. Ausschlaggebend für diesen vorausblickenden Entschluss war wohl die gute Bilanz des Jahres 1932, mit dem diese Überweisungen begannen. Mit der Jahresrechnung 1939 wurden diese jährlichen Rücklagen auf 200 000 Franken erhöht.

Die Realisierung des Rheinkraftwerks bei Birsfelden liess aber weiter auf sich warten. Mitten im Zweiten Weltkrieg arbeiteten die beiden Kantone Basel-Stadt und Basel-Land ein neues Konzessionsprojekt aus. Aber auch dieses wurde nicht ausgeführt, weil gegen Ende des Krieges und auch kurz danach keine Vertragsverhandlungen mit den deutschen Behörden stattfinden konnten. 1950 genehmigte die Delegiertenversammlung der Elektra Birseck dann den Antrag zur Beteiligung der Genossenschaft am Kraftwerk Birsfelden mit 4,5 Millionen Franken. Vom Stromanteil sollte die Elektra Birseck

An der Schwelle zur Moderne

sechzig Prozent erhalten, was etwa 108 Millionen Kilowattstunden entsprach. Die jährliche Entschädigung an den Kanton würde sich während zehn Jahren auf 60 000 Franken belaufen, dann 80 000 Franken und ab dem sechzehnten Jahr nach der Inbetriebnahme 100 000 Franken betragen.

Die grössten Nebenkosten des Kraftwerkbaus bei Birsfelden machten die für den reibungslosen Schiffsverkehr zu treffenden Massnahmen aus. Sie wurden von Anfang an mit in die Kostenkalkulationen einbezogen. Denn der zunehmende Schiffsverkehr auf dem Rhein durfte weder durch den Kraftwerkbau noch durch den Betrieb behindert oder eingeschränkt werden. Die auf dem Rhein agierenden Reedereien konnten letztlich den Bau einer Schleuse von 180 Metern Länge und 12 Metern Breite mit je einem Vorhafen unterhalb und oberhalb der Schleusentore durchsetzen. Zudem wurde eine später auszuführende zweite Schleuse eingeplant, die 1975 bis 1976 denn auch realisiert wurde. Die speziell für den Flussverkehr getroffenen baulichen Massnahmen im Zusammenhang mit dem Bau des Kraftwerkes bei Birsfelden schlugen mit insgesamt 27,5 Millionen Franken zu Buche. Dies entsprach mehr als einem Viertel der gesamten Baukosten des Birsfeldener Werkes. Bald traten die Heimatschutzorganisationen auf den Plan. Sie bestanden auf einer behutsamen architektonischen und landschaftlichen Gestaltung der neuen Kraftwerkanlage. Da auch im Kantonsvertrag eine umweltverträgliche Bauweise ausdrücklich verlangt war, ging man auf die Forderungen weitgehend ein und gelangte letztlich zu einer für alle Parteien befriedigenden Lösung: eine architektonisch überzeugende Maschinenhalle und eine rücksichtsvolle Ausbildung der künstlichen Flusslandschaft.

Am 1. Juni 1950 erteilten die schweizerischen Behörden dem Kraftwerk Birsfelden die Konzession. Ein wenig später, am 3. August 1950, erteilten dann auch die badischen Behörden eine entsprechende Zulassung. Auf dieser Basis gründeten die am Werk beteiligten Partner am 4. September 1950 die Kraftwerk Birsfelden AG, kurz KWB. Das Wasserrecht wurde für 83 Jahre vergeben, der Gründungsvertrag sollte für dieselbe Dauer gelten. Das Grundkapital betrug dreissig Millionen Franken, die von den beiden beteiligten Kantonen Basel-Stadt und Basel-Land je zur Hälfte übernommen werden sollten. Der Kanton Basel-Land beteiligte die Elektra Birseck mit fünfzehn Prozent und die Elektra Basel-Land mit zehn Prozent am Grundkapital der neugegründeten Gesellschaft. Für die jährlichen Betriebskosten wurde vereinbart, dass die Stromgenossenschaften diese anteilmässig zu tragen haben. Wie bereits beim Kraftwerk Augst gab der Kanton Basel-Land nach der Gründung der KWB auch die ihm als Vertragspartner zustehende

Luftige Kraftwerksarchitektur: Blick in den Maschinensaal des Lauf-Kraftwerks Birsfelden.

ZEUGE DER KRAFTWERK-BAUKUNST.
Das Birsfelder Kraftwerkgebäude des Architekten Hans Hoffmann hinterlässt – trotz Betonkonstruktion – dank grosser Glasfassaden einen leichten Eindruck. Der Bau steht inzwischen sogar unter Denkmalschutz. Als Einstaustrecke stand für das Birsfeldener Kraftwerk der Flussabschnitt zwischen den Kraftwerken Augst und Wyhlen und der Einmündung der Birs in den Rhein zur Verfügung: eine Strecke von 8457 Metern mit einem Gefälle von 6,76 Metern. Bei maximalem Wasseraufkommen konnten die Maschinen des Kraftwerks Birsfelden so 62 400 Kilowatt produzieren.

Strommenge und die ihm übertragenen Betriebskosten proportional zum Strombezug an die beiden Elektra-Genossenschaften ab. Die Elektra Birseck übernahm dreissig Prozent der laufenden Kosten des Kraftwerkes Birsfelden, die Elektra Baselland beteiligte sich mit zwanzig Prozent. 33 Jahre nach den ersten Plänen begannen am 9. November 1950 endlich die Arbeiten am Kraftwerk Birsfelden. 1951 arbeiteten im Schnitt jeweils 460 Arbeiter auf der Grossbaustelle. Nach vierjähriger Bauzeit konnte das Kraftwerk Birsfelden termingerecht noch vor Ende des Jahres 1954 in Betrieb genommen werden. Ebenfalls 1954, am 12. November, wurde die Schleuse für den Schiffsverkehr eingeweiht. Die Parallelschaltung der vier Maschinengruppen mit den Netzen der Verteilergesellschaften erfolgte sukzessive vom 20. November 1954 bis zum 20. Januar 1955. Letzte Ufersicherungsarbeiten beim Kraftwerk Birsfelden wurden 1956 ausgeführt.

Von der Kraftzentrale zum Kommandounterwerk

Zur Versorgung neuer Elektra-Birseck-Kunden musste das Verteilnetz Jahr für Jahr ausgebaut werden. In den wachsenden Ortschaften ersetzte die Genossenschaft einen Grossteil der Freileitungen durch unterirdische Kabelanlagen. Neben dem Netzausbau und der Einrichtung von Unterwerken waren die Monteure der Elektra Birseck auch mit Installationsaufträgen beschäftigt. Schon bald konnte die Elektra Birseck nicht mehr alle Installationsaufträge selbst ausführen, sondern vergab vermehrt Aufträge an Dritte. Im Geschäftsbericht des Jahres 1956 wird dazu vermerkt: «Während vor dem Kriege neben unserer Installationsabteilung nur 9 Privatfirmen berechtigt waren, Hausinstallationen auszuführen, sind heute an 23 Unternehmen solche Bewilligungen erteilt worden. Daneben sind im Elsass noch weitere Firmen, die nach französischen Vorschriften dazu berechtigt sind, mit diesen Arbeiten beschäftigt.» Das Installationsmonopol der Elektra Birseck war bei einer derart intensiven Bautätigkeit nicht mehr zu halten. Die Genossenschaft gab ihr Privileg deshalb gegen Ende der fünfziger Jahre auf und erteilte den in der Verteilregion ansässigen Elektrounternehmen auf Wunsch die entsprechende Installationsbewilligung.

Während fünfzig Jahren hatte die Elektra Birseck die Energieversorgung im wesentlichen mit einer Kontroll- und Schaltzentrale für den eingehenden Lieferantenstrom und einem sternförmig von Münchenstein ausgehenden Netz von Hochspannungsleitungen vollzogen. 1946 führten acht grosse Leitungen zu den Regionen mit den grossen Bezügergruppen. Zwei davon, nämlich die Asp-Leitung nach Muttenz und Schweizerhalle und die Stammleitung in das neue Siedlungsgebiet von Neu-Münchenstein und Ruchfeld, waren als unterirdische Kabelleitungen ausgeführt. Die übrigen Verbindungen waren noch Überlandleitungen und lagen auf Stangen und Masten.

Zwischen 1946 und 1949 wurde das 50-Kilovolt-Schalthaus in Münchenstein umfassend erneuert. In diesem Bau befand sich der sogenannte Kommandoraum, von dem aus die Netzschaltungen vorgenommen werden konnten. Fast der ganze Strom gelangte durch dieses zentrale Schaltwerk in die Verteilleitungen. Eine Ausnahme bildete der Strom aus dem Kraftwerk Augst. Die Energie dieser zweiten Kraftquelle der Elektra Birseck wurde nicht zuerst nach Münchenstein geleitet, sondern direkt zu den Grossverbrauchern in Schweizerhalle. So konnten einerseits die Übertragungsverluste reduziert und gleichzeitig auch die Lastflussverhältnisse in Münchenstein verbessert werden. Kurz darauf konnte dann dieses Verteilsystem mit nur einer Kraftzentrale den Bedürfnissen nicht mehr genügen. Obwohl immer grössere Transformatoren in der Schaltanlage

An der Schwelle zur Moderne

in Münchenstein aufgestellt worden waren, war das Netz zunehmend überlastet. Doch es zeichnete sich dank der vor Jahrzehnten gebauten leistungsfähigen Laufental-Leitung rasch eine Lösung ab. Man wollte die in Breitenbach aufgestellten Transformatoren benutzen, um den Strom von den Bernischen Kraftwerken (BKW) aus dem sich in nächster Nähe befindenden Schaltwerk Brislach zu übernehmen. 1951 wurde diese Verbindung zwischen dem BKW-Netz und den Stromverbrauchern der Elektra Birseck im Laufental und im Schwarzbubenland geschaltet. Die fünfundzwanzig Jahre alte Umspannanlage in Breitenbach wurde durch die Stromzuleitung von Brislach zum ersten multifunktionalen Unterwerk der Elektra Birseck. Drei Jahre später, 1954, entstand ein weiteres Unterwerk in Schweizerhalle, welches 1955 in Betrieb genommen werden konnte.

In den nächsten Jahren errichtete die Elektra Birseck in ihrem Versorgungsgebiet weitere Unterstationen, damit der Strom dezentral, möglichst erst in der Nähe grosser Verbraucherregionen, auf die gängige Nutzleistung heruntertransformiert werden konnte. Zu diesem Zweck wurden im Verlaufe der Zeit mehrere dezentrale Netzstützpunkte errichtet: Unterwerke in Allschwil, Aesch, Birsfelden, Liesberg, Breitenbach, Therwil, Muttenz und Schweizerhalle entstanden. Das Unterwerk in Münchenstein diente in der Folge als zentrale Verteil- und Ausgleichsstelle. Jetzt wurde auch die Entwicklung eines neuen Führungssystems unabdingbar, um die Kontrolle der Aussenstationen gewährleisten zu können. Nachdem die neue Netzleitstelle in Münchenstein eingerichtet und in Betrieb genommen worden war, erhielt das Gebäude, in dem früher das Dampfkraftwerk stand, den Namen «Kommandounterwerk». Dort liess die Genossenschaft Elektra Birseck durch die Ustemer Firma Zellweger AG neben der Fernbedienungsanlage für die weiter entfernten Schaltstationen eine hochmoderne zentrale Steuerungsanlage einrichten. Diese Leitstelle wurde am 29. Januar 1957 in Betrieb genommen. Mit diesem System konnte über eine spezielle Frequenz den Verbrauchsgeräten wie zum Beispiel den Boilern, die nur während Zeiten mit schwachem Stromkonsum betrieben werden durften, signalisiert werden, wann sie sich an- und abzuschalten hatten. Über das gleiche System konnte auch die öffentliche Beleuchtung ein- und ausgeschaltet werden.

Die Entwicklung im Elsass nach dem Zweiten Weltkrieg

Nach dem Zweiten Weltkrieg wurde wieder die Frage der Elektrizitätsverteilung im Elsass aktuell. Die meisten Stromgesellschaften auf französischem Boden waren 1946 in der Electricité de France zusammengefasst worden, das heisst, es kam zu einer Nationalisierung der bestehenden Gas- und Elektrizitätsgesellschaften in Frankreich. Der erbitterte Kampf um die Konzession im Elsass ging nach dem Zweiten Weltkrieg ungebrochen weiter. Die Elektra Birseck hatte jetzt gegen die riesige Electricité de France zu kämpfen. Die Baselbieter Genossenschaft hatte aber gegenüber ihrer Konkurrentin drei entscheidende Vorteile: Sie konnte im Vergleich zur Electricité de France entschieden günstigere Tarife anbieten und war zudem bereit, den Gemeinden einen Rabatt von 50 Prozent zu gewähren. Ausserdem konnte die Elektra Birseck bei den Verhandlungen um die Konzession für das Elsass auf die bereits seit vierzig Jahren bestehende gute Zusam-

STROM BOOMTE WEITERHIN.
Nach der Inbetriebnahme des Kraftwerks Birsfelden stieg der Energiebedarf im Versorgungsgebiet der Elektra Birseck stetig weiter an. Vor allem die rasche Siedlungsentwicklung rund um Basel und der wirtschaftliche Aufschwung sind dafür verantwortlich. 1951 waren es 200 Gigawattstunden, welche die Elektra Birseck an ihre Kunden abgab. Das war bereits zwanzig-mal mehr Energie als vor dem Ersten Weltkrieg. 1955 überschritt der Energieumsatz der Elektra Birseck dann die Schwelle von 300 Gigawattstunden. Das entspricht einer Zunahme von zehn Prozent gegenüber dem Vorjahr. Am meisten nahm damals der Verbrauch bei der Bezügergruppe «Haushalt» zu.

menarbeit verweisen. Die Neuerteilung der Konzession für die Elektrizitätsverteilung im Elsass liess aber nochmals lange auf sich warten. Letztlich konnten aber die Argumente der Elektra Birseck überzeugen. Am 15. Juni 1956 beschloss der Gemeinderat von Saint-Louis die Erteilung der Konzession an die Elektra Birseck. Nachdem im Juli desselben Jahres Gelegenheit geboten worden war, Einspruch gegen diese Konzessionserteilung zu erheben, und diese Frist ungenutzt verstrichen war, wurde in der Gemeinderatssitzung vom 12. Oktober 1956 der Gemeinderat mit der Unterschrift der Konzession und der Abonnementspolice beauftragt. Aber nicht nur die Stadt Saint-Louis suchte eine vertragliche Lösung, auch die Landgemeinden im Elsass waren an geordneten, rechtlich abgesicherten Verhältnissen im Bereich der Elektrizitätsversorgung interessiert, da die ursprünglichen, 1913 unterzeichneten Verträge bereits 1940 ausgelaufen waren.

Vom Waschbrett zur vollelektrischen Waschmaschine

Der Durchbruch der automatischen Waschmaschine erfolgte erst relativ spät in der Geschichte der Nutzung der Elektrizität und verlief über mechanische und elektrische Zwischenstufen. In den dreissiger Jahren wurden bereits einzelne Arbeitsschritte des vielschichtigen Waschablaufs zumindest partiell elektrifiziert. Automatische oder «vollelektrische» Waschmaschinen gab es aber erst anfangs der fünfziger Jahre. Erst diese Modelle konnten den ganzen Waschprozess besorgen, vom Einweichen über das Kochen und Schwenken bis zum Schwingen.

Vor der Elektrifizierung unterschied man zwei verschiedene Typen des Waschens, die Grosswäsche und die Zwischenwäsche. Bei der Grosswäsche, die üblicherweise einmal pro Monat, alle drei oder alle sechs Monate stattfand, wurden grosse Wäschestücke wie Leintücher gewaschen. Bei der kleineren sogenannten Zwischenwäsche, die normalerweise jede Woche durchgeführt wurde, beschränkten sich die Frauen auf die Leibwäsche. Der Waschrhythmus wurde von der Saison bestimmt. Wegen der vielen landwirtschaftlichen Arbeiten im Sommer und der Kälte im Winter konnte während dieser Jahreszeiten keine Grosswäsche durchgeführt werden. Mit der Zeit etablierte sich in zunehmendem Masse die Waschküche. Sie verfügte in der Regel über fliessendes Wasser, Tröge, einen Waschhafen mit Holzfeuerung und elektrischen Strom. Die Waschküche markiert einen wichtigen Entwicklungsschritt in der Rationalisierung des Waschvorgangs. Diese Infrastruktur stellte bereits eine wesentliche Arbeitserleichterung dar. Die Verfügbarkeit von fliessendem Wasser, der Waschhafen und die Waschküche erlaubten bereits eine viel rationellere Gestaltung der Arbeit als zu Zeiten, als man noch im Freien wusch. Eine umfassende Arbeitsersparnis brachte die Waschküche aber nicht, nur eine partielle Erleichterung bei einzelnen Arbeitsschritten konnte erreicht werden. Die Grosswäsche bedeutete immer noch harte körperliche Arbeit. Sie war arbeits-, personen- und zeitintensiv, war also kaum alleine zu bewältigen. Die Frauen aus der Verwandtschaft taten sich deshalb für die Grosswäsche zusammen und unterstützten sich gegenseitig. Gutsituierte Frauen zogen zudem Störwaschfrauen bei.

Als erstes erlaubte nicht die Elektrifizierung, sondern die Mechanisierung des Waschprozesses eine Rationalisierung des Waschens. Die Wasserversorgung wurde im Baselbiet parallel zur Elektrifizierung eingerichtet. Die neu verfügbare Wasserversorgung erlaubte es, die ersten Waschmaschinen ans Wasser anzuschliessen und mit Wasserdruck anzutreiben. Diese Rationalisierung brachte aber steigende Wasserkosten mit sich, was die grossräumige Verbreitung dieser Waschmaschinenmodelle verhinderte.

Erst zum Teil elektrisch: Waschmaschine aus den Dreissigern mit externem Elektromotor zum Waschen und Schleudern.

An der Schwelle zur Moderne

In den dreissiger und vierziger Jahren wurden parallel zu diesen wasserbetriebenen Modellen erste elektrisch betriebene Waschmaschinen verkauft. Die Antriebsmotoren waren bei diesem Typ anfänglich nicht in die Geräte integriert, sondern aussen angebaut oder sogar ganz getrennt gehalten. Zwar wurden diese Maschinen nun von einem Elektromotor angetrieben, das Wasser musste aber weiterhin separat erhitzt und eingefüllt werden.
Nach dem Zweiten Weltkrieg kamen vermehrt kleine, halbautomatische Waschmaschinen auf. Diese Maschinen waren auf den durchschnittlichen Privathaushalt zugeschnitten und dienten der maschinellen Bewältigung der wöchentlichen Leibwäsche. Die Grosswäsche eines umfangreichen Haushalts konnte damit aber nicht erledigt werden. Dass die halbautomatische Waschmaschine ein Verkaufserfolg wurde, hängt mit ihrem verhältnismässig günstigen Anschaffungspreis zusammen. Die vollautomatischen Waschmaschinen kamen erst später in den fünfziger Jahren auf, erlebten aber rasch einen Aufschwung. Die Mithilfe von Störwaschfrauen beim Waschen erübrigte sich damit zunehmend. Die vollständige Elektrifizierung des Waschprozesses mit der vollelektrischen Waschmaschine zwang diese Frauen also ab den fünfziger Jahren zur Berufsaufgabe oder zu einem Berufswechsel.

Aufbau der Kernenergie und politische Widerstände

Wenige Jahre nach dem Zweiten Weltkrieg erreichte die Technik der Atomkraftnutzung einen Stand, der sie für die allgemeine Energieversorgung interessant machte. Auch die Genossenschaft Elektra Birseck beteiligte sich – im Einklang mit einem grossen Teil der Elektrizitätswirtschaft – an den ersten Initiativen der Atomenergiewirtschaft in der Schweiz. So beschloss der Verwaltungsrat der Elektra Birseck 1954, der Reaktor AG, einem Unternehmen für Atomkraftversuche, beizutreten. Die Reaktor AG wurde anfangs März 1955 mit einem Aktienkapital von 1 625 000 Franken gegründet. Finanziert wurde die Gesellschaft von der Industrie, von den Banken, den Versicherungsgesellschaften und vom Bund. Weitere finanzielle Beiträge steuerten die Elektrizitätswerke in Form der Ende 1954 gegründeten Reaktor-Beteiligungsgesellschaft bei, an der auch die Elektra Birseck beteiligt war. Die Arbeiten am Atomreaktor in der aargauischen Gemeinde Würenlingen wurden bereits im Gründungsjahr aufgenommen. Gegen Ende des Jahres 1956 nahmen zudem die Bundesbehörden die Vorarbeiten für eine künftig benötigte Atomgesetzgebung in Angriff. Aufgrund des steigenden Energiebedürfnisses der Schweizer war

Widerstand gegen «Kaiseraugst»: Demonstrierende Aktivisten auf dem Reaktor-Gelände 1985.

DIE GESCHICHTE DES KÜRZELS «EBM».
Die offizielle Bezeichnung der Genossenschaft lautete von Anfang an «Elektra Birseck». Um 1960 kam dann in der Verwaltung der Elektra Birseck in Münchenstein ein Registraturstempel für Posteingänge auf, der nicht mehr die Aufschrift «Elektra Birseck», sondern die Kurzform mit der Ortsinitiale des Hauptsitzes aufwies: «E.B.M.». Diese einprägsame Kurzbezeichnung setzte sich vor allem im mündlichen Gebrauch durch. Als in den folgenden Jahren im öffentlichen Schriftverkehr bei Abkürzungen mit Grossbuchstaben die Punkte abgeschafft wurden, entstand die heute gültige Kurzform «EBM». Sie erschien zum ersten Mal auf dem Umschlag des Geschäftsberichtes für das Jahr 1968.

Höhepunkt der Auseinandersetzungen um das Kernkraftwerk Kaiseraugst bildeten das Sprengen eines Hochspannungsmastes und die Brandstiftung am Informationspavillon. Im Bild Demonstranten am 2. November 1981 auf dem Pavillon.

damals eine baldige Nutzbarmachung der Atomenergie wünschenswert. Da die Gestehungskosten für elektrische Energie aus Atomkraftwerken aber noch deutlich über denjenigen für Strom aus Wasserkraft lagen, war bis dahin noch einiges an Forschungsarbeit zu leisten. Bis zum Bau des ersten Atomkraftwerks auf Schweizer Boden, das nicht mehr nur Forschungszwecken, sondern der kommerziellen Stromproduktion dienen sollte, waren auch noch Fragen wie die der Schutzvorrichtungen, der Abfallbeseitigung und Versicherungsfragen zu klären. Der Ausbau der Atomversuchsanlage in Würenlingen ging gut voran. Einer der beiden Reaktoren (Saphir) konnte bereits im Mai 1957 in Betrieb genommen werden. Die Bauarbeiten am zweiten Versuchsreaktor, dem ersten Schweizer Schwerwasserreaktor (Diorit), waren in diesem Jahr noch in Gang. Er konnte am 26. August 1960 eingeweiht und in Betrieb gesetzt werden. Im Verlaufe dieses Jahres gingen die von der Reaktor AG erstellten Forschungsanlagen in Würenlingen an das Eidgenössische Institut für Reaktorforschung (EIR) über, eine der Eidgenössischen Technischen Hochschule Zürich (ETH) angeschlossenen Anstalt. Die in der Reaktor AG vertretene Wirtschaft vermochte die enormen Kosten für die Fertigstellung und den Betrieb der Atomversuchsanlage nicht mehr zu tragen, weshalb die Anlage vollständig ins Eigentum des Bundes überging. Ebenfalls 1960 wurde die Nationale Gesellschaft zur Förderung der industriellen Atomtechnik

An der Schwelle zur Moderne

(NGA) gegründet, eine Aktiengesellschaft mit Sitz in Bern. Die NGA hatte zum Ziel, alle schweizerischen Unternehmen, die an der Entwicklung, am Bau und am Betrieb von Atomkraftwerken schweizerischer Konstruktion interessiert waren, zusammenzufassen. Die drei Gründungsaktionäre, die Energie Nucléaire SA in Lausanne, die Suisatom AG in Zürich und die Thermatom AG in Zürich, brachten das Grundkapital von 3,2 Millionen Franken auf. Als erstes wollte diese nationale Gesellschaft bei Lucens (Waadt) einen Reaktor mit einer thermischen Leistung von 30 000 kW bauen. Aufgrund der Beteiligung der Elektra Birseck an der Aare-Tessin AG für Elektrizität (Atel) war das Baselbieter Unternehmen, da die Atel Aktionärin der Suisatom AG war, am Rande in dieses Projekt involviert und auch bedingt mitspracheberechtigt. Mit den Bauarbeiten für das Versuchsatomkraftwerk von Lucens ist am 1. Juli 1962 begonnen worden. Die Inbetriebnahme war auf das Frühjahr 1965 vorgesehen. Die Arbeiten verzögerten sich aber, so dass das Versuchsatomkraftwerk erst im Dezember 1966 seine Arbeit aufnehmen konnte.

In der Zwischenzeit hatten erste Schweizer Energieproduzenten Pläne für Atomkraftwerke zur Stromerzeugung entwickelt. Am 18. Dezember 1964 haben die Nordostschweizerischen Kraftwerke AG (NOK) den Baubeschluss für die Erstellung eines Atomkraftwerks in Beznau mit Baubeginn im Frühjahr 1965 gefasst. Nach einer Bauzeit von rund vier Jahren sollte hier bei 7000 Betriebsstunden jährlich eine Produktion von 2,1 Milliarden kWh erreicht werden. Aber auch die Bernischen Kraftwerke AG (BKW) planten 1964 ihr erstes Atomkraftwerk bei Mühleberg unterhalb des Wohlensees.

In die gleiche Zeit fällt die Erhöhung des Aktienkapitals der Atel. An den Generalversammlungen der Aare-Tessin AG für Elektrizität der Jahre 1960 und 1961 wurde beschlossen, das Aktienkapital bedeutend zu erhöhen. Die Elektra Birseck beteiligte sich erneut gemäss ihrem Bezugsrecht von zehn Prozent, das ihr bei einem Partnerschaftsvertrag am 1. April 1959 zugestanden worden war. Durch diese Beteiligung war die Elektra Birseck immer wieder in Atomkraftwerkprojekte involviert. In den sechziger und siebziger Jahren baute die Atel die Kraftwerke in den Alpen und an den Flüssen sowie das Übertragungsnetz sukzessive weiter aus. 1968 sicherte sie sich dann vertraglich die Lieferung von Energie aus dem Kraftwerk Beznau. 1975 beteiligte sie sich am Kernkraftwerk Graben. Im gleichen Jahr erteilte das Eidgenössische Verkehrs- und Energiewirtschaftsdepartement dem Atomkraftwerk Gösgen-Däniken die nukleare Teilbaubewilligung. Seit 1976 besitzt die Atel 35 Prozent des Aktienkapitals der Kernkraftwerk Gösgen-Däniken AG. Die Arbeiten am Atomkraftwerk Gösgen begannen im Herbst 1973. Am 19. November 1979 wurde der Betrieb im Kernkraftwerk Gösgen aufgenommen.

Hochwasser 1973: Das Unterwerk Liesberg nahm grossen Schaden.

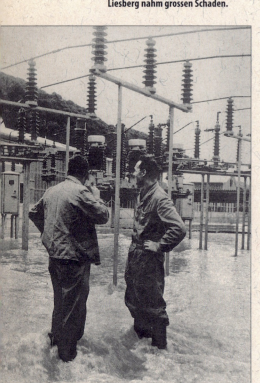

JAHR DES PECHS UND DER PANNEN.
Das Jahr 1973 ging als das Jahr der Störfälle in die Geschichte der Elektra Birseck ein. Zum einen waren wegen sehr starker Schneefälle im April Netzunterbrüche zu verzeichnen, zum anderen ereignete sich in diesem Jahr der grösste Schadensfall in der Geschichte der EBM: Am 23. und 24. Juni 1973 beschädigte ein ungewöhnlich starkes Hochwasser der Birs zwischen Grellingen und Münchenstein viele Anlagen und Sachgüter der Elektra Birseck. Pfeffingen musste während mehrerer Tage mit der Notstromgruppe des Wasserwerks Reinach mit Strom versorgt werden. Das Hochwasser betraf aber insbesondere die Anlagen in Münchenstein, unter anderem das Unterwerk. Von diesem Hochwasser war auch der Archivraum im Untergeschoss des Verwaltungsgebäudes betroffen, wodurch viele Unterlagen und Bilder aus der Firmengeschichte in Mitleidenschaft gezogen wurden.

In der Region Basel scheiterten mehrere Projekte für eine grosse Energieproduktionsanlage aus ganz verschiedenen Gründen. Unter diesen Projekten ist vor allem das Projekt Kernkraftwerk Kaiseraugst zu nennen. Es nimmt in der Basler Energiepolitik eine besondere Stellung ein. Zur Planungsgesellschaft, die in Kaiseraugst in der Nähe des grossen Stromverbrauchsgebietes Basel und Umgebung das Kraftwerk errichten wollte, gehörte auch die Atel. Mit ihr war damit wegen ihrer Beteiligung an der Atel auch die Elektra Birseck in die Kaiseraugster Kernkraftwerkpläne indirekt involviert. Der Bundesrat erteilte am 28. Oktober 1981 die Rahmenbewilligung für das Kernkraftwerk Kaiseraugst. Die Protestbewegung hatte sich nicht zuletzt dank vielen medienwirksamen Auftritten immer wieder Gehör verschafft. Zu den gewaltsamen Ereignissen jener Zeit gehörte die Sprengung eines Atel-Hochspannungsmastes bei Pratteln am 30. Februar 1983 sowie die Besetzung des KKW-Geländes durch Atomkraft-Gegner. Am 20. März 1985 stimmte der Nationalrat der Rahmenbewilligung für das Kernkraftwerk Kaiseraugst zu. Dreieinhalb Jahre später wurde der Schlussstrich unter das Kernkraftwerkprojekt Kaiseraugst gezogen, als sich der Bundesrat und die Kernkraftwerk Kaiseraugst AG am 14. September 1988 auf eine Entschädigung für die Nichtrealisierung des KKW im Umfang von 350 Millionen Franken zugunsten der Gesellschaft einigten. Der Ständerat genehmigte diese Abmachung am 8. Dezember 1988.

Ölkrise und Neuorientierung der Energiepolitik

Der Stromkonsum im Versorgungsgebiet der Elektra Birseck nahm in den siebziger Jahren enorm zu. Der gesamte Stromumsatz der EBM betrug 1972 mehr als 774 Millionen Kilowattstunden. In diesem Jahr kam auch noch die neue, sehr stromintensive Chlor-Elektrolyse-Anlage der Säurefabrik Schweizerhalle neu ans Netz. Damit wurde das Modell des Sonderstromtransits für einen einzelnen Grossabnehmer erstmals in grossem Umfang aktuell. 1974 setzten sich die Energieverbrauchstendenzen im Elektrizitätsgeschäft der Elektra Birseck noch fast unverändert fort. Damals vermerkte man: «Das Jahr 1974 dürfte als Rekordjahr in die Geschichte der Genossenschaft eingehen. Wir hatten Mühe, allen Begehren um Anschluss an das Netz rechtzeitig zu entsprechen. Das ganzjährig milde Wetter und die Hochkonjunktur auf dem Bausektor haben dazu geführt, dass wir eine noch nie erreichte Anzahl von Neuwohnungen (2600 Messeinrichtungen, Vorjahr 2200) anschliessen mussten.» Doch schon im nächsten Jahr machten sich die Auswirkungen der Ölkrise bemerkbar. Die Stromabgabe der Elektra Birseck nahm erstmals seit langem gegenüber dem Vorjahr um fast 5,5 Prozent ab. Nach Jahren der Hochkonjunktur machte sich eine Rezession breit. Von diesen unerwarteten wirtschaftlichen Schwierigkeiten aufgeschreckt, machte sich die Elektra Birseck zusammen mit der Schweizer Energiewirtschaft ans Ausarbeiten eines Alternativszenarios,

Sand im Getriebe: Die Ölkrise fegte Autobahnen leer und erinnerte an die Beschränktheit fossiler Energieträger.

An der Schwelle zur Moderne

das nicht mehr ein stetiges Wachstum vorsah. In den Jahren darauf sollte sich auch die Struktur der Stromlieferungen umschichten. 1975, zwanzig Jahre nach Beginn der Stromlieferung von Birsfelden, deckte die Energie aus dem Birsfeldener Rheinkraftwerk bloss noch sechzehn Prozent des Bedarfs des Nordnetzes der Elektra Birseck ab. 1985 bezog die EBM 136,3 Gigawattstunden (GWh) von Birsfelden, was 12,4 Prozent des gesamten Energieumsatzes der Genossenschaft entsprach, der in diesem Jahr 1225,9 GWh betrug. Nochmals zehn Jahre später, 1995 also, sank der Anteil noch einmal etwas auf 11,5 Prozent des Strombedarfs im Versorgungsgebiet der Elektra Birseck. 1980 wurde die Totalerneuerung des Hauptunterwerks in Münchenstein beschlossen. Der Neubau beanspruchte mit zwölf Millionen Franken den bisher grössten Einzelkredit in der Geschichte der Elektra Birseck. Neben den alten Fabrikanlagen entstand ein völlig neues Werkgebäude. Nach der Verlegung der grossen 50-kV-Leitungen aus dem alten in das neue Unterwerk Münchenstein im Jahre 1987 benötigte die Elektra Birseck das mehrmals den neuen Anforderungen angepasste Schaltwerk nicht mehr. Die neue Netzleitstelle im inzwischen erstellten Mehrzweckgebäude übernahm ab 1987 die Kontrolle und die Fernsteuerung der Netzanlagen.

Die Stromversorgung dominierte zwar weiterhin – und bis heute – die Geschäftstätigkeit der Genossenschaft. Daneben prüfte die Elektra Birseck aber verschiedene Wege einer nachhaltigeren Energiewirtschaft. Es zeigte sich bald einmal, dass mit verbesserten Verbrauchsgeräten und einem sorgfältigeren Betriebsverhalten sowohl am Arbeitsplatz als auch im Wohnbereich Energie gespart werden konnte. Im Jahr 1985 lancierte die Elektra Birseck in diesem Zusammenhang ihre langfristige Energiesparkampagne «Styg y, spar Energie». Zudem verbreitete sich die Erkenntnis, dass durch die Nutzbarmachung neuer Energiequellen die Abhängigkeit von nicht erneuerbaren Ressourcen wesentlich verringert werden konnte und auch musste.

DIE EBM – EINE GENOSSENSCHAFT.

Die Elektra Birseck Münchenstein versteht sich als eine grenzüberschreitende Genossenschaft zur direkten Stromverteilung an die Kunden. Heute leben etwa fünfzehn Prozent der insgesamt 40 000 Genossenschafterinnen und Genossenschafter im elsässischen Teil des Versorgungsgebietes. Damit die Elektra Birseck ihren Pflichten auch im elsässischen Versorgungsteil ohne Einschränkung nachkommen kann, wurde in Saint-Louis eine Geschäftsstelle errichtet. Die zentralen Leistungen beider Versorgungsgebiete werden aber in Münchenstein erbracht. In den Entscheidungsgremien der Genossenschaft, der Delegiertenversammlung und dem Verwaltungsrat, wurde auf eine angemessene Vertretung der elsässischen Mitglieder geachtet. Aus der Sicht der Genossenschaft, einer Personengesellschaft, sind auch heute noch alle Mitglieder gleichberechtigt.

Der Verwaltungsratsausschuss und die Direktion der EBM 1997 (von links nach rechts): Dr. Alex Stebler, Rudolf Weber, Fridolin Spaar, Max Grieder, Adrian Ballmer, Dr. Hans Büttiker, Paul Messmer und Dr. Rainer Schaub.

Überblickt man die 100 Jahre in der Geschichte der EBM, so zeigen sich die Leistungen, welche die Genossenschaft für die Wohlfahrt der Menschen in der Region erbracht hat, erst richtig: Der Aufbau einer leistungsfähigen Stromversorgung hat wesentlich zur wirtschaftlichen und gesellschaftlichen Modernisierung beigetragen. Die genossenschaftliche Organisation und das früh erwachende soziale und ökologische Bewusstsein haben auf der anderen Seite negative Auswirkungen des Wachstums in Grenzen gehalten. Dies ist mindestens ebenso bemerkenswert wie die Tatsache, dass die EBM trotz zweier Weltkriege das benachbarte Elsass stets zuverlässig mit Energie versorgte. Die Innovationskraft und das Traditionsbewusstsein dieses Unternehmens sind mit Sicherheit auch für die weitere Zukunft hervorragende Grundlagen.

Hundert Jahre Elektra Birseck – das ist nicht nur der Werdegang einer erfolgreichen Unternehmung oder die Chronik einer Elektrifizierung. 100 Jahre EBM sind zugleich Geschichte des Kantons Basel-Land, seiner industriellen Entwicklung, aber auch Teil der Elektrizitäts- und Energiepolitik unseres Landes. Es sind zugleich 100 Jahre Dienst an Staat, Wirtschaft und Gesellschaft. Kann man aus der Geschichte lernen? Vielleicht dies: Dass eine ausreichende, sichere und kostengünstige Stromversorgung für die Wohlfahrt der Menschen in unserem Land schlicht unverzichtbar ist. Energiepolitik sollte deshalb mit Ideologie wenig, viel aber mit Verantwortung und Augenmass zu tun haben.

Text: Dr. h. c. sc. techn. Michael Kohn

Die Elektrizität im Wandel der Zeit

Die Elektrizität im Wandel der Zeit

Begriff der «Elektrokultur». Wenn heute von Elektrizität, vom Strom gesprochen wird, dann wird alsbald die Verbindung zu Begriffen hergestellt, welche die heutige Energiedebatte kennzeichnen: Sparen, Diversifizieren und Entsorgen. Dabei wird übersehen, dass es bei der Elektrizität wie auch bei anderen Energieträgern vorerst einmal darum geht, zu versorgen. Es ist die Versorgungsaufgabe der EBM, die im Vordergrund steht, und es ist diese, die bei einem Hundert-Jahre-Rückblick in erster Linie zu würdigen ist. Denn es ist bei allen Vorbehalten, die man der Energie gegenüber aus ökologischen oder gesellschaftlichen Gründen geltend macht, die Gretchenfrage zu stellen, wie es denn wäre, wenn es sie nicht gäbe.

Wer das 100jährige Bestehen eines Stromversorgungsunternehmens würdigen will, muss auch kurz in die Zeit zurückblenden, in der das Unternehmen nicht bestand, die Elektrizität in den Kinderschuhen steckte. Es war die nostalgische Welt der Öllampe, der Kohlenschaufel, der Dampfmaschine und der schnaubenden Lokomotive. Es war aber auch die Welt der Landwirtschaft, des Handwerks, der Heimarbeit und des Kampfes um materielle Besserstellung. Mit der technischen Nutzbarmachung der Elektrizität trat neben die damals vorherrschende Kohlewirtschaft ein neuer Energieträger, der eine rasche Verbreitung gefunden und die wirtschaftliche Entwicklung unseres Jahrhunderts entscheidend mitgeprägt hat. Es kam nicht von ungefähr, dass an der Landesausstellung 1939 in Zürich der Pavillon «Elektrizität» als Denkmal für unseren einzigen Rohstoff, die «weisse Kohle», gewertet und in der Kriegszeit als Symbol für unsere industrielle Leistungsfähigkeit und unseren wehrwirtschaftlichen Durchhaltewillen betrachtet wurde. Die Elektrifizierung unserer Bahnen war Ausdruck der Kombination von schweizerischer Ingenieurkunst und Zuverlässigkeit. Es fällt in der Tat nicht schwer, beim Jubiläum einer Elektrizitätsunternehmung das Hohelied der Elektrizität zu singen, ob das Ereignis nun in der Schweiz oder anderswo stattfindet. Der elektrische Strom hat überall in der Welt einen festen Platz in der Energieversorgung.

Grund für die Beliebtheit des elektrischen Stroms ist die Sauberkeit der Handhabung, der komfortable Einsatz und die Vielfalt der Energieträger, mit denen er sich erzeugen lässt. Sowohl in der Industrie wie im Gewerbe, in der Landwirtschaft, im Betrieb wie im Haushalt schätzt man seine Vorzüge. Die Elektrizität hat den Ersatz vieler geisttötender manueller Tätigkeiten durch die Maschine und das technische Gerät ermöglicht. Der deutsche Sozialist August Bebel schwärmte 1909 in seinem Buch «Die Frau und der Sozialismus» vom elektrifizierten Zukunftsparadies, prägte den Begriff der «Elektrokultur» und sah im Strom ein Mittel zur Befreiung der Frau von der Sklavenarbeit in Küche und Haushalt.

Am meisten verdankt die Elektrizität ihre Marktdurchdringung jedoch ihren universellen Anwendungsmöglichkeiten. Sie spielt eine Schlüsselrolle bei den Produktionsprozessen, und die anderen Energieträger, Erdöl, Gas, Kohle usw., sind für Zündung, Steuerung und die Hilfsapparate von der Stromzufuhr abhängig. Ohne elektrischen Strom geht überhaupt nichts. Bevölkerung und Wirtschaft blieben während des Zweiten Weltkrieges nicht zuletzt deshalb von den Härten einer akuten Energieknappheit verschont, weil unser Land damals über eine genügende Stromversorgung verfügte. Müssten wir uns für einen Energieträger entscheiden, ja auf einen Energieträger zurückziehen, dann wäre dies die Elektrizität. Sie bildet unser energiepolitisches Réduit.

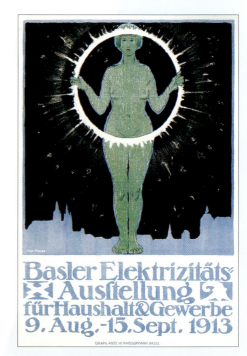

Strom für alle Lebenslagen: Vor und während des Ersten Weltkrieges begann die elektrische Energie ihren Einzug in die Haushaltungen und ins Gewerbe.

ZURÜCKHALTENDES WACHSTUM.

Trotz der intensiven Elektrifizierung haben die Schweizer, haben die Basellandschäftler mit dem Energieverbrauch nicht überbordet. Pro Kopf der Bevölkerung braucht der EBM-Konsument im Jahr rund 6900 Kilowattstunden, der Schweizer rund 6700 Kilowattstunden. Der Durchschnitt aller OECD-Länder beträgt rund 6850 Kilowattstunden pro Kopf. Die Zahlen zeigen, dass die Expansion der Elektrizität in der Schweiz trotz eindrücklicher Zuwachsraten im Rahmen des Mittels der Industriestaaten geblieben ist. Auch wenn der schweizerische Elektrizitätsverbrauch wegen der Universalität des elektrischen Stroms, wegen seines engen Zusammenhangs mit dem Wirtschaftswachstum und wegen der Erdölsubstitution in den Nachkriegsjahren stark angestiegen ist, so bewegt er sich doch immer noch nicht an der Spitze der industrialisierten Länder.

Die EBM hat sich nicht nur ihrer engeren Versorgungsaufgabe gewidmet, hat nicht nur gewichtige Teile des Kantons Basel-Landschaft (und einen winzig kleinen Teil Frankreichs) versorgt, sondern die gedeihliche Entwicklung des Kantons, zusammen mit der Elektra Baselland, begleitet, ja erst ermöglicht. Seit der Gründung der EBM im Jahre 1897 stieg der jährliche Absatz an elektrischem Strom im Versorgungsgebiet der EBM von damals 337 000 Kilowattstunden bei einer Bevölkerung in ihrem Einzugsgebiet von 56 900 Personen auf heute 1403 Millionen Kilowattstunden bei einer Bevölkerung von 203 200 Personen. Einer jährlichen Zunahme der Bevölkerung von durchschnittlich 1,2 Prozent steht in diesen 100 Jahren ein jährliches, mittleres Wachstum des Stromkonsums von 9,2 Prozent gegenüber. Eindrücklich ist das Ausmass der Elektrifizierung in der Zeit nach dem Zweiten Weltkrieg. Beim runden Jubiläum vor 50 Jahren betrug der Umsatz der EBM 189 Millionen Kilowattstunden, seither ist er auf das 7,4fache oder 1403 Millionen gestiegen. Die Zahl der im Wirkungskreis der EBM lebenden Bevölkerung stieg in den letzten 50 Jahren nicht um das 7,4fache, sondern um das 2,2fache. Der Zuwachs im Bedarf an elektrischer Energie übertraf das Wachstum der Bevölkerung, des Bruttosozialprodukts und des Gesamtenergiekonsums. Erst in den letzten Jahren hat sich die Zuwachsrate des Stromkonsums verflacht.

Die Zunahme des Elektrizitätskonsums der letzten Jahrzehnte kam übrigens ohne starke Substitution des Erdöls durch Penetration der Elektrizität in den Wärmemarkt zustande. Diese machte trotz Ölkrisen nur ein Zehntel des Zuwachses aus. Die Werke, so auch die EBM, waren mit Blick auf die Netzbelastung mit den Anschlüssen für elektrische Heizungen aus praktischen, nicht aus dogmatischen Gründen eher zurückhaltend. Die von alternativen Energiepolitikern vertretene These, neue Werke, gemeint sind Kernkraftwerke, seien vor allem wegen der elektrischen Heizung gebaut worden, hält nicht stand. Der Anteil der Elektrowärme am gesamten Stromkonsum im Einzugsgebiet der EBM beträgt lediglich ein Dreissigstel. Der Stromkonsum stieg, wenn auch mit immer kleiner werdenden Zuwachsraten, vor allem wegen ungestillter Bedürfnisse in Haushalten, im Dienstleistungssektor, für Produktivitätssteigerungen, für die Infrastruktur, für den Umweltschutz und zur Schaffung von Arbeitsplätzen. Das sind legitime Ansprüche. Als in den letzten Jahren in der Schweiz Arbeitsplätze verloren gingen, sank auch die Zunahme des Stromkonsums. Während einiger Jahre war der Stromverbrauch sogar rückläufig.

Ganz verzichten sollte man – den Unkenrufen zum Trotz – auf die Elektrowärme nicht, vor allem in abgelegenen Gebieten, in denen nur ein elektrisches und kein anderes Leitungsnetz besteht. Dem Vorwurf, Strom aus Kernkraftwerken sei für Heizzwecke zu schade, ist einmal entgegenzuhalten, dass Uran für nichts anderes gebraucht werden kann als für die Erzeugung von Elektrizität und Wärme. Erdöl, Gas, Kohle dagegen dienen auch als Rohstoffe für die Chemie und die Nahrungsmittelproduktion. Fällt das Erdöl aus, so heizt man auch gern mit Elektrizität – hochwertig hin oder her. Bevor wir verdursten, trinken wir auch Champagner. Aber in Bälde wird die These, die Elektrowärme bedinge den Bau oder die Erhaltung der hiesigen Atomkraftwerke, überholt sein. Mit der Öffnung der Märkte und der Europäisierung der Stromversorgung werden Strompakete in unser Land gelangen, deren technische Provenienz (Öl, Gas, Kohle, Wasserkraft oder Uran) gar nicht auszumachen ist. Elektrizität ist dann einfach Elektrizität. Diese Einsicht ist

Die Elektrizität im Wandel der Zeit

auch der Grund, warum bei der Formulierung des Energiegesetzes, das im Jahre 1997 parlamentarisch behandelt wird, starke Kräfte für eine Aufhebung der Bewilligungspflicht für ortsfeste Elektroheizungen votieren. Wenn die EBM mit der Verbreitung der reinen Elektroheizung zurückhaltend gewesen ist, so hat sie sich gleichwohl im Wärmemarkt eingenistet, wo sie Wärmedienstleistungen durch Wärme-Kraft-Kopplungen oder durch die Kombination von Blockheizkraftwerken und Wärmepumpen angeboten hat. Die EBM hat, manchmal auch als Generalunternehmerin, auf dem Wärmesektor eine erspriessliche Tätigkeit entwickelt und fossile Brennstoffe gespart.

Haupteigenschaft der Elektrizität ist aber – im Gegensatz zum Erdöl – ihre Eignung als Produktionsenergie. Die Abnehmer des elektrischen Stroms befanden sich im Jahre 1996 im Kanton Basel-Landschaft zu einem guten Drittel in der Kategorie Haushalte, zu fast zwei Dritteln in den Kategorien Industrie, Gewerbe, Landwirtschaft und Dienstleistungen. Die Aufteilung entspricht ungefähr dem schweizerischen Muster. Beim Erdöl ist es gerade umgekehrt; dort geht nur knapp ein Drittel in die Industrie und das Gewerbe. Da also die Elektrizität das Rückgrat der industriellen Produktion ist und nicht gespeichert werden kann, ist die sichere, störungsfreie Versorgung das oberste Gebot jeder Betriebsführung. Den 50 000 in der schweizerischen Energieversorgung und speziell den rund 20 000 in der Elektrizitätswirtschaft tätigen Frauen und Männern, die Tag und Nacht in den Zentralen und im Verteilsystem bis zu den Kunden ihren Pflichten nachkommen, muss angesichts der oft überbordenden Kritik an den Unternehmungen der Energiewirtschaft der Dank für ihren zuverlässigen Dienst ausgesprochen werden.

Die starke Verbreitung der Elektrizität im Produktionsprozess lässt auch erkennen, wie empfindlich unser Wirtschaftsmechanismus auf Versorgungslücken im Strombereich reagieren würde. Darum ist die Forderung nach Sicherheit in der Stromversorgung und nach Bereitstellung der notwendigen Reservekapazitäten so berechtigt. Während beim Erdöl Auswirkungen von Engpässen auf die Produktion bei einer Unterversorgung von 10 Prozent spürbar werden, liegt die zulässige Schwelle für die Elektrizität schon bei 5 Prozent. Berechnungen für die Schweiz haben gezeigt, dass die Einbusse am Bruttosozialprodukt durch einen anhaltenden Stromausfall 30mal mehr Verlust bringt, als der ausgefallene Strom wert ist. Mit anderen Worten: Der Mangel an einer Kilowattstunde elektrischer Energie mit einem Wert von 10 Rappen verursacht einen volkswirtschaftlichen Schaden von 3 Franken. Der Ruf nach einer sicheren, ausreichenden Elektrizitätsversorgung hat in letzter Zeit an Resonanz verloren, weil in Europa eine Stromschwemme herrscht. Da meint mancher, dies würde ein Dauerzustand bleiben. Branchenkenner sagen voraus, dass diese Überschuss-Situation vielleicht noch 10 Jahre dauern könnte, dass sich dann der Überfluss schrittweise zurückbilden wird. Entstanden ist er durch die europaweite wirtschaftliche Flaute und den exorbitant starken Verlust an Arbeitsplätzen. Europa zählt nach verschiedenen Schätzungen heute etwa 24 Millionen Arbeitslose. Diese Entwicklung hat Prognostiker, Manager und Wirtschaftsexperten überrascht. Die Stromschwemme kam quasi über Nacht. Sie wird durch das Angebot von Strom aus dem ehemaligen Ostblock und speziell aus Russland verschärft. Da aber die Bekämpfung der Arbeitslosigkeit und die Ankurbelung der Wirtschaft zu den vordringlichen Anliegen der europäischen

Stolzer Ausdruck schweizerischer Ingenieurkunst und Zuverlässigkeit: Die Elektrifizierung der Bahnen. Plakat aus dem Jahr 1948.

PARTNERSCHAFTLICHE STROMVERSORGUNG.

Auf dem Gebiete der Stromversorgung ist aus freien Stücken eine Idee verwirklicht worden, die auf dem Prinzip der Partnerschaft beruht und bei welchem die Schweizer Partner durch eine ausgeglichene Balance von Leistung und Gegenleistung ihre Stromversorgung gemeinschaftlich regeln. Eine ähnliche Gemeinsamkeit ist dank einem leistungsfähigen, internationalen Verbundnetz unter den Elektrizitätsgesellschaften Europas entstanden, die einen intensiven Stromaustausch pflegen und dabei Überschüsse verwerten und Mankos ausgleichen. Das Europa der Elektriker funktioniert besser als das Europa der Politiker. So ergibt sich denn an diesem Jubiläumstag, an welchem eine Ode an die Elektrizität zu komponieren leichtfällt, das Bild eines traditionsreichen Unternehmens, das den Konsumenten Licht, Kraft und Wärme liefert, an jedem Ort, zu jeder Zeit und zu annehmbaren Preisen. Das verdient Anerkennung.

Politik gehören, ist eine graduelle Absorption des Überflusses voraussehbar – es sei denn, die Schaffung von neuen Arbeitsplätzen käme mit Blick auf die internationale Konkurrenz nicht zustande. Dann würde nicht der Stromüberfluss, sondern das soziale Klima die Hauptsorge Europas werden, wenn sie es nicht schon ist.

Ein Hundert-Jahre-Rückblick auf die Entwicklung der Schweizer Stromversorgung und speziell diejenige der EBM macht auch deutlich, dass sie eine wichtige volkswirtschaftliche Bedeutung hat. Durch den Bau eigener Stromerzeugungs- und Verteilanlagen wurde im Inland Wertschöpfung betrieben. Es wurden Sachwerte von unschätzbarer Bedeutung und ein Volksvermögen geschaffen, das zum grössten Teil Kantonen und Gemeinden gehört. Hunderttausende von Obligationären haben ihre Ersparnisse darin investiert. Das heute in die Elektrizitätsversorgung der Schweiz investierte nominale Kapital beträgt circa 40 Milliarden Franken. Daran ist das Verteilnetz der EBM mit einem nominalen Erstellungswert von rund 372 Millionen Franken beteiligt. Der direkte Anteil der EBM an den ihr dienenden Stromerzeugungsanlagen (Anteil an Wasserkraft, Wärme-Kraft-Kopplungs- und anderen thermischen Anlagen) beträgt nominell 41 Millionen Franken. Auch diese Zahlen geben Hinweise auf die Bedeutung einer EBM.

Eine letzte Errungenschaft, die bei einem Hundert-Jahre-Rückblick zu loben wäre, ist die verbindende Kraft der Elektrizität für die interkantonale und internationale Kooperation. Elektrische Leitungen verbinden nicht nur Werke und Schaltstationen, sondern Kantone und Regionen. So ist die EBM eine loyale Aktionärin der Aare-Tessin AG für Elektrizität (Atel) und ist damit in das Produktions- und Verteilsystem dieses grossen Überlandwerks eingebettet. Neuerdings hat sich der Aktionsradius der Atel durch das Zusammengehen der Motor-Columbus/Atel-Gruppe mit grossen europäischen Partnern ausgeweitet. Dazu kommt, dass die EBM an gewissen Einspeisepunkten auch von der BKW Energie AG beliefert wird.

Wie ist es nun aber zu erklären, dass diese Elektrizität – Dienerin des Menschen, wie wir doch meinen – und dass die Elektrizitätswerke unseres Landes – Dienstleistungsunternehmen par excellence, wie wir doch vorgeben – trotz hervorragender Leistungen nicht ungeteilten Beifall, nicht volle Sympathie, nicht rückhaltlose Unterstützung finden, sondern auch auf Skepsis, Unbehagen, ja Antipathie stossen? Was ist der Hinderungsgrund dafür, dass die Jubiläumsschrift am 100. Geburtstag der EBM nicht einfach die um 25 oder 50 Jahre angereicherte Extrapolation früherer Jubiläumsschriften sein kann, ohne Anhängsel von Wenn und Aber? Woran liegt es, mit anderen Worten, dass nach der Würdigung der Rolle der EBM und nach der verdienten Gratulation nicht einfach zur Tagesordnung übergegangen werden kann? – Es liegt an Entwicklungen und Umwälzungen, die genau in diesen letzten Jahrzehnten stattgefunden und welche die Elektrizitätswirtschaft mitten ins Spannungsfeld zwischen Technik und Gesellschaft gestellt haben. Ein runder Geburtstag ist Anlass genug, sich darüber Gedanken zu machen, warum die Elektrizität aus der unprätentiösen Selbstverständlichkeit ins öffentliche Rampenlicht und sogar auf die Anklagebank gezerrt wurde. Woran liegt es?

Es liegt daran, dass die Stromversorgung im Wandel der Zeit in grössere politische, wirtschaftliche und gesellschaftliche Zusammenhänge gestellt wurde und im Zuge von ganzheitlichen Betrachtungen ein neues Rollenverständnis erhielt. Im fol-

Die Elektrizität im Wandel der Zeit

genden sollen die Richtungen aufgezeichnet werden, in welche sich das Thema «Elektrizität» in den letzten Jahrzehnten, genauer gesagt: seit dem Ölschock und der Energiekrise der Jahre 1973/74 im Anschluss an den Yom-Kippur-Krieg, bewegt hat:

▲ Da ist einmal die konzeptionelle Stossrichtung zu nennen, die dazu führte, die Elektrizität in den Rahmen einer schweizerischen Gesamtenergiekonzeption einzubetten.

▲ Dazu kam ferner die technologisch-gesellschaftspolitische Stossrichtung, die Fragen der Akzeptanz von neuen Technologien aufwarf, welche sich nach der Erdölkrise als Alternative anboten. Damit rückte auch die Ökologie in den Vordergrund.

▲ Schliesslich ist die europäische Stossrichtung zu beachten, welche die schweizerische Stromversorgung in einen internationalen Kontext gestellt hat und als Folge zum Konzept der Marktöffnung führte.

Diese drei Stossrichtungen haben der Stromversorgung neue Dimensionen verliehen. Sie sollen nachstehend mit einigen Pinselstrichen skizziert werden.

GESAMTENERGIEKONZEPTION UND EBM.
Die Schweiz und damit auch die EBM tun gut daran, sich nach wie vor an die Postulate der Gesamtenergiekonzeption zu halten, wonach eine Stromversorgung anzustreben ist, die ausreichend, wirtschaftlich und umweltschonend ist. Das sind sinngemäss auch die Leitplanken, die der Verfassungsartikel und das heranreifende Energiegesetz der Energieversorgung setzen. Die EBM ist ihnen gefolgt.

Von der Elektrizität zum Energiesystem. Blickt man auf die Geschichte schweizerischer Stromunternehmungen zurück, so kann man feststellen, dass die Gewährleistung einer sicheren, ausreichenden und wirtschaftlichen Versorgung zu den Konstanten der Unternehmungspolitik gehört. Auf dieses Ziel waren die Anstrengungen des Betriebs gerichtet, und dabei wird es auch in den nächsten 100 Jahren bleiben. Aber es ist auch Wandel festzustellen. Man könnte ihn mit dem Stichwort charakterisieren: «Von der Elektrizität zum Energiesystem».

Vor dreissig, ja noch vor zwanzig Jahren, etwa bis zur Zeit der ersten grossen Ölkrise, wurde Energie mit Elektrizität gleichgesetzt. Noch heute entstehen in der Tagespolitik laufend Missverständnisse, weil Energie mit elektrischem Strom identifiziert wird. Das hat vielerlei historische, betriebliche, ja kriegswirtschaftliche Gründe. Tatsache ist, dass die Elektrizität nur zwanzig Prozent des gesamten schweizerischen Energiekonsums belegt. In der Kriegs- und Nachkriegszeit war jedenfalls Energiepolitik gleich Elektrizitätspolitik. Bund und Elektrizitätsunternehmungen bestimmten unbehelligt den Gang der Dinge. Als im Jahre 1965 das Eidgenössische Verkehrs- und Energiewirtschaftsdepartement (EVED) einen Bericht der zehn grössten Werke (Zehn-Werke-Bericht) von einer speziellen Kommission überprüfen liess, war die Elektrizitätswirtschaft praktisch unter sich. Heute ist das anders: Im Fall Kaiseraugst musste sie froh sein, bei der Frage des Bedarfsnachweises in der 21köpfigen Eidgenössischen Energiekommission (EEK) mit einem offiziellen Vertreter dabei sein zu dürfen. In der Kommission EGES, die den Ausstieg aus der Kernenergie zu behandeln hatte, war die Kernenergie- respektive Stromwirtschaft überhaupt nicht vertreten. Energiepolitik war, wie Bundesrat Ritschard bei der Gründung der Eidgenössischen Kommission für Gesamtenergiekonzeption (GEK) richtig voraussagte, nicht mehr Sache der Werkdirektoren und Techniker; es sind in der Folge die Ökologen, Soziologen und Alternativpolitiker auf den Plan getreten. Die Ausweitung der Energiediskussion und ihre Entwicklung zu einem multidisziplinären Prozess, bei dem umfassende, vernetzte Betrachtungen gefragt waren, führte dazu, dass auch Erdöl, Erdgas, Kohle, erneuerbare und sanfte Energien ins Blickfeld gerieten. Anfänglich waren für die Stromwirtschaft Themen wie beispielsweise die Rollenverteilung zwischen der Elektrizität und den andern Energieträgern oder die Perspektiven von alternativen, additiven oder sanften Energieträgern von wenig Interesse. Vor der gleichen neuen Situation standen auch die andern Energiebranchen. Wer kümmerte sich bei der Erdölwirtschaft, die lange Zeit im Schatten wirkte, um elektrizitätspolitische Fragen? Heute ist das Verständnis für das vernetzte Denken überall gewachsen. Schon rein branchenmässig hat sich der Horizont ausgeweitet.

Diese Ausweitung wurde durch die Gesamtenergiekonzeption (GEK) bewerkstelligt. Mit Blick auf die Ballung von Problemen zu Beginn der siebziger Jahre (Energiekrise, Ölboykott, Warnungen des Club of Rome) beschloss der Bundesrat im Jahr 1974 die Bildung jener legendären «Kommission GEK», deren Bericht noch heute zitiert und zu Hilfe genommen wird. Im Rahmen der Arbeiten dieser Expertengruppe, die zu präsidieren der Verfasser dieses Artikels die Ehre hatte, war auch die Rolle der Elektrizität neu zu umschreiben. Es soll hier nicht auf Details eingegangen werden; aber einige Thesen und Resultate sollen nochmals in Erinnerung gerufen werden, weil sie zu Leitlinien schweizerischer Energiepolitik geworden sind und auch die Elektrizitätswirtschaft berühren. Man darf sie bei einem Hundert-Jahre-Jubiläum nochmals Revue passieren lassen.

Zum allgemeinen Teil gehörte auch das heute erst recht geltende Postulat, dass der Staat die Marktkräfte und die Eigeninitiative der Wirtschaft ergänzen und nicht ersetzen soll. Einem übermässigen Etatismus war die Philosophie der GEK abhold. Sie legte deshalb bei der Präsentation ihrer Szenarien Wert auf jene mittleren, moderaten Lösungen, die sich sowohl vom «Laisser-faire» distanzierten als auch vom ökologischen Rigorismus und von den Nullwachstumsideen. Der Energieartikel 24^{octies} in der Bundesverfassung, ein GEK-Derivat, bewegt sich auf dieser mittleren Linie. Und wenn das darauf aufbauende Energiegesetz in seiner Tonalität dem Vorschlag des Bundesrates folgt und noch einige interventionistische Misstöne ausgemerzt werden, entspricht er vollauf dem Gedankengut, das die damalige GEK-Kommission prägte. Die GEK stellte fest, dass Energie nicht gleich Elektrizität ist. Die Entwicklung des gesamten Energieverbrauchs folgt anderen Gesetzen als der Elektrizitätsverbrauch. Während beim Gesamtenergiebedarf ein reduziertes Wachstum veranschlagt wurde, wurde beim Elektrizitätskonsum mit höheren jährlichen Wachstumsraten gerechnet; geschätzt wurden sie bis zur Mitte der achtziger Jahre mit jährlich rund 3 Prozent, was auch eintraf, während der Gesamtbedarf jährlich nur um 0,7 Prozent stieg. In der Zwischenzeit sind die Zuwachsraten beim Strom ebenfalls spürbar gesunken, nicht zuletzt wegen der wirtschaftlichen Flaute. Im Jahre 1993 hat der Stromkonsum der Schweiz zum ersten Mal seit langer Zeit abgenommen, und

In Anlagen wie hier in Emosson stecken schweizweit insgesamt 40 Milliarden Franken Investitionskapital.

Die Elektrizität im Wandel der Zeit

zwar um 1,3 Prozent. Die Kehrseite und Erklärung dafür sind die steigenden Arbeitslosenzahlen unseres Landes. Wohlstand und Stromverbrauch sind eng verbunden. Falls die Wirtschaft wieder in Gang kommt, wird auch der Stromkonsum wieder zunehmen, denn Strom ist eine typische Produktionsenergie. Wenn der Strom fehlt, fehlt er am Arbeitsplatz. Vom Standpunkt der Elektrizitätswirtschaft ist auch von Interesse, was die GEK zur Kernenergie aussagte. Die GEK-Kommission kam zum Schluss, dass die Kernenergie verwendungswürdig ist, allerdings nach der Leitlinie: nicht so viel wie möglich, sondern so viel wie nötig. Politisch wurde diese Einschränkung später durch die Einführung des Bedarfsnachweises für Kernkraftwerke realisiert. Die Kernenergie sollte gemäss GEK nach dem Ausbau der Wasserkräfte vor allem für die Stromversorgung herangezogen werden und dabei nach der «Fifty-fifty»-Formel ermöglichen, dass im Jahr 2000 der elektrische Strom zu 50 Prozent in Wasser- und zu 50 Prozent in Nuklearkraftwerken hergestellt wird. Heute ist das Verhältnis bezogen auf die inländische Produktion bekanntlich 60 zu 40 Prozent. Rechnet man hinzu, dass mittlerweile schweizerische Elektrizitätsunternehmungen mit der Electricité de France Lieferverträge abgeschlossen haben, die grosso modo der jährlichen Produktion von zwei Kernkraftwerken entsprechen, so wird die 50-Prozent-Balance erreicht. Die GEK scheint auch hier recht bekommen zu haben. Nur stehen die zwei als Ersatz für «Kaiseraugst» und «Graben» fungierenden Werke nicht am vorgesehenen Ort, sondern in Frankreich, nahe der Schweizer Grenze.

Es wird zwar heute aus einer engstirnigen Betrachtung heraus argumentiert, die Zusatz- und Hilfsverträge mit Frankreich wären angesichts der Stromschwemme gar nicht nötig gewesen, und es sei den Atomgegnern Dank dafür abzustatten, dass «Kaiseraugst» nicht gebaut wurde. Diese Rabulistik übersieht, dass «Kaiseraugst» in Frankreich steht und dass die wirtschaftliche Rezession in Europa relativ rasch und unvermittelt hereinbrach, so dass Überschüsse entstanden. Die Kehrseite der Medaille besteht allerdings in einer hohen Zahl von Arbeitslosen. Diese hätten lieber einen Arbeitsplatz mit entsprechender Verwendung der kritisierten Überschüsse, als hämische Klagen mitanhören zu müssen, die Elektrizitätswirtschaft habe überinvestiert.

**Strom als Produktionsenergie:
Ohne Elektrizität keine Arbeitsplätze.**

Wesentlich in den Befunden der GEK waren die Aussagen über den Energiemix. Im Vordergrund stand das Postulat der Substitution; ein Anteil von 80 Prozent des Erdöls an der Energiebilanz schien sachlich und politisch inakzeptabel. Für das Jahr 2000 wurde ein Rückgang auf 60 Prozent postuliert. Es ist fast soweit. Dem Gas wurde ein spürbarer Fortschritt bis in die Nähe von 12 Prozent, der Elektrizität ein solcher auf 22 Prozent vorausgesagt. Diese Perspektiven scheinen Realität zu werden. Den erneuerbaren Energien wurden Chancen eingeräumt, aber eher langfristiger Natur.

DIE KERNSÄTZE DER GEK.
Die GEK hat ihrem Konzept folgende grundsätzliche Betrachtungen vorangestellt:

«Die Nachwelt wird uns nach unseren Taten und nicht nach unseren Worten beurteilen: daran, wie wir das Energieproblem gelöst, und nicht, wie wir es zerredet haben. Unsere Nachkommen werden uns nicht daran messen, wie dick die Bände unserer Energiekonzepte, sondern die Wände unserer Häuser waren; wie wir die Ressourcen und nicht unser Portemonnaie geschont haben. Deshalb ist unser Energiekonzept auf die praktische Verwirklichung angelegt. Nicht nur das Ziel erkennen ist wichtig, auch den richtigen Weg finden ist entscheidend. Der Weg ist das Ziel.»

«Energiepolitik treiben heisst nicht nur, einleuchtende Postulate aufstellen, sondern Ideen schrittweise in die Wirklichkeit umsetzen, Massnahmen praxisnah gestalten und auch vollziehen. Kreativität allein genügt nicht; auch auf die Realisierung und die Realisierbarkeit kommt es an. Wenn wir in der Energiefrage etwas bewegen wollen – und das müssen wir –, dann wird unser Vorhaben nicht allein durch grossangelegte Entwürfe, sondern nur durch mühselige Kleinarbeit in Bund, Kantonen und Gemeinden, in Industrie, Verkehr und Haushalt gelingen. Deshalb muss ein Konzept auf dem Boden der Realitäten stehen. Es muss Neues schaffen, ohne Bewährtes über Bord zu werfen. Es muss eine Vision haben, ohne Illusionen zu wecken. Es hat an den Menschen von morgen zu denken und muss mit dem Menschen von heute rechnen.»

Hauptpfeiler der Gesamtenergiekonzeption waren aber die drei Postulate «Sparen», «Diversifizieren» und «Forschen». Vor allem die ersten beiden haben im Verfassungsartikel und im Energiegesetz Anklang gefunden. Dieses ist vornehmlich ein Spargesetz. Es berührt auch die Elektrizitätswirtschaft. Nur hat diese die Zeichen der Zeit aus eigenem Antrieb längst erkannt. In der Branche, wie auch bei der EBM, werden Sparen, rationelle Stromverwendung und Innovation bei den Elektrizitätsanwendungen grossgeschrieben. Ökologische Anliegen beeinflussen die Tätigkeit der Elektrizitätswerke auf Schritt und Tritt. Ausbildung, Lehre, «Demand Side Management», Sparaktionen, Aufklärung und Dialog mit den Konsumenten sind an der Tagesordnung. Mit dem Prix «eta» werden jedes Jahr Erfindungen und Entwicklungen im Bereich der rationellen Energieanwendung ausgezeichnet. Das Energiespardenken hat auch auf die Industrie übergegriffen. Bei den grossen Unternehmungen wird es schon seit langer Zeit praktiziert, bei mittleren oder kleinen Unternehmungen gewinnt es ebenfalls an Boden. Der Anteil der Industrie am Gesamtenergieverbrauch des Landes ist von 28 Prozent im Zeitpunkt der Energiekrise auf heute 18 Prozent gesunken. Zur Verbreitung des Spargedankens hat auch das bundesrätliche Projekt «Energie 2000» beigetragen, das mit einer Mischung von Freiwilligkeit und gesetzlicher Vorschrift versucht, dem Postulat des Sparens Rückenwind zu geben, und zwar mit einigem Erfolg. Immerhin ist die Schweiz eines der wenigen Länder, welche die aus der internationalen Klimakonvention hervorgegangene Empfehlung, die CO_2-Emissionen bis im Jahr 2000 auf das Niveau des Jahres 1990 herunterzufahren, mit aller Wahrscheinlichkeit erfüllen werden. Es muss weiterhin das Ziel schweizerischer Energiepolitik sein, das wirtschaftliche Wachstum, wenn es denn eintritt, mit immer weniger Energie- beziehungsweise Elektrizitäts-Input zu erreichen. Gänzlich wegsparen kann man den Stromkonsum aber nicht.

Mit dem Prix «eta» fördert die Elektrizitätswirtschaft den vernünftigen Umgang mit Energie.

Der Strom in der gesellschaftlichen Arena. Wenn die Elektrizität trotz ihrer wirtschaftlichen und praktischen Bedeutung nicht ungeteilten Beifall findet, dann liegt es auch daran, dass unser Jubiläum in eine Epoche fällt, in der bei vielen Menschen das Gefühl überhand nimmt, dass keine noch so ausgefeilte Technik eine Lösung menschlicher Probleme anbieten kann und dass der industrielle Aufschwung zur Isolation des Menschen beigetragen hat. Dies verleitet viele unserer Mitbürger zur Fehlüberlegung, dass durch das Zurückdrehen des Rades der Zivilisation ein vermeintlicher früherer Glückszustand wieder hergestellt werden könnte. Die Elektrizitätswirtschaft wird dabei ohne ihren Willen zur Arena, in welcher diese weltanschauliche Ausmarchung ausgetragen wird.

Darum nehmen nicht wenige die Meldungen über Konsumzunahmen, Zuwachsraten und Bedarfsentwicklungen eher mit Sorge auf denn mit Freude, obwohl sie diese Zuwachsraten selbst mitverursacht haben. Denn Energieverbrauch bedeutet auch Naturverbrauch, und da geht es um den Respekt vor dieser Natur. Da die Elektrizität auch Maschinen laufen lässt, Baukrane zum Heben bringt, Arbeitsprozesse rationalisiert und damit diese technische Welt in Bewegung hält, wird ihr mit Skepsis begegnet. Viele Menschen haben den Eindruck, sie könnten mit der technischen Entwicklung geistig nicht mehr mithalten. Die Dienerin Elektrizität ist ihnen über den Kopf gewachsen; sie beginnt zur Herrin zu werden.

Die Elektrizität im Wandel der Zeit

Während die einen die Kernenergie als brauchbare Antwort auf die Energiekrise und eine gesicherte Energieversorgung als Voraussetzung für die Erhaltung der wirtschaftlichen Lebenskraft betrachten, sehen die anderen in ihr eine menschenverachtende, sozial unverträgliche Energiequelle. Es ist hier nicht der Ort, eine Kernenergiedebatte zu führen. Da aber gerade in der Nordwestecke unseres Landes viel Negatives über die Kernenergie ausgeschüttet wurde, andererseits die helvetische Stromversorgung fast zur Hälfte von der Kernenergie lebt und sich auch die EBM als Atel-Aktionärin ihrer bedient, sollen einige Gedanken zum Thema geäussert werden.

Die Identifikation von Kernenergie mit euphorischem Wachstum, überbordender technischer Entwicklung und blindem Fortschrittsglauben sowie die Urängste und Emotionen, die sie hervorruft, haben die Vorteile der Kernenergie in den Hintergrund gedrängt. Im Grunde genommen stellt sie eine alternative Energiequelle zur Erzeugung von Elektrizität und Wärme dar und ist just in einer Phase der industriellen Entwicklung reif geworden, in welcher sich die Menschen Rechenschaft zu geben begannen, dass andere Quellen, auf die wir uns in diesem Jahrhundert unbesorgt abgestützt haben, bald einmal versiegen könnten. Dazu kommt, dass sie neben ihren Nachteilen offensichtliche ökologische Vorteile hat. Denn über eines sollte Klarheit herrschen: Die Kernenergie trägt weder zur Luftverschmutzung noch zum Klimaproblem noch zum Ozonloch bei. Andererseits gab es ein «Tschernobyl». Bei vielen regt sich Missbehagen. Sollen wir die Kernenergie nutzen? Gehen wir damit einen faustischen Pakt ein? Oder kann sie uns bei kontrollierter Nutzung zum Segen gereichen?

Die Kernenergie hat ihre Risiken, sie ist keine harmlose Technik. Es geht um die Reaktorsicherheit, die Proliferation, um Sabotage, radioaktive Abfälle und Gigantismus. Gerade weil die Gefahren der Kernenergie bekannt sind, muss Sicherheit absolute Priorität haben. Sicherheit darf nicht durch wirtschaftliche Überlegungen irgendwelcher Art eingeschränkt werden. Man kann eine Technologie aber nur dann beurteilen, ihr nur dann gerecht werden, wenn man sie vergleicht, wenn man sie aus der Isolation herausschält. Dann erst ist sie zu würdigen. Bei der Diskussion über die Kernenergie sind Vor- und Nachteile offen darzulegen und gegeneinander abzuwägen. Die Risiken der Kernenergie müssen mit denjenigen der Energienutzung allgemein in Beziehung gesetzt werden. Nur so erscheinen die wirklichen Gefahren im richtigen Licht. Die Gefahren der Kernenergie dürfen nicht bagatellisiert, sondern müssen relativiert werden.

Trotz ihren latenten Gefahren und vereinzelten Rückschlägen besteht kein Anlass, die Kernenergie aus der Nutzung auszuschliessen. Ihr Restrisiko ist nicht grösser als das anderer, akzeptierter Technologien. Angesichts des gewaltigen Energiehungers, der auf unsere Welt zukommt, wäre die Ausgrenzung

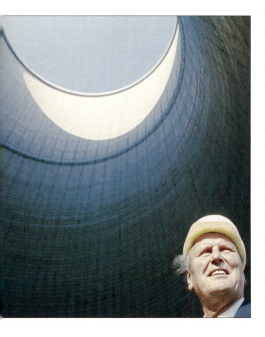

Energiezukunft? Bundesrat Willi Ritschard im Kühlturm von Gösgen.

KERNENERGIE ALS SYMBOL.

Der Grund für das Malaise, das die Elektrizität bei manchem Zeitgenossen hervorruft, sind die Kernkraftwerke, in welchen die Elektrizität erzeugt wird. Die Kernenergie ist zum Symbol für die den Menschen versklavende Zivilisation geworden. Nicht nur wird Energie mit Elektrizität gleichgesetzt, Elektrizität wird zum Synonym für Kernenergie. Dieser, und mit ihr der Elektrizität, wird mit unverhohlener Antipathie begegnet, weil sie vermeintlich das Wachstum induziert, das doch die Menschheit nach dieser These immer tiefer in einen Teufelskreis verstrickt. Es geht bei der Kernenergiedebatte nicht nur um Fragen der Technik, Physik oder Wirtschaftlichkeit, sondern um Gesellschafts- und Lebensformen.

einer betriebstüchtigen, probaten Energiequelle töricht. Kernkraftwerke sind bei professioneller Handhabung ökologisch unbedenklich. Die radioaktiven Abfälle sind mengenmässig klein, Radioaktivität und Entsorgung sind beherrschbar, wenn man nur will. Auch die Wirtschaftlichkeit ist mindestens in unseren Gemarchungen nachweisbar: Die erzeugte Kilowattstunde kostet in Gösgen 6 Rappen, in Leibstadt 9, in neuen Kohlekraftwerken 15, bei photovoltaischer Sonnenenergienutzung gar 80 bis 120 Rappen pro Kilowattstunde. Ergo: Die Schweiz fährt technisch, wirtschaftlich und ökologisch gut mit der Kernenergie. Deshalb sollte auch die Schweiz eine Politik einschlagen, die gemeinhin mit «Offenhaltung der Option Kernenergie» bezeichnet wird. Die Anwendung dieser Technik soll weder forciert noch verunmöglicht werden. Die Auswege aus der ökologischen Sackgasse müssen offengehalten und sollten nicht zugeschüttet werden. In der nächsten Zeit wird ohnehin kein neues Kernkraftwerk in der Schweiz gebaut werden. «La guerre de Troyes» wird also nicht stattfinden. Aber es wird zu einer Debatte über die Frage kommen, ob aus den bestehenden Kernkraftwerken ausgestiegen werden soll.

Diejenigen, welche dies propagieren, handeln unverantwortlich. 40 Prozent unserer Stromversorgung in relativ kurzer Zeit zu ersetzen, würde zu folgenschweren Lösungen führen: Entweder müsste der Stromimport (zum Teil aus maroden russischen Atomkraftwerken) vergrössert oder in unserem Land die fossile Nutzung und damit das CO_2-Problem forciert werden oder es müsste unser Stromkonsum mit Geboten, Verboten, Steuern und Abgaben massiv eingeschränkt werden – zum Schaden von Wirtschaft und Gesellschaft. Lieber 1000 Megawatt als 1000 neue Vorschriften! Mit der Debatte um die Kernenergie kommt der eigentliche Pferdefuss zum Vorschein: Energiepolitik als gesellschaftliches Phänomen. Während die einen eine gesicherte Ener-

Ein faustischer Pakt mit der Kernenergie? Atel-Präsident Michael Kohn und Bundesrat Willi Ritschard vor dem Modell des Kernkraftwerks Gösgen-Däniken.

Die Elektrizität im Wandel der Zeit

gieversorgung anstreben und diese in den allgemeinen Konsens der Wirtschafts- und Gesellschaftspolitik einbetten und keine sozialen Veränderungen über die Hintertreppe der Energiepolitik vornehmen möchten, sehen die andern hier das Vehikel, um einen «neuen Menschen» heranzubilden. Im einen Lager befinden sich die Befürworter einer graduellen Anpassung unseres Energiesystems an die neue Energielage, ohne Erzeugung künstlichen Mangels, ohne Gefährdung der wirtschaftlichen Grundlagen, ohne energie- und gesellschaftspolitische Experimente – auch ohne Absage an die Kernenergie, die eine der brauchbaren Antworten auf die Energiekrise darstellt. Im anderen Lager, einem Schmelztiegel von Besorgten, Umweltschützern und Kernenergiegegnern, sammeln sich die Befürworter einer alternativen Energiepolitik, die ihr Credo in der Denkpause, in der Abkehr vom heutigen Lebensstil und das Heil in dezentralen Strukturen ohne Grosstechnologie zu finden glauben. Dieses Gedankengut kennzeichnete die verschiedenen Anti-Atom-Initiativen. Gedämpftes Wachstum für die einen, Nullwachstum für die anderen.

Die Energiebranche steht auch deshalb im Rampenlicht, weil die Energienutzung wie gesagt die Umwelt belastet. Dieser wird vermehrt Sorge getragen. Der ökologische Gedanke hat sich in der Energieversorgung einen festen Platz gesichert. Umweltschutzgesetze, Umweltverträglichkeitsprüfungen prägen die Energieszene. Baulich stillstehen kann eine Branche bei steigendem Konsum jedoch nicht. Es kann sich der Bau neuer Produktions- oder Verteilanlagen aufdrängen; dieser ruft automatisch jene Kreise auf den Plan, für welche die Umwelt absolute Priorität hat. Das führt zu ständigen Auseinandersetzungen zwischen der Energiewirtschaft und den «Grünen», wobei es die Elektrizitätswirtschaft ist, die im Vordergrund steht, denn sie ist es, die mindestens bis dato im Inland hauseigene Stromerzeugungs- und Verteilanlagen realisieren wollte und musste. Die Erdöl- und die Gaswirtschaft mit weniger ortsfesten Anlagen und stark ausgebauter Infrastruktur stehen hier nicht im Zentrum. Um den Grabenkrieg zu überwinden, wird sich die Konsensfindung zwischen der Elektrizitätswirtschaft und den Kreisen des Umweltschutzes schliesslich an die Definition der nachhaltigen Entwicklung halten müssen, welche postuliert, dass die drei Eckpfeiler des «Sustainable Development» – das Ökonomische, das Ökologische und das Soziale – im Gleichgewicht sein müssen. Keines dieser Postulate ist den anderen übergeordnet, keines ist ihnen untergeordnet. Wie immer die Debatte ausgeht: es steht wieder einmal die Elektrizität im Mittelpunkt. Um sie herum rankt sich die Auseinandersetzung in den Fragen Technik und Gesellschaft, Ökonomie und Ökologie, zentrale oder dezentrale Energieversorgung, Mensch und Umwelt, nicht zuletzt aber auch die bereits angeschnittene Frage: Herrin oder Dienerin? Um das Odium der Herrin abzustreifen, ist es seitens der Strombranche nötig, auf die Ängste und Sorgen der Verunsicherten einzugehen, neue Lösungen näher zu prüfen, alternativen Vorschlägen nicht von vorneherein die kalte Schulter zu zeigen. Oft ist es eine Frage der Psychologie, der Geste, des Dialogs. Neue Gedanken entgegenzunehmen, bedeutet für die Werke etwas mehr geistige Mobilität, mehr dynamisches statt nur statisches Verhalten. Das beginnt damit, dass der Spargedanke ernsthaft gepflegt, der Wärmepumpe die gleiche Startchance gegeben wird wie der Elektroheizung, ein Pilotprojekt im Alternativsektor mitfinanziert wird. Es endet mit der positiven Einstellung zur offenen Information, zur Öffentlichkeitsarbeit, zum Gespräch mit der Gegen-

ENERGIE UND GESELLSCHAFT.

Das Energieproblem hat schon längst weltanschauliche Züge angenommen. Da geht es nicht nur um Technik, Wirtschaft und Versorgung. Da geht es um Wachstum, Natur, Wohlstand, Lebensqualität, Ethik, Lebensstil und Lebensformen. Hier findet sich der Spezialist nicht mehr zurecht, hier ist der Generalist gefragt, der neben fundiertem Fachwissen auf einem Spezialgebiet auch Allgemeinwissen, historisches und kulturelles Verständnis, Einblick in wirtschafts- und gesellschaftspolitische Zusammenhänge, ein soziologisches Feeling – und Glaubwürdigkeit vorzuweisen hat. Das sind handfeste Anforderungen an die Führungskräfte des Energiesektors, besonders aber des Stromsektors.

In Tschernobyl hat die Kernenergie ihre Unschuld verloren. Öl und Gas haben sie nie gehabt.

seite. Wenn die Elektrizitätswirtschaft Dienerin ist, dann ist der Kunde König – wer immer der Kunde ist. Ein weiterer Grund für die kritische Einstellung von Bürgern und Konsumenten gegenüber den Elektrizitätswerken liegt in deren Monopolcharakter. Ungeteilte Macht ist in schweizerischen Augen an sich ein Ärgernis. Das gibt dem kleinen Mann das Gefühl, beherrscht und eben nicht bedient zu werden. So machen sich Konsumentenorganisationen und eine ganze Reihe sozialer Bewegungen wie die Ökobewegten, die Kernkraftwerkgegner und andere – jeder in seinen ureigenen Belangen – gegen «die da oben» Luft. Da bleibt nur übrig, Zusammenhänge aufzudecken und die Dinge transparent zu machen. Es muss denen, die zuhören wollen (nicht den unbelehrbaren Kritikern und Gegnern), immer wieder klargemacht werden, dass in der Schweiz die Dialektik von Macht und Gegenmacht nachweisbar spielt, dass die Bäume auch bei uns nicht in den Himmel wachsen, dass die EBM als öffentliches Unternehmen den Anliegen des Publikums keinesfalls entrückt sein kann, dass das Unternehmen von Personen beaufsichtigt wird, die bekannt sind und die gewählt werden. Das bedingt, dass sich die Verantwortlichen, die Verwaltungsräte, die Direktoren auch nach aussen zeigen, in der Arena der grossen Auseinandersetzungen selber auftreten.

Das Publikum will keine Fassaden, sondern Gesichter sehen. Die Elektrizitätswerke dürfen nicht müde werden, dem Konsumenten die nicht immer leicht fassbare Tarifstruktur zu erklären, die Mechanik des internationalen Stromaustausches zu erläutern, den Stromexport zu würdigen, die Tariferhöhungen verständlich zu machen. Die Elektrizitätswerke haben keinen Anlass, in der Defensive zu verharren, denn sie vertreten eine gute Sache und sie haben, wie die EBM, etwas geleistet. Nur braucht es zur Bewältigung dieser gesellschaftspolitischen Aufgaben manchmal noch mehr Blick für die Zusammenhänge, noch mehr Engagement und geduldiges Verhalten. Die Elektrizitätswirtschaft ist nach all dem, was sie erleben und erfahren musste, die Branche der Geduld – und wird es immer bleiben.

Europäisierung und Marktöffnung.

Nicht nur technologisch und ökologisch hat sich der Horizont der Stromwirtschaft erweitert, sondern auch geographisch. Massgebend in Energiefragen waren lange Zeit die Gemeinden und Kantone; sie sind es zum guten Teil heute noch. Inzwischen hat sich der Bund eingeschaltet: Kernenergie, Pipelines, Energiesparen, Energieforschung, Ölkrisen und vieles andere mehr haben die Kompetenzen des Bundes substantiell vergrössert. Ein wichtiger Akt war diesbezüglich die Einführung des Energieartikels 24^{octies} und des Energiegesetzes, die den Aktionsradius des Bundes spürbar ausweiten. Aber die Energiepolitik macht nicht an den Landesgrenzen halt: Internationale Vereinbarungen, zum Beispiel der Vertrag mit der Internationalen Energie-Agentur (IEA), nuklear- und sicherheitstechnische Abkommen, die Annäherung an Europa, die europäische «Energie-Charta» und viele andere Bindungen und Verbindungen haben der helvetischen Energieproblematik eine europäische Dimension gegeben. Und nachdem nun auch der Umweltschutz und – mit ihm verbunden – die fossile Energienutzung durch ihre weltumspannenden Probleme wie Treibhauseffekt, Luftverschmutzung, Ozonloch usw. einen globalen Charakter erhalten haben, bekommt die schweizerische Energiefrage einen immer stärkeren internationalen Anstrich. Die Entwicklung könnte verkürzt als

Die Elektrizität im Wandel der Zeit

Weg von Münchenstein über Olten, Bern und Brüssel nach dem UNO-Gipfel in Rio de Janeiro, oder als folgerichtige Linie von den Kraftwerken Birsfelden und Augst über Gösgen/Leibstadt nach dem Kraftwerkpark der Electricité de France (EdF) und der Rheinisch-Westfälischen Elektrizitätswerke (RWE) skizziert werden. Die Stromversorgung hat internationale Züge erhalten.

Nun ist die grenzüberschreitende Tätigkeit der hiesigen Stromwirtschaft nicht etwa neu. Das europäische Netz, in welches die Schweiz eingebettet ist und welches durch die grossen Alpentransitleitungen in Richtung Nord–Süd – wesentliche Attraktion für die ausländischen Strompartner – bereichert wird, funktioniert schon lange. Aber aus losen Kontakten und Ad-hoc-Kooperationen sind mittlerweile durch handfeste ausländische Beteiligungen an Schweizer Unternehmungen finanziell untermauerte Bindungen geworden. Die Schweiz hat sich auf diesem Sektor eng mit Europa liiert.

Symbolisiert wird die Europäisierung der hiesigen Stromwirtschaft durch die Zusammenschlüsse der Motor-Columbus/Atel-Gruppe mit der EdF, Paris, und den RWE, Essen, einerseits und der Beteiligung des Bayernwerks, des Badenwerks und der EV Schwaben in Gemeinschaft mit den NOK andererseits an der neu gebildeten Watt AG. Diese umfasst zumeist schweizerische Stromunternehmungen. Wenn die ausländischen Aktionäre in beiden Fällen und gesamthaft gesehen immer nur die Minderheit bilden, sind ihre Potenz und ihr Einfluss doch so gewichtig, dass sie ein entscheidendes Wort mitreden werden. Durch die beschriebenen Kooperationen mit ausländischen Partnern wird die schweizerische Stromwirtschaft in den Sog europäischer Strompolitik hineingezogen.

Diese Einsicht bezieht sich insbesondere auf die europäischen Anstrengungen, den Strommarkt zu liberalisieren, die Märkte zugänglich zu machen und die internationale Konkurrenz zu fördern. Diese Tendenz hat auch in der schweizerischen Elektrizitätswirtschaft zu einem Umdenken geführt. Bisher hatten sich die Werke um ihre Versorgungsgebiete gekümmert, ihre Versorgungspflicht darin gewissenhaft erfüllt und das Versorgungsmonopol genutzt, um sowohl den Anteilseignern eine angemessene Rendite als auch den Kunden eine zuverlässige, störungsfreie Stromversorgung zu sichern. So war die Welt nicht zuletzt für den Klienten, der seinen Strom in beliebigen Mengen, zu gewünschten Zeiten und zu akzeptablen Preisen beziehen konnte, offenbar in Ordnung – oder es schien wenigstens so. Unberücksichtigt blieb dabei die Tatsache, dass sich der aufgeklärte und preisbewusster gewordene Konsument nicht automatisch damit abfinden konnte, von einem einzigen Lieferanten abhängig zu sein. Die Formel, mit welcher schweizerische Stromwerke usanzgemäss an ihre Klientel herantreten: «Es grüsst Sie Ihr Elektrizitätswerk», verfehlte mit der Zeit ihren Eindruck. Der Konsument, vor allem der Grossabnehmer, bewertete die vorgegebene institutionalisierte Zweier-Beziehung nicht als einzige und einzigartige Liaison. Durch die jahrelange Übung in festgefügten Absatzge-

DIE STROMPREISE IM VERGLEICH.

Die Industrie muss in der Schweiz mit vergleichsweise hohen Stromkosten kalkulieren. Teilweise exzessive Steuern und Abgaben auf die Elektrizität verteuern heimische Arbeitsplätze, dieweil die internationale Konkurrenz immer härter wird. Wie lange kann sich der Werkplatz Schweiz diesen Standortnachteil noch leisten?

160

bieten ging bei manchen Werken die Einsicht verloren, dass die Kundin und der Kunde womöglich ganz gerne einmal andere Lieferanten ansprechen, das Preis-Leistungs-Verhältnis prüfen und allenfalls einen anderen Lieferanten auswählen möchten. Dem Stromkäufer wurde es mit der Zeit unverständlich, dass er sonst seine Waren kaufen kann, wo er will, und zwar bei Lieferanten, die ihn umwerben – nur nicht in der Stromversorgung. Solche Wünsche wurden besonders bei Industriefirmen virulent, die über einen unzulässig hohen Stromtarif klagten, zumal die Schweiz in der Tat die höchsten Industrietarife Europas aufweist.

Durch das europäische Konzept, die Monopole schrittweise abzuschaffen und die abgesicherten Absatzgebiete für den Zugang dritter, fremder Lieferanten zu öffnen – genannt «Third-Party Access» –, wurden die Werke gewahr, dass es ja noch den Kunden gibt und dass dieser nicht anonym ist, sondern pfleglich behandelt werden will.

Nun sollte der «Third-Party Access» und das damit verbundene «Unbundling», das heisst die buchhalterisch getrennte Erfassung der Kosten von Stromübertragung und -verteilung, nicht nur mit Hurra-Rufen empfangen werden. Der Konsument, besonders die Schweizer Industrie, wird diese Idee zwar vollauf begrüssen, nicht nur aus ordnungs-, sondern auch aus wettbewerbspolitischen Gründen. Es ist jedoch auch an die Probleme und Risiken zu denken: an die Vernachlässigung der Versorgungssicherheit und der Reservehaltung; an die Benachteiligung von Kleinkunden und strukturschwachen Regionen zugunsten von Grossbezügern und Ballungszentren; an die Favorisierung kurzfristiger und die Vernachlässigung langfristiger Investitionen zulasten der Wirtschaftlichkeit und der Ökologie; an die neue Regelungsdichte für die Organisation des Marktes und die Gefahr neuer staatlicher Interventionismen. Anderseits sind die Vorteile, namentlich die Verbesserung der Wettbewerbsfähigkeit der europäischen Industrie im globalen Markt und damit die Perspektive einer Überwindung der wirtschaftlichen Flaute, so vielversprechend, dass die Marktöffnung nicht aufzuhalten ist. In der Tat haben das Europäische Parlament und der Ministerrat gegen Ende 1996 das Projekt des Netzzugangs Dritter sanktioniert, indem Grossabnehmer mit einem Verbrauch von mindestens 100 Gigawattstunden ab 1. Januar 1997 und solche mit einem Verbrauch von 40 Gigawattstunden ab 1. Januar 1999 ihre Lieferanten im europäischen Netz frei auswählen können. Später soll die Zugangsschwelle weiter gesenkt werden. Die Schweizer Elektrizitätsunternehmungen rüsten sich für den sich abzeichnenden Wettbewerb, obwohl die Schweiz nicht der EU angehört. Sie wird sich aber der so konzipierten Marktöffnung nicht entziehen können. Deshalb ist die Strombranche in Bewegung geraten. Es wird nicht nur an die Technik und an die Stromerzeugung gedacht, sondern im Zuge der Marktorientierung an die Kundschaft, an das Netz und die Organisation des Netzbetriebs. Dabei sind auch die staatlichen Rahmenbedingungen für eine Marktöffnung, die diesen Namen verdient, zu beachten.

Nun ist es nicht Zweck dieses Artikels, der dem Thema «Elektrizitätsversorgung im Wandel der Zeit» gewidmet ist, auf die notwendigen staatlichen Voraussetzungen und energiepolitischen Folgen einer Marktöffnung im Detail einzugehen. Diese Fragen sind an verschiedenen Tagungen der Branche durchleuchtet worden. Exponenten der Stromwirtschaft, dar-

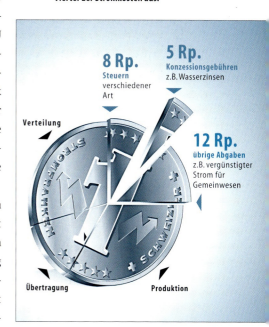

Abgaben und Steuern machen einen Viertel der Stromkosten aus.

8 Rp. Steuern verschiedener Art
5 Rp. Konzessionsgebühren z.B. Wasserzinsen
12 Rp. übrige Abgaben z.B. vergünstigter Strom für Gemeinwesen

Die Elektrizität im Wandel der Zeit

unter seitens der EBM Hans Büttiker, haben die Thematik fundiert durchleuchtet. In einer Veranstaltung des «Gesprächskreises Energie und Umwelt» in Basel vom 23. Januar 1996, organisiert von EBM, Elektra Baselland, Atel und den Industriellen Werken Basel, wurden die notwendigen Voraussetzungen für eine Marktöffnung in prägnanter Weise wie folgt zusammengefasst:

«*Gleich lange Spiesse für alle, bei Steuern und Abgaben, bei Auflagen und Vorschriften; Entbindung der Elektrizitätswirtschaft vom Versorgungsauftrag und von der Reservehaltungspflicht; klare neue Organisation für die Netzregulierung, für die Reservehaltung und den Betrieb des Verbundnetzes; Übergangsfristen für noch nicht abgeschriebene Investitionen, Vermeidung von ‹stranded investments›; Wegfall der Bewilligungspflicht für Exporte; Wegfall der Preisüberwachung; Wegfall der Tarifgenehmigungspflicht durch den Regierungsrat von BL; Wegfall der Stromübernahmepflicht aus dezentralen Anlagen mit vorgeschriebenen Preisen; Tolerierung von Marketing für Stromanwendungen und für den Stromverbrauch.*»

Es ist zu hoffen, dass in der Zwischenzeit bei Politik, Behörden und Konsumentenorganisationen das Verständnis für diese Anliegen gewachsen ist. Diesem Forderungskatalog der Elektrizitätswerke sind aus allgemeiner Betrachtung noch folgende Anliegen anzufügen: Wenn es das Hauptmotiv der Marktöffnung ist, Wettbewerb zu schaffen und die Energiekosten für manche Branchen appetitlicher zu gestalten, dann müsste folgerichtig davon abgesehen werden, Verbilligungen durch die Erhebung von neuen Steuern und Abgaben zu unterlaufen. Das bedingt, dass unsere Politik von der Philosophie des «Sowohl-als-auch» Abschied nimmt. Man kann nicht für die Liberalisierung und die Marktöffnung sein, gleichzeitig aber die Energie durch fiskalische und ökologische Begehrlichkeiten verteuern. Wer den Markt herbeiwünscht, muss ihn auch wollen.

Ferner wäre es wünschbar, dass mit wachsender Bedeutung des Markts der Energie allmählich der Nimbus eines entscheidenden gesellschaftspolitischen Faktors und die Aura einer Quelle für das Heil und Unheil der Menschheit genommen würde. Wenn wir in der Schweiz endlose Energiedebatten haben, dann vor allem deshalb, weil die Energiefrage vom praktischen Alltag in eine Welt der ideologischen und parteipolitischen Auseinandersetzung emporstilisiert worden ist. Die anhaltende Energiedebatte findet in der Arena der Gesellschaftspolitik statt, wo es nicht mehr nur um Technik und Wirtschaft, sondern um Ökologie und Ökonomie, Lebensformen und Wertsysteme geht. In dieser grossen Glaubensdisputation der Neuzeit, im Dickicht der Minimal- und Maximalforderungen findet eine zunehmende Polarisierung statt. Die Energiefrage ist politisiert bis zum Exzess. Wenn die einen an Energie denken, dann meinen sie Licht, Kraft, Wärme oder Versorgung und Entsorgung. Bei vielen anderen evoziert Energie Assoziationen von Macht, Kapital, Strukturwandel und umweltorientierte Reformen. Diese Gegensätze führen zur bekannten schweizerischen Patt-Situation im Energiesektor. Energie wird zwar immer mit Ökologie und Gesellschaft verbunden sein. Aber die zunehmende Orientierung Richtung Markt könnte eine Chance sein, die Energie ohne ideologische Anhängsel als Ware zu betrachten, so, wie sie in der ganzen Welt gesehen wird: als «Commodity». ▲

AUF DEM WEG ZUM KUNDEN.
Der Gedanke der Liberalisierung und die Öffnung der Grenzen hat eine Öffnung des Denkens bewirkt, sowohl beim Käufer und Abonnenten als auch beim Verkäufer: dem Elektrizitätswerk. Begriffe wie Kunde und Markt bekamen eine neue Dimension und brachten althergebrachte Verhaltensregeln ins Wanken. Kein Wunder, dass die Kundenorientierung und die Kundenpflege zu herausragenden Themen von Symposien und Schulungsaktionen der schweizerischen Elektrizitätswerke wurden. «Markt- und kundenorientiert die Zukunft sichern» hiess beispielsweise der Titel einer breit angelegten INFEL-Tagung vom Juni 1996 in Luzern. Wie wenig die Werke an eine Kommunikation mit ihrer Kundschaft dachten, erhellt auch das pikante Müsterchen, dass es – jedenfalls bis kürzlich – namhafte Elektrizitätsunternehmen, darunter auch die EBM, unterliessen, in ihren Geschäftsberichten die Firmenadresse anzugeben…

Blickt man am Jubiläum der EBM auf 100 Jahre Elektrizitätswirtschaft zurück, so stellt man fest, dass Kontinuität und Wandel in schicksalhafter Weise verstrickt sind. Kontinuität besteht in der Aufgabe, eine ausreichende und sichere Energieversorgung als Rückgrat unseres wirtschaftlichen und gesellschaftlichen Lebens zu gewährleisten; Wandel in den politischen Rahmenbedingungen wird durch neue Anforderungen institutioneller, wirtschaftlicher, geographischer und ökologischer Art erzeugt. Man gewinnt den Eindruck, dass die Branche diesen Herausforderungen gerecht geworden ist. Der Wandel wird weitergehen. Verantwortungsbewusstsein, aber auch Kreativität, Flexibilität und Mobilität werden weiterhin gefragte Qualitäten für die Unternehmungen und ihre Leiter sein. Etwas Wesentlicheres kann man ihnen für die kommenden 100 Jahre gar nicht wünschen.

Auch in Zukunft wird die EBM für eine zuverlässige, umweltverträgliche und preiswerte Stromversorgung einstehen, zumal diese für die Entwicklung und Wohlfahrt einer modernen Volkswirtschaft immer wichtiger wird. Dabei stellen sich neue Herausforderungen. Mit der Öffnung des Strommarktes in der EU und der Schweiz bahnt sich eine Revolution an. Die europaweite Konkurrenz ruft nach Anpassungen. Erst sie ermöglichen neues Wachstum. Doch besser als je zuvor weiss man heute um die Grenzen dieses Wachstums: Es muss ökologisch vertretbar sein. Mit immer neuen Innovationen, die eine verbesserte Energienutzung möglich machen, arbeitet die EBM mit der Natur und nicht gegen sie.

Text: Adrian Ballmer
& Matthias Kreher

Energiekonzepte für die Zukunft

Energiekonzepte für die Zukunft

Die Zeichen der Zeit stehen auf Grün: Die EBM fühlt sich der nachhaltigen Energienutzung verpflichtet. Man spricht von Sustainable Development. Das Modewort der Umweltbewegung könnte zum Schlüsselwort für das 21. Jahrhundert werden. Dahinter steckt ein Gedanke aus der Forstwirtschaft. Er besagt, dass nicht mehr Holz geschlagen wird, als nachwächst: Die Substanz wird erhalten, nur der Zuwachs geerntet. Nicht erneuerbare Ressourcen wie Mineralien oder fossile Brennstoffe sollen nur in dem Mass abgebaut werden, wie Ersatz an erneuerbaren Materialien zur Verfügung steht. Aus weniger mach mehr: so lautet die Aufforderung der ausklingenden neunziger Jahre an die Wirtschaft. Der Verbrauch von Rohstoffen und der Schadstoffausstoss müssen bei gleichzeitiger Mehrproduktion abnehmen. Die Zielsetzung gilt auch für die Stromproduktion: sie soll nicht nur wirtschaftlich, sondern auch umwelt- und sozialverträglich sein.

Erreicht werden soll das vor allem durch den Einsatz ressourcenschonender, neuer Technologien. Weitaus am meisten würde jedoch durch die Entstehung und Festigung eines ökologischen Bewusstseins in der Bevölkerung zuwege gebracht. Der Mensch braucht ein neues Verhältnis zur Energie – nicht nur zum Strom, auch und vor allem zu Öl, Gas und Kohle. Als 1992 in Rio der Umweltgipfel tagte, hat die EBM den Zweck ihres Daseins in den Statuten neu festgeschrieben. Sparsame und rationelle Verwendung der Energie sowie die umweltfreundliche Elektrizitätserzeugung aus erneuerbaren Energien sollen gefördert werden. Neu kann die EBM auch Wärme- und Gasversorgungen betreiben oder sich daran beteiligen. Der Hauptzweck bleibt: Das Birseck und andere Gebiete sollen möglichst günstig mit elektrischer Energie versorgt werden.

Die drei Aufträge an den Stromversorger

In Zukunft will die EBM verstärkt Energiedienstleistungen als Problemlösungen aus einer Hand anbieten, statt Kunden bloss mit Strom zu beliefern. Seit jeher baut und unterhält die EBM elektrische Hausinstallationen. Dasselbe gilt für Strassenbeleuchtungen und Hochspannungsanlagen. Zu den Aufgaben gehörten schon immer auch eine kundennahe Information und Beratung sowie die gesetzlich vorgeschriebene Kontrolle von Hausinstallationen. Der Genossenschaftsauftrag, 1979 um die Förderung rationeller Technologien zur Energienutzung erweitert und 1982 präzisiert als Förderung sparsamer und rationeller Energieanwendung, versteht sich heute dreiteilig: als klassischer Stromversorgungsauftrag; als Auftrag zur Förderung der sparsamen und rationellen Energieverwendung; und schliesslich als Auftrag zur Förderung der umweltfreundlichen Stromproduktion aus erneuerbaren Energien. Dabei meint «sparsame Energieverwendung» den haushälterischen Umgang mit Energie. Rationelle Energieverwendung versteht sich als optimierte Technik zur Nutzung von Energie. Verluste bei der Energieumwandlung sollen verringert, höherwertige Energie mehrfach genutzt werden (Wärme-Kraft-Kopplung). Zusätzlich findet auch niederwertige Energie (Nutzung von Abwärme oder Umweltwärme) vermehrt Verwendung. Auf diesem Weg soll es weitergehen. Das realisierte Energiesparpotential ist von vielen Faktoren abhängig. Das theoretische Energiesparpotential umfasst alle mög-

Nur so viel verbrauchen, wie nachwächst: Das Prinzip aus der Forstwirtschaft hat auch für die Energieversorgung seine Berechtigung. Sonnenstrom ist ein Beispiel dafür.

REGENERATIVE ENERGIEN MIT ZUKUNFT.

Seit 1979 informiert die EBM verstärkt über sparsame und rationelle Energieverwendung. Diese Beratung geht auf die Bedürfnisse aller Kunden, ob privat oder gewerbetreibend, ein. Die EBM erstellt Energieanalysen. Sie plant, baut und unterhält moderne Anlagen, die regenerative Energien wie Sonnen- oder Wasserkraft nutzen. Blockheizkraftwerke, Totalenergieanlagen oder Wärmekollektive, Anlagen mit hohem Wirkungsgrad – sie erzeugen gleichzeitig Wärme und Kraft –, gehören schon lange dazu. Die EBM nutzt so Abwärme und Umweltwärme. Technische Betreuung und Administration von solchen Wärmekollektiven werden von der EBM übernommen. Die EBM verkauft ganze Wärmepakete. Sie liefert Solarstrom und betreibt mit ihren «Sonnenscheinen» ein Verrechnungsverfahren zur Förderung von Solarstrom. Zudem trägt sie mit erheblichen Mitteln aus der eigenen Tasche zur Förderung der Photovoltaik bei.

lichen Einsparungen, ausgehend vom maximal theoretisch überhaupt möglichen Wirkungsgrad. Das technische Energiesparpotential meint alle möglichen Einsparungen bei Verwendung von Maschinen und Materialien mit dem besten heute verfügbaren Wirkungsgrad. Einsparungen unter Berücksichtigung weiterer Kriterien wie rechtliche Einschränkungen, Ästhetik, Akzeptanz oder Erneuerungsrhythmus nennt man realisierbares Einsparungspotential. Natürlich gibt es auch ein wirtschaftliches und finanzierbares Einsparungspotential, nämlich Einsparungen unter Berücksichtigung der Wirtschaftlichkeit der Massnahmen, oder mögliche Einsparungen unter Berücksichtigung der verfügbaren Eigen- und Fremdmittel. Als erneuerbare Energien werden Sonnenenergie, Wasserkraft, Geothermie, mit oder ohne Wärmepumpen nutzbare Umgebungswärme, Windenergie und Biomasse bezeichnet. Für die EBM in Frage kommen Photovoltaik, also Strom aus Sonnenenergie, Wasserkraft und Umgebungswärme.

Wirtschaft und Energieversorgung im Gleichschritt

Der an ein fixes System von Leitungen gebundene Energieträger Elektrizität ist gleichzeitig Produkt und Dienstleistung. Weil Strom kaum gespeichert werden kann, muss er im gleichen Augenblick erzeugt werden, wie er andernorts verbraucht wird. Wird mehr verbraucht, muss im gleichen Moment mehr produziert werden. Die momentane Stromproduktion muss ständig im Gleichgewicht mit der Stromnachfrage sein, sonst sinken Frequenz und Spannung rasch ab. Dabei orientiert sich die Leistung des Kraftwerkparks an den Nachfragespitzen der Verbraucher. Ausfall- und Zuwachsreserven müssen vorhanden sein. Die Nachfrage schwankt sowohl im Tages- und Wochenrhythmus als auch saisonal beachtlich. 1996 wurden im EBM-Gebiet am Mittwoch, 31. Januar, 4 858 000 Kilowattstunden, am Sonntag, 4. August, aber nur 1 967 000 Kilowattstunden verbraucht.

Diese extremen Schwankungen können über finanzielle Anreize etwas gedämpft werden: Betreibt der Kunde einen leistungsstarken Motor über kurze Zeit und belastet damit das Netz stark, kommt ihn das teurer zu stehen, als wenn er die gleiche Arbeit mit einem schwächeren Motor über eine längere Zeit verteilte. Für die EBM ist Verbrauch nicht gleich Verbrauch. Am liebsten wäre der EBM, wenn die Kunden immer gleich viel Leistung aus dem Netz beziehen würden. Mit Hilfe von verschieden hohen Tarifen und dem Instrument der Rundsteuerung, die Grossverbraucher zu bestimmten Zeiten sperrt, versucht die EBM die Stromnachfrage möglichst konstant zu halten. Das spart Kosten und erlaubt eine sichere Stromversorgung auch in Spitzenzeiten.

Die Entwicklung des Strombedarfs hängt einerseits direkt vom Geschäftsgang in der Wirtschaft ab. Anderseits spielen auch zukünftige Entwicklungen in Haushalten, bei Dienstleistungen, in der Industrie und im Verkehr eine grosse Rolle. Und nicht zuletzt haben der technologische Fortschritt, d. h. die Schöpfung neuer Anwendungen oder eine Verbesserung alter Anwendungen, sowie künftige Energiepreise einen Einfluss auf die Nachfrage nach Strom.

Eine blühende Wirtschaft wirkt immer verbrauchserhöhend. Das gilt für die verstärkte Automatisierung mittels Informatik und Robotertechnik, für wachsende Dienstleistungsbetriebe und Telekommunikationsunternehmen. Ein erweitertes Angebot von Bahn und Tram, mehr Menschen und Häuser, mehr elektrische Geräte und Anlagen, mehr Freizeit und Unterhaltung und eine grössere Verbreitung neuer elektrischer Anlagen und Geräte werden mehr Strom benötigen. Der Mehrverbrauch an Elektrizität wird nach

Energiekonzepte für die Zukunft

Prognosen bis ins Jahr 2020 zwischen 28 und 64 Prozent betragen. Nicht zu vergessen: die effizientere Nutzung anderer Energieträger mit Hilfe von Strom öffnet ebenfalls neue Absatzmärkte.

Doch nicht nur die Entwicklung des Umfelds, auch die innere Organisation der EBM als Genossenschaft mit ihren rund 40 000 Genossenschaftern bietet Chancen und Risiken. Zu den Chancen gehört die starke Verwurzelung in der Bevölkerung und das Bekenntnis zum Nonprofit. Die EBM muss nicht wie eine Aktiengesellschaft möglichst hohe Dividenden für ihre Aktionäre erwirtschaften. Bei Abstimmungen sind alle Mitglieder gleichberechtigt. Zu den Nachteilen gehören die erschwerten Beschaffungsmöglichkeiten von Eigenkapital und eine gewisse Schwerfälligkeit in den Entscheidungswegen.

Neue Ideen zur Wärmenutzung

Drei Viertel der in der Schweiz verbrauchten Energie wird zur Wärmeerzeugung verwendet. Beim Heizen ist deshalb der Einsatz energetisch optimierter Verfahren besonders dringend. 1977 gab die EBM in Absprache mit dem Baselbieter Regierungsrat eine Studie für eine «Wärmeschiene Birseck» in Auftrag. Dieweil im Energieleitbild beider Basel ein Gesamtkonzept für eine Fernwärmeversorgung in Baselland entworfen worden war, konzentrierte sich die EBM auf kleinere Wärmeprojekte in Überbauungen und Quartieren, die in Zukunft einmal zu einer grösseren Wärmeschiene zusammengeschlossen werden könnten. Eine ausserordentliche Delegiertenversammlung erweiterte 1979 die Statuten der Genossenschaft. Die EBM beteiligte sich künftig an Betriebsgesellschaften von Fernwärmeversorgungen oder Totalenergieanlagen. Der Einstieg in den Wärmemarkt war gelungen.

Die zukunftsweisende Idee der EBM im Wärmemarkt war damals schon, Blockheizkraftwerke in Kombination mit Elektro-Wärmepumpen einzusetzen. Solche Wärme-Kraft-Kopplungs-Anlagen (WKK-Anlagen) erzeugen in Kombination mit Elektro-Wärmepumpen Strom und Wärme gleichzeitig mit einem hohen Wirkungsgrad. 100 Prozent Nutzenergie Wärme können mit rund 38 Prozent Umweltenergie und bloss etwa 65 Prozent fossiler Primärenergie, zumeist Erdgas, bereitgestellt werden. Verglichen mit einem konventionellen Heizkessel, sind das 46 Prozent Einsparung an fossiler Primärenergie.

Herzstück aller Blockheizkraftwerke ist ein gasbetriebener Motor, der Abwärme und Strom erzeugt. Von diesem Strom werden etwas über 40 Prozent für den Antrieb von Elektro-Wärmepumpen eingesetzt. Nur mit Wärmepumpen lässt sich Umweltenergie im grösseren Stil wirtschaftlich nutzen. Als Puffer, der überflüssigen Strom aufnimmt und später den Wärmepumpen wieder zur Verfügung stellt, fungiert das Leitungsnetz der EBM. Deshalb werden Blockheizkraftwerke in der Regel parallel zum öffentlichen Stromversorgungsnetz betrieben. Für einen genügenden Wärmeabsatz benötigen sie in der Regel grössere Überbauungen oder ganze Quartierwärmeversorgungen. Ihr erstes Blockheizkraftwerk realisierte die EBM 1982 in den Regionalen Tagesschulen und Kindergärten beider Basel für motorisch- und sehbehinderte Kinder in Münchenstein (TSM). Damit gelang der EBM über die Schnittstelle Strom/Wärme der Einstieg in den

Wärme ist Leben. Freilich nur dann, wenn sie auch umweltschonend erzeugt wird. Das Know-how der EBM trägt dazu bei, Öl und Gas besser zu nutzen.

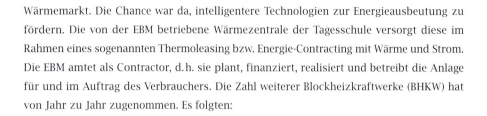

FINANZSPRITZEN FÜR DIE UMWELT.

Bereits 1979 sind innerhalb der EBM Rückstellungen zur Förderung neuer und umweltfreundlicher Technologien zur Energienutzung getätigt worden. Bis 1996 erreichten die Einlagen insgesamt fünfzehn Millionen Franken. Unterstützt wurden einerseits die praktische Anwendung erneuerbarer Energieträger wie Sonne, Wind und Deponiegas, andererseits intelligente Energienutzungstechniken wie Blockheizkraftwerke, Elektro-Wärmepumpen und Wärmekollektive. Mit dem Geld sollen erste Betriebserfahrungen gesammelt und weitergegeben werden.

Wärmemarkt. Die Chance war da, intelligentere Technologien zur Energieausbeutung zu fördern. Die von der EBM betriebene Wärmezentrale der Tagesschule versorgt diese im Rahmen eines sogenannten Thermoleasing bzw. Energie-Contracting mit Wärme und Strom. Die EBM amtet als Contractor, d.h. sie plant, finanziert, realisiert und betreibt die Anlage für und im Auftrag des Verbrauchers. Die Zahl weiterer Blockheizkraftwerke (BHKW) hat von Jahr zu Jahr zugenommen. Es folgten:

▲ **1983** die Wärmezentrale in der privaten Wohnüberbauung Holeeholzacker in Binningen (BHKW), die «Blockheizkraftwerk Bettenacker AG» (BBA, Partnergesellschaft mit der Gemeinde Allschwil) sowie die BHKW-Betriebsführung in der Überbauung Zollweiden der Basellandschaftlichen Beamtenversicherungskasse (BVK) in Münchenstein.

▲ **1984** die «WBA Wärmeversorgung Binningen AG», eine Partnergesellschaft mit der Gemeinde Binningen.

▲ **1985** der Wärmeverbund auf dem EBM-Betriebsareal in Münchenstein (Nutzung von Transformatorenabwärme, EDV-Abwärme und Umweltwärme mittels Massivabsorberfassaden und Elektro-Wärmepumpe).

▲ **1988** die Wärmezentrale in den Schulanlagen Känelmatt in Therwil (BHKW mit Elektro-Wärmepumpe).

▲ **1989** die «WVB Wärmeverbund Bottmingen AG» (Partnergesellschaft mit der Gemeinde Bottmingen, dem Kanton Basel-Land und Privaten).

▲ **1993** die Wärmezentrale im Alters- und Pflegeheim «Zur Obesunne» in Arlesheim (BHKW mit Elektro-Wärmepumpe), die Nahwärmeversorgung Bertschenacker in Oberwil sowie die Beteiligung an der 1984 gegründeten «Alternativ-Energie Birsfelden AG» (AEB, Partnergesellschaft mit Privaten und der Gemeinde Birsfelden).

▲ **1994** der Wärmeverbund Aumatt in Reinach (BHKW mit Elektro-Wärmepumpe), die «Wärmeverbund Oberwil-Therwil AG» (WOT) (Partnergesellschaft mit den Gemeinden Oberwil und Therwil sowie dem Kanton Basel-Land) und die BHKW-Betriebsführung im Alters- und Pflegeheim «Zur Hard» in Birsfelden.

▲ **1995** das Deponiegaskraftwerk KELSAG in Liesberg, die Wärmezentrale in der Überbauung Teichweg in Münchenstein (BHKW mit Elektro-Wärmepumpe), in der Überbauung Im Lee in Arlesheim (BHKW mit Elektro-Wärmepumpe), in der Überbauung Habshagstrasse in Reinach (BHKW), in der Überbauung Rainweg in Dornach (Elektro-Wärmepumpe), der Wärmeverbund Bachmatten/Weiermatten in Reinach (BHKW mit Elektro-Wärmepumpe), die Energiesiedlung Hofmatt in Arlesheim (Elektro-Wärmepumpe, Sonnenkollektoren), schliesslich die Betriebsführung der Wärmeversorgung Im Egg/Fiechtenacker in Aesch (BHKW mit Elektro-Wärmepumpe).

Fazit: Die EBM ist inzwischen eine der erfahrensten Blockheizkraftwerk-Betreiberinnen. Sie verfügte bis Ende 1996 über eine kumulierte Betriebserfahrung von insgesamt 459 000 Vollast-Betriebsstunden. Das entspricht 52 Betriebsjahren.

Energiekonzepte für die Zukunft

Eine Untersuchung der Basler Unternehmensberatung PROGNOS kam 1990 zum Schluss: Die EBM sollte sich langfristig von einem reinen Stromverteilungsunternehmen zu einem Dienstleistungsunternehmen für den gesamten Bereich der Stromnutzung und -erzeugung weiterentwickeln. Damit könnte das Know-how der EBM, vor allem beim Ausbau von Wärme-Kraft-Kopplungs-Anlagen und von Photovoltaik-Anlagen, in einen grossen Teilraum der Region Basel einfliessen. Eine Erweiterung der Tätigkeiten in den gesamten Wärmesektor wurde ihr allerdings nicht empfohlen. Dies würde den Rahmen der rechtlichen, personellen und finanziellen Möglichkeiten der EBM sprengen.

Gemäss PROGNOS soll die EBM über alle Stromanwendungen in Haushaltungen, Gewerbe- und Industriebetrieben noch stärker informieren und beraten. Die Stromeigenerzeugung auf der Grundlage von Wärme-Kraft-Kopplungs-Anlagen soll im EBM-Versorgungsgebiet ausgebaut werden – dies in Kooperation mit den Industriellen Werken Basel (IWB) und in Zusammenarbeit mit der Elektra Baselland (EBL). Das gilt nicht nur für Wärme-Kraft-Kopplungsanlagen, sondern auch für die Sonnenenergie (Photovoltaik), wie es anhand typischer Demonstrationsvorhaben geplant ist. In privaten und öffentlichen Gebäuden sollen verstärkt Elektro-Wärmepumpen eingesetzt werden. In Zusammenarbeit mit Industrieunternehmen im Versorgungsgebiet soll ein ständiger Erfahrungsaustausch zum effizienten Stromeinsatz in der Industrie ins Leben gerufen werden. Ausserdem wird der EBM empfohlen, für alle Energiefragen in Industrie und Gewerbe Beratungsunternehmen als rechtlich selbständige EBM-Tochtergesellschaften zu gründen. Schliesslich seien die Tarife für Stromdienstleistungen zu erhöhen. Bis 2005 sei die Erhöhung in der Grössenordnung einer realen Verdoppelung der heutigen Tarife durchzusetzen (in Abstimmung und Kooperation mit EBL und IWB).

Die neue Unternehmensstrategie der EBM, wie sie 1991 unter dem Titel «EBM-Aktionsprogramm Energie 2000» der Delegiertenversammlung vorgestellt wurde, nimmt viele Impulse der PROGNOS-Studie auf. Anlass für die Neuformulierung der Unternehmensstrategie waren allerdings auch die eidgenössischen Abstimmungen über den Energieartikel vom 23. September 1990, die Volksinitiative «Stop dem Atomkraftwerkbau» (zehnjähriges Moratorium) und die Volksinitiative für einen Ausstieg aus der Atomenergie. Energieartikel und Moratorium sind angenommen, der definitive Ausstieg aus der Atomenergie verworfen worden. Mit der Annahme des Energieartikels hielt die Formulierung Einzug in die Bundesverfassung, dass Bund und Kantone sich im Rahmen ihrer Zuständigkeiten für eine ausreichende, breitgefächerte und sichere, wirtschaftliche und umweltverträgliche Energieversorgung sowie für einen sparsamen und rationellen Energieverbrauch einsetzen werden. Der Bund fördere unter anderem die Entwicklung von Energietechniken, insbesondere im Bereich des Energiesparens und der erneuerbaren Energien.

Im EBM-Versorgungsgebiet erhielt der Energieartikel einen Ja-Stimmen-Anteil von 77,6 Prozent; alle 46 Schweizer Gemeinden im Versorgungsgebiet hiessen ihn gut. Der Moratoriums-Initiative stimmten 64,2 Prozent der Stimmenden zu; 44 Gemeinden hiessen sie gut, zwei lehnten sie ab. Besonders aussagekräftig für das politische Klima in der Region: Die Ausstiegs-Initiative wurde im EBM-Gebiet im Gegensatz zur gesamten Schweiz mit 54,2 Prozent Ja-Stimmen angenommen; 30 Gemeinden hiessen sie gut, 16 lehnten sie ab. Aufgrund der Abstimmung beschloss der Bundesrat 1991 sein

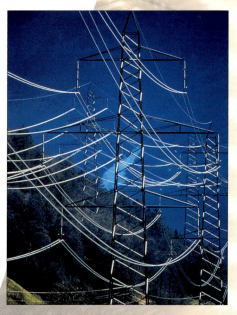

Doppelter Nutzen für Mensch und Umwelt: Wärme-Kraft-Kopplungen machen aus Gas Wärme und elektrische Energie. Die EBM fördert diese zukunftsweisende Technik.

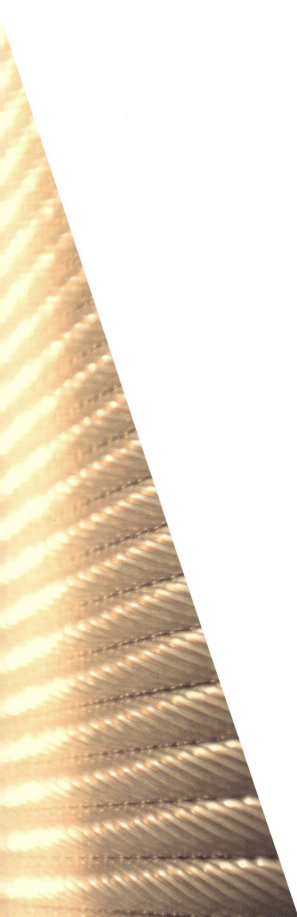

«Aktionsprogramm Energie 2000». Die Moratoriumsfrist sollte optimal genutzt werden. Der Gesamtverbrauch von Kohle, Gas und Öl sowie die Emissionen von Kohlendioxid sollen im Jahr 2000 auf dem Stand von 1990 stabilisiert sein und anschliessend reduziert werden, die Zunahme des Verbrauchs von Elektrizität gedämpft, die Nachfrage ab dem Jahr 2000 stabilisiert werden. Ausserdem sollen die erneuerbaren Energien gefördert werden, so dass sie im Jahr 2000 gesamtschweizerisch 0,5 Prozent zur Stromproduktion und drei Prozent zur Wärmeerzeugung beitragen. Schliesslich soll die Elektrizitätsproduktion aus Wasserkraft um fünf Prozent und die Leistung der bestehenden Kernkraftwerke um zehn Prozent erhöht werden.

Das EBM-Aktionsprogramm «Energie 2000» geht noch weiter, indem es auch die Schnittstelle Wärme/Elektrizität miteinbezieht: Die EBM bleibt im Bereich Wärme-Kraft-Kopplung und Quartierwärmeversorung aktiv. Die Installation von Pilotanlagen mit neuen Technologien, zum Beispiel einer Brennstoffzelle, ist vorgesehen. Die EBM fördert Elektro-Wärmepumpen in Kombination mit Wärme-Kraft-Kopplung. All dies ist mehr, als der Bund von den Elektrizitätsversorgern erwartet. Parallel zu diesem Engagement verstärkt die EBM Information und Öffentlichkeitsarbeit. Die Energieberatung für Haushalte und Kleinverbraucher wird intensiv weitergeführt und auf Industrie, Gewerbe- und Dienstleistungsunternehmen wie auch auf Gemeinden und Kantone ausgedehnt. Nachdem die EBM bereits ein Elektromobil im Einsatz hatte, prüft sie künftig den Einsatz elektrischer Leicht-Strassenfahrzeuge. Die Stromproduktion aus erneuerbaren Energien wird vorangetrieben: mit Kleinwasserkraftwerken und mit Photovoltaik-Anlagen. Gegenüber Energiedienstleistungen und Projekten, zu denen sie Know-how beitragen kann, bleibt die EBM offen. Ferner wird die jährliche Äufnung der Rückstellung zur Förderung sparsamer und rationeller Energieverwendung auf ein Prozent des Ertrags aus dem Elektrizitätsverkauf angehoben. Das sind immerhin rund zwei Millionen Franken pro Jahr.

Der EBM-Kunde wird Wärme-König

Die EBM bietet heute kundenspezifische Problemlösungen an. Bisher lieferten die Stromanbieter den Kunden lediglich das Produkt Strom. Die Kunden wandelten die Elektrizität in die jeweils benötigte Form um, in Antrieb, Licht oder Wärme. In Zukunft wird die EBM auch komplette Dienstleistungen anbieten – gerade im Bereich der komplexeren sparsamen und rationellen Energieumwandlungen. Bestes Beispiel hierfür sind die von der EBM angebotenen kundenspezifischen Wärmedienstleistungspakete. Die Kunden können von der EBM Raumwärme und Warmwasser genauso einfach und bequem wie Strom beziehen. Von der EBM werden ganze Wärmeversorgungskonzepte entworfen und realisiert: für Quartiere, für Überbauungen, ja sogar für Einfamilienhäuser. Genau so, wie es der Kunde will. Je nach Wunsch und finanziellen Möglichkeiten kommen dabei konventionelle oder neue und umweltfreundlichere Technologien zum Einsatz. Zu den Wärmepaketen, wie sie von der EBM angeboten werden, kommt der Kunde auf drei verschiedene Arten. Erstens: Die EBM übernimmt die ganze Investition für Bau und Betrieb der Anlage. Der Kunde zahlt dann einen Wärmepreis, der die Amortisation der Kapitalkosten enthält. Zweitens: Zusammen mit der öffentlichen Hand oder einem grossen Wärmekunden, vielleicht auch mit beiden, wird eine gemeinsame Betriebsgesellschaft ins Leben gerufen. Die Betriebsgesellschaft finanziert, die EBM führt den Betrieb technisch und administrativ, der Kunde bezahlt einen Anschlussbeitrag und die Wärme nach Tarif. Dieser Tarif

Energiekonzepte für die Zukunft

setzt sich aus einem Preis für Leistung und Arbeit zusammen. Wird viel Leistung über eine kurze Zeit in Anspruch genommen, bezahlt der Kunde mehr, als wenn er das Netz über lange Zeit nur mit schwacher Leistung belastet. Drittens gibt es schliesslich die Möglichkeit der kompletten Finanzierung nur durch den Bauherrn. Die EBM beschränkt sich darauf, einen sicheren Betrieb zu garantieren. Der Kunde zahlt dann einen Preis für die Betriebsführung. Die von der EBM betriebenen Heizzentralen versorgen heute 2600 Wohneinheiten, 41 Gewerbeliegenschaften, 27 Schulbauten und 4 Altersheime mit einer Leistungsspitze von 30 000 Kilowatt und einem Wärmebedarf von 48 Millionen Kilowattstunden jährlich.

HEIZWÄRME À LA CARTE.
Vorbei sind die Zeiten, als man sich um Brennstoffeinkauf, Brennerservice, Tank- und Kaminreinigung, Unterhalt und Reparatur, Einhaltung der Abgaswerte, Wärmeabrechnung, Versicherung und dergleichen selber kümmern musste. All das kann Bestandteil des Wärmedienstleistungspaketes sein. Mit einem modernen elektronischen Überwachungs- und Leitsystem von der jeweiligen Heizzentrale zur EBM-Netzleitstelle gewährleistet die EBM zudem hohe Versorgungssicherheit rund um die Uhr. Dazu gehört auch der hauseigene Wärmepikettdienst.

Die Zukunft der Energiegewinnung auf dem Prüfstand

Noch fortschrittlichere Arten zur Energiegewinnung gerade auch zu Heizzwecken werden gegenwärtig geprüft. Zum Beispiel wird die EBM eine erdgasbetriebene Brennstoffzelle erproben. Eine Brennstoffzelle erzeugt auf chemischem Weg Elektrizität (Gleichstrom) und Wärme, indem sich ein gasförmiger Brennstoff mit Sauerstoff vereinigt. Als Brennstoff kann Wasserstoff, Erdgas oder Methanol eingesetzt werden. Brennstoffzellen arbeiten ähnlich wie Batterien, mit dem Unterschied, dass der Brennstoffzelle die chemische Energie in Form eines Brennstoffs kontinuierlich zugeführt wird. Die Energieumwandlung erfolgt geräuschlos, vibrationsfrei und schadstoffarm: Eine erfolgreich installierte Brennstoffzelle könnte die Elektrizitätsversorgung revolutionieren. Hauptnachteil sind zurzeit die noch hohen Kosten. Brennstoffzellen können für Strom-, Wärme- oder Kälteproduktion verwendet werden. Die neuartige Technologie mit kurzer Amortisationsdauer ist gut dezentral einsetzbar. Sie könnte die fossil befeuerten Blockheizkraftwerke für die kombinierte Strom- und Wärmeerzeugung in Industrie und Haushaltungen ablösen. Brennstoffzellen sind auch denkbar als Ersatz für kleine Gasbrenner zur Warmwasseraufbereitung, mit dem «Nebeneffekt» der Stromproduktion, als Ersatz für Dieselmotoren in Notstromgruppen oder als neuartige Batterien zum Antrieb von Elektrofahrzeugen.

Brennstoffzellen sind modular aufgebaut. Parallel oder seriell geschaltet, lassen sich mit ihnen Kraftwerke mit einem breiten Leistungsbereich von 2 Kilowatt bis 60 000 Kilowatt bauen. Brennstoffzellen erzeugen Strom mit einem hohen Wirkungsgrad von etwa 50 Prozent (theoretisch bis auf 70 Prozent erhöhbar). Ausserdem besitzen sie ein gutes Regelverhalten. Eine Brennstoffzelle ist nicht starr: bei geringerer Nachfrage kann die Stromproduktion gedrosselt, bei grösserer Nachfrage gesteigert werden.

In seinem Aktionsprogramm «Energie 2000» setzte sich der Bundesrat das Ziel, 0,5 Prozent der gesamten Stromproduktion mit erneuerbaren Energieformen zu bewerkstelligen. Zur Wärmeerzeugung sollen sie drei Prozent beitragen. Als erneuerbare Energie kommt im Versorgungsgebiet der EBM neben der traditionell ausgenutzten Wasserkraft nur die Sonnenenergie in Frage. Das Potential der übrigen erneuerbaren Energien wie Geothermie, Umgebungswärme, Windenergie oder Biomasse ist gering. Die Stromproduktion aus Biomasse wird auch weiterhin nur in Einzelfällen sinnvoll sein. Mögliche Windstandorte sind rar und stehen mit Natur- und Heimatschutzinteressen nur selten im Einklang. Der ideale Standort wäre auf dem Vogelberg im Passwang-Gebiet. Die Kosten für Bau und Betrieb würden sich im Bereich der Photovoltaik bewegen.

Die EBM konnte im Februar 1995 ein erstes Deponiegaskraftwerk in Betrieb nehmen. Das Werk in der Abfalldeponie Hinterm Chestel der Kehrichtbeseitigung Laufental und Schwarzbubenland AG (KELSAG) bei Liesberg nützt das energiereiche Deponiegas, welches beim biologischen Abbauprozess entsteht. Die Anlage erzeugt brutto 234 Kilowatt Elektrizität. Allerdings ist die Kehrichtdeponie erst zur Hälfte gefüllt. Wegen der unvollständigen Überdeckung kann noch nicht alles anfallende Gas erfasst werden. Bei voller Deponie und fertiggestellter Überdeckung wird man eine jährliche Stromproduktion von 1 600 000 Kilowattstunden erwarten können.

Wie die EBM die Sonne ins Stromnetz bringt

Bis ins Jahr 2000 will die EBM – im Einklang mit dem bundesrätlichen Aktionsprogramm – nach Möglichkeit ein halbes Prozent des Stromverbrauchs in ihrem Gebiet mit Solarstrom decken. 87 500 Quadratmeter Sonnenzellen müssten dafür installiert werden. Gegenüber den erstrebten 8750 Kilowatt liegt die heute bereits erzielte Leistung erst bei 345,8 Kilowatt. Die heute installierten Sonnenzellen erzeugen jährlich 24 300 Kilowattstunden Strom. Das entspricht 0,02 Prozent des Stromverbrauchs. Eine fünfundzwanzigfache Steigerung lässt sich nur mit Einbezug der Kunden ins Solar-Programm erreichen. Im Rahmen der Aktion «Sonnenstrom für jedermann» baut und beteiligt sich die EBM an Photovoltaik-Anlagen und verkauft den in ihren Anlagen und Beteiligungen produzierten Solarstrom über 100-Kilowattstunden–«Sonnenschein» zu vertretbaren Erstehungskosten: 1 Franken pro Kilowattstunde plus Mehrwertsteuer und Tarif.

Die tatsächlichen Kosten betragen durchschnittlich 1.60 Franken pro Kilowattstunde, bei einer Bandbreite von 1.00 bis 2.60 Franken. Die Differenz kommt aus dem EBM-Förderfonds für rationellere Energienutzung. Mindestens das Doppelte jeder verkauften Kilowattstunde Solarstrom wird aus den Mitteln des Förderfonds in neue Solaranlagen investiert. Die EBM macht hierbei keinen Gewinn. Es handelt sich um eine Fördermassnahme, durch die auch Kunden, welche nicht in der Lage sind, selbst eine Photovoltaikanlage zu realisieren, zu einer Möglichkeit kommen, Solarstrom zu einem akzeptablen Preis zu kaufen. Zwar ist der Solarstrom immer noch rund zehn Mal teurer als normaler Strom, er ist aber ökologisch sinnvoll. Den Kunden wird so die Möglichkeit gegeben, persönlich das Ziel des schweizerischen Aktionsprogramms «Energie 2000» zu erreichen oder zumindest den Atomstromanteil – rund 40 Prozent – zu reduzieren und mit Sonnenenergie zu ersetzen. Der Bundesrat würdigte die EBM-Aktion «Sonnenstrom für jedermann». Adolf Ogi gratulierte zum Projekt – dem ersten dieser Art in der Schweiz mit seither vielen Nachahmern – und liess der EBM einen einmaligen Gönnerbeitrag von 10 000 Franken zukommen.

Im Herbst 1995 führte die EBM ein neues Verrechnungsverfahren für Solarstrom ein: das sogenannte Photovoltaik-Clearing. Ab dem Jahr 1996 übernimmt die EBM die überschüssige Stromproduktion von dezentralen Solarstromproduzenten treuhänderisch in Kommission. Die EBM fungiert als Börse oder Drehscheibe für Solarstrom: Über ihr Netz finden Hersteller und Verbraucher von Sonnenstrom zusammen. Auch dieser Solarstrom von Dritten wird im Rahmen der EBM-Aktion «Sonnenstrom für jedermann» den Solarstromkunden mittels 100-Kilowattstunden-«Sonnenschein« offeriert. Den dezentralen Solarstromproduzenten wird der volle Verkaufserlös von einem Fran-

Pionierarbeit für die Zukunft: Brennstoffzellen werden die Energie-Effizienz von Verbrennungsvorgängen revolutionieren. Auch hier ist die EBM mit dabei.

Energiekonzepte für die Zukunft

ken pro Kilowattstunde weitergegeben. Sonnenenergie ist unbegrenzt verfügbar und umweltfreundlich. Weil die Sonnenstrahlung aber ein dünner, kaum gebündelter Energiefluss ist, lässt sich die Strahlung nur mit viel Aufwand einfangen. Auch der Strom von der Sonne lässt sich nicht direkt speichern. Für Photovoltaik-Anlagen ist daher der Verbund mit dem öffentlichen Stromversorgungsnetz wichtig. Das Netz bildet mit seinen Kraftwerken das Ausgleichsbecken. Sonnenenergie kann andere Elektrizitätsarten nicht ersetzen, ist aber eine gute Ergänzung.

Photovoltaik-Anlagen sind längerfristig sicher eine zukunftsträchtige Technologie. Allerdings lässt sich damit heute und für die nächsten zehn bis zwanzig Jahre noch kein substantieller Beitrag zur allgemeinen Stromversorgung leisten. Die Solarstromproduktion wird vorerst marginal bleiben müssen. Heutige Anlagen sind nicht in der Lage, einigermassen konkurrenzfähig Strom zu erzeugen.

Konventionelle Kraftwerke stellen Strom für rund 10 Rappen pro Kilowattstunde her, bei Photovoltaik-Anlagen kostet die Kilowattstunde zurzeit noch etwa 1.60 Franken. Konkurrenzfähigkeit liesse sich nur mit massiven Kostensenkungen erreichen. Die Solar-Panel müssen besser und billiger werden. Wenn bloss 0,5 Prozent des EBM-Stromverkaufs solar erzeugt würden, würde das die Strombeschaffung um zehn Millionen Franken jährlich verteuern. Das entspräche einer Tariferhöhung um fünf Prozent. Ein Anteil von fünf Prozent hätte Mehrkosten von 100 Millionen Franken pro Jahr zur Folge, was einer Tariferhöhung um 50 Prozent entsprechen würde. Trotzdem braucht es Pilot- und Demonstrationsanlagen. Es braucht sie für die Forschung, damit dereinst Solarstrom einen grösseren Beitrag zur Stromversorgung leisten kann. Es braucht sie, um die Bevölkerung über Möglichkeiten und Grenzen des Solarstroms zu informieren. Schliesslich braucht es sie, um die durchaus vorhandene Nachfrage nach Solarstrom stillen zu können.

Bei den regenerativen Energieformen setzt die EBM nach wie vor in erster Linie auf Wasserkraft. Der Beitrag der beiden Kleinwasserkraftwerke in Dornachbrugg und Laufen ist zwar gesamthaft bescheiden, im Vergleich mit anderen erneuerbaren Energieträgern jedoch durchaus beachtlich. Gemäss dem bundesrätlichen Aktionsprogramm «Energie 2000» soll die aus Wasserantrieb gewonnene Energiemenge bis zum Jahr 2000 um fünf Prozent erhöht werden. Hierzu leistet die EBM an der Birs ihren Beitrag. Das neue Kraftwerk Dornachbrugg konnte am 31. August 1996 öffentlich eingeweiht werden. Das Gefälle an der natürlichen Felsschwelle bei Dornachbrugg wurde schon seit Jahrhunderten genutzt. Jahrzehntelang hatte hier die Spinnerei Schappe in Arlesheim die Wasserkraft verwendet. Mit der Schliessung des Fabrikareals wurde die Anlage 1977 stillgelegt. In der Folge hatte sich die EBM bereit erklärt, ein neues Kraftwerk zu bauen.

Die unterirdisch angelegte Zentrale dieses Kraftwerks arbeitet vollautomatisch. Die Fallhöhe von neun Metern wird mit zwei Kegelradrohrturbinen genutzt. Die maximale Leistung von 1540 Kilowatt lässt eine mittlere Jahresstromproduktion von 7,35 Millionen Kilowattstunden erwarten. Bei Investitionskosten von 15,8 Millionen Franken belaufen sich die Gestehungskosten des Stroms auf rund 20 Rappen pro Kilowattstunde.

Ebenfalls neu erstellt worden ist das Kraftwerk Laufen. 1995 nahm das neue Kraftwerk den Probebetrieb auf, und seit dem 1. Januar 1996 läuft die achtzigjährige

Natur und Energietechnik im Einklang: Strom aus Wasserkraftwerken ist sauber. Die EBM trägt Sorge dazu, dass auch die Fische ihre Kraftwerke passieren können.

Konzessionsdauer. Die maximale Leistung von 680 Kilowatt lässt hier eine mittlere Jahresstromproduktion von 3 Millionen Kilowattstunden erwarten. Der Neubau kostete die EBM 7,5 Millionen Franken. Die Kosten für die Stromproduktion betragen zwischen 20 und 25 Rappen pro Kilowattstunde.

Neu ist die Beteiligung der EBM an der Gasversorgung. Die EBM ist an der 1993 gegründeten Erdgas AG Laufental-Thierstein (GASAG) mit 40 Prozent des Aktienkapitals beteiligt. Mitbeteiligt sind zehn Gemeinden. Vorerst wird in Laufen und in Breitenbach eine Detailversorgung aufgebaut. Die GASAG, deren Betrieb die EBM technisch und administrativ führt, konnte im Oktober 1994 die Versorgung der ersten Liegenschaften aufnehmen.

Beratungsdienstleistungen als Kunden-Trumpf

Den Verbrauch zu reduzieren und Energie effizient zu nutzen ist umweltverträglicher und wirtschaftlicher, als zusätzliche Energie zu produzieren. Die EBM will ihren Kundinnen und Kunden in diesem Sinn zeigen, wie sie ihren Energiebedarf sparsam, wirtschaftlich und rationell decken können. Die Energieberatung wurde bereits 1979 aus dem Aufgabenbereich der Hausinstallationsabteilung ausgegliedert, als Energieberatungsstelle institutionalisiert und seither immer wieder personell verstärkt. Als Beitrag zum Aktionsprogramm «Energie 2000» wurde die Energieberatung für Haushaltungen und Kleinverbraucher intensiv weitergeführt. Seit Herbst 1994 nimmt die EBM die flächendeckende öffentliche Energieberatung Dorneck-Thierstein und seit 1996 auch im Kanton Basel-Land im Auftrag von Bund, Kanton und Gemeinden wahr. Die Abteilung Energieberatung verfügt inzwischen über 6,5 Vollpensen. Sie befasst sich mit allen Energieträgern. Für Grobanalysen, Energie-Controlling, Beurteilung von Offerten, Bauplanung, Gebäudesanierungen, Wärmedämmung von Gebäuden, Heizungssanierung und -ersatz, Warmwasseraufbereitung, Einsatz erneuerbarer Energiequellen, für Effizienzfragen, Reduktion von Lastspitzen, Beleuchtung, Abwärmenutzung, Wärmerückgewinnung oder Schulung – etwa in Kursen für Hauswarte – ist man hier am richtigen Ort. Die Erst- und Vorgehensberatung ist für Gemeinden, Unternehmungen, Bauherren, Architekten, Planer und Haushaltungen kostenlos. Weitergehende Beratung, Planung und Projektierung sowie treuhänderische Projektbegleitung werden vermittelt und gemäss Aufwand in Rechnung gestellt. Die Beratung erfolgt telefonisch, im eigenen Beratungscenter oder beim Kunden. Seit 1992 fährt ausserdem das EBM-Beratungsmobil, das man auch an Gewerbeausstellungen und Märkten vorfindet, in die Dörfer.

Die EBM beschränkt sich bei Projekten in der Regel auf die Vorbereitungsphase. Die Probleme werden analysiert und Daten erarbeitet. Planungsphase und Ausführungsphase erfolgen durch Ingenieurbüros im Auftrag des Bauherrn. Für die Solaraktion «Nutzen Sie Sonnenwärme» wurde die EBM 1996 mit ihrer Energieberatung Solarpreisträger. Im Rahmen ihrer Solaraktion offerierte die EBM 125 Warmwasser-Solaranlagen SOLKIT für Einfamilienhäuser fixfertig zu einem Preis ab 9800 Franken. Hiervon sind die 2000 Franken kantonale Subvention bereits abgezogen. SOLKIT ist von der Ingenieurschule Rapperswil im Auftrag des Bundesamtes für Energiewirtschaft entwickelt und von der Firma Bürgenmeier-Krismer AG, Liestal, standardisiert und gefertigt worden. SOLKIT ist an einem Tag montiert. Abklärungen vor Ort, Bearbeitung des Baugesuchs, Subventionsantrag, Detailofferte, Einbau sowie Inbetriebnahme und Wartung durch qualifizierte Installateure werden durch die EBM ausgeführt. Die Anlage mit 4,5 Quadratmeter Sonnenkollektoren und 400-Liter-Warmwasserspeicher leistet 2540 Kilowattstunden jährlich.

Energiekonzepte für die Zukunft

Eigenstromproduktion von Dritten wird von der EBM gefördert. Überschüssiger Strom aus solchen Anlagen kann ins Netz der EBM eingespeist werden. Nach Artikel 13 des Baselbieter Energiegesetzes müssen die Elektrizitätswerke dezentral erzeugte, überschüssige elektrische Energie in ihr Netz übernehmen, sofern die Energie in einer für das Netz geeigneten Art und unter Einhaltung der technischen Vorschriften eingespeist wird. In dieselbe Richtung zielt auch der «Bundesbeschluss für eine sparsame und rationelle Energienutzung». Das Eidgenössische Verkehrs- und Energiewirtschaftsdepartement empfahl einen minimalen Jahresmittelpreis von 16 Rappen pro Kilowattstunde für Strom aus erneuerbarer Energie und von rund 8,2 bis 8,9 Rappen für Strom aus nichterneuerbarer Energie. Das betrifft Strom aus Energieerzeugungsanlagen von Selbstversorgern bis zu 1 Megawatt Leistung.

Strom aus Eigenproduktion und das EBM-Netz

Die EBM vergütet Strom aus WKK-Eigenerzeugungsanlagen mit einer Kapazität zwischen 10 kVA und 500 kVA mit einem Jahresmittelpreis von 12,7 Rappen pro Kilowattstunde. Die Stromübernahmepreise liegen über den mittleren Stromankaufskosten der EBM von 8,33 Rappen pro Kilowattstunde und über den Gestehungskosten in einem vernünftig angelegten Blockheizkraftwerk. Politisch gefordert werden noch stärker subventionierte Stromübernahmepreise. Sie würden jedoch falsche Signale setzen. Der Anreiz, vermehrt energetisch optimale Totalenergieanlagen – also Wärme-Kraft-Kopplungs-Anlagen in Kombination mit einer Elektro-Wärmepumpe – einzusetzen, ginge verloren. Zu hohe Übernahmepreise lassen es attraktiv erscheinen, Strom in einer schlecht dimensionierten, billigen Wärme-Kraft-Kopplungs-Anlage ohne Elektro-Wärmepumpe zu erzeugen und der EBM zu attraktiven Preisen zu verkaufen. Die Politik der EBM zielt jedoch auf Verbrauchsreduktion durch sparsame und rationelle Energieverwendung, keinesfalls auf die Ankurbelung der Stromproduktion aus fossilen Energieträgern. Die Stromübernahmepreise sind deshalb so zu gestalten, dass nur richtig dimensionierte Anlagen rentabel sind.

Von der Arbeitsgemeinschaft für dezentrale Energieversorgung (ADEV) sind die Stromübernahmepreise der EBM und der EBL angefochten worden. Die ADEV verlangte vom Regierungsrat des Kantons Basel-Landschaft, dass die EBM auf eine Vergütung von durchschnittlich 17,7 Rappen pro Kilowattstunde zu verpflichten sei. Der Regierungsrat entschied für einen Übernahmepreis von mindestens 14,55 Rappen pro Kilowattstunde. Ferner stellte er fest, dass ein Eigenerzeuger zuerst den dezentral erzeugten Strom für eigene Zwecke nach Bedarf zu nutzen habe. Lediglich der darüber hinaus erzeugte Strom sei von den Elektrizitätswerken zu vergüten. Jede rechtliche Konstruktion, die zur Folge hat, dass der gesamte eigenerzeugte Strom zum überschüssigen Strom wird, widerspricht der Absicht des Gesetzgebers. Als zentral im Sinne des Energiegesetzgebers gelten schon Kraftwerke ab etwa 20 000 Kilowatt Leistung. EBM, EBL und ADEV reichten beim Verwaltungsgericht Beschwerde gegen den Entscheid des Regierungsrates ein. Hierbei ging und geht es um eine entscheidende Weichenstellung für die Zukunft. Recht-

ENERGIESPAREN IM GESPRÄCH.
Seit 1981 hat die EBM ihre Öffentlichkeitsarbeit im Zeichen des Energiesparens kontinuierlich intensiviert. Seither verschickt die EBM an alle Kunden die rote Karte mit ihrem individuellen Stromverbrauchsvergleich. 1985 lancierte sie die Energiesparkampagne «Styg y – spar Energie» mit einer Sammelmappe mit Spartips für den Alltag. Inzwischen verfügt allein die Abteilung Information über vier Personen. Sie befasst sich mit Medienarbeit, mit der Erstellung von Broschüren, Merkblättern, Stromsparkalendern und Kundenzeitschriften. Ausserdem organisiert sie Tage der offenen Tür, Führungen oder Konsumententagungen. Sie führt ein Strommuseum und veranstaltet Infobörsen für Mitarbeiter. 1991 schuf die EBM gemeinsam mit IWB, EBL und Atel das Forum «Gesprächskreis Energie und Umwelt» für Entscheidungsträger in Politik und Wirtschaft – bisher zu den Themen: Klimadrama, Umweltschäden durch Perfektionismus, Besteuerung und Lenkung von Energie, Verkehr, Strompreise, Surfen auf elektromagnetischen Wellen.

lich steht die Auslegung der Begriffe «gleichwertige Energie» und «neue, zentrale, inländische Stromerzeugungsanlagen» zur Debatte. Umweltpolitisch droht die Gefahr, falsche Signale durch stark überhöhte Übernahmepreise für Strom aus fossilen Energieträgern zu setzen. Wirtschaftlich ist es mehr als bloss ein Kampf um Rappen. Es geht um Subventionen von mehreren Millionen Franken zu Lasten der übrigen Stromkunden.

Im Herbst 1996 einigten sich EBM, EBL und ADEV auf ein Dreistufenmodell: Bei einer Generatorenleistung bis 70 Kilowatt beträgt der Jahresmittelpreis 15,5 Rappen pro Kilowattstunde, von 71 bis 180 Kilowatt 13,5 Rappen pro Kilowattstunde und von 181 bis 500 Kilowatt 11,2 Rappen pro Kilowattstunde.

Auf dem Weg zum liberalen europäischen Strommarkt

Der Elektrizitätsmarkt befindet sich gegenwärtig im Umbruch. Sowohl die Europäische Union wie auch die Schweiz wollen den Elektrizitätsmarkt öffnen und liberalisieren. Damit bahnt sich eine Revolution im Strommarkt an. Unternehmen werden dereinst ihren Strom von Anbietern ihrer Wahl beziehen können. Die Schweizer Stromversorger erhalten Konkurrenz aus Europa. Im Gegenzug entstehen neue Absatzmärkte von Spanien bis Norwegen und von England bis Griechenland. Wegen der speziellen Lage ihres Versorgungsgebietes in der Schweiz und in Frankreich verfolgt die EBM die Entwicklung in der EU und in der Schweiz mit besonderem Interesse.

In der EU steht dem Modell des freien Zugangs von Stromverteilern und Grossindustrien zum Netz die französische Idee des Alleinanbieters gegenüber. Die Politik der EU zielt seit ihrem Bestehen darauf hin, einen gemeinsamen Binnenmarkt zu errichten. Waren, Personen, Dienstleistungen und Kapital sollen frei zirkulieren können.

Eine «Richtlinie zum Erlass gemeinsamer Regeln für einen Elektrizitätsbinnenmarkt» hatte 1992 drei Hauptstossrichtungen: Ausschliessliche Rechte für den Bau von Kraftwerken und Leitungen sollte es in Zukunft nicht mehr geben. Bei grossen Unternehmen, in denen Kraftwerke und Leitungsnetz unter einem Dach zusammengeschlossen sind, wurde die Entflechtung von Management und Rechnungswesen in den Bereichen Produktion, Transport und Verteilung verlangt. Stromverteiler und Grossindustrien sollten freien Zugang zur Elektrizitätsdurchleitung durch fremde Netze haben (sogenannter «Third-Party Access», TPA).

Diese ursprüngliche Richtlinie wurde durch die EU-Kommission verändert. Die Entflechtung sollte auf den Bereich des Rechnungswesens beschränkt, der TPA von einem obligatorischen Zugangsrecht in ein Recht auf Verhandlungen um diesen Zugang (Negotiated TPA = NTPA) reduziert werden. Bei diesem Netzzugang auf Vertragsbasis handeln Stromproduzenten, Elektrizitätsversorgungsunternehmen und der wettbewerbsberechtigte Kunde mit den Netzbetreibern der Übertragungs- und Verteilernetze die Zugangskonditionen aus, damit untereinander Lieferverträge abgeschlossen werden können. Ein EU-Staat kann sich auch für ein geregeltes Netzzugangssystem auf der Grundlage veröffentlichter Tarife entscheiden. Wenn er nicht über genügend Kapazität verfügt, kann der Netzbetreiber den Zugang zum Netz verweigern.

Frankreich stellte demgegenüber mit Erfolg das Modell eines Alleinkäufers (Acheteur unique) als Alternative neben das NTPA-Modell. Nach diesem französischen Modell bleibt der Netzeigentümer alleiniger An- und Verkäufer von Strom. Man spricht auch vom Alleinabnehmersystem (Single Buyer). Innerhalb eines bestimmten Netz-

Energiedienstleistungen für die Region: Die Experten der EBM werden vermehrt auch ganze Produktionsanlagen betreuen. Das spart der Industrie Kosten und Energie.

Energiekonzepte für die Zukunft

gebietes wird vom Staat ein Alleinabnehmer eingesetzt: Er ist Ansprechpartner für alle, die Strom möchten. Der Alleinabnehmer übernimmt den Strom in sein Netz zu einem bestimmten Tarif und verkauft Strom aus seinem Netz.

Mit der Annahme der Richtlinie durch das Parlament der EU sind beide Netzzugänge seit Anfang 1997 gesetzlich verankert. Im Hinblick auf die bilateralen Verhandlungen der Schweiz mit der EU über den grenzüberschreitenden Stromhandel ist klar: Die Öffnung des Elektrizitätsmarktes in der Schweiz muss europakompatibel erfolgen. So empfiehlt es das Bundesamt für Energiewirtschaft (BEW). Im Bericht «Marktöffnung im Elektrizitätsbereich» vom Januar 1997 wird auch gefordert, dass zu gegebener Zeit Gespräche mit der EU über die Gegenseitigkeit im Stromhandel zu führen seien, um Stromproduzenten und Kunden einen diskriminationsfreien Zugang zum gesamteuropäischen Markt zu ermöglichen. Der Zugang zum europäischen Markt ist für grosse schweizerische Stromhändler wie die Atel eine echte Chance. Das BEW fordert die Elektrizitätswirtschaft auf, Vorschläge über die Einzelheiten der Ausgestaltung der erforderlichen Regelungen zur Marktöffnung zu unterbreiten. Zu denken ist da beispielsweise an die Benennung der regionalen Single Buyers, an die Ausgestaltung ihrer Pflichten und Rechte, an die Erarbeitung eines einheitlichen Kostenrechnungsschemas zur Gewährleistung der Kostentransparenz sowie an die weitere Ausgestaltung des Netzbetriebes.

Die EBM erfüllt die Tarifempfehlungen des Eidgenössischen Verkehrs- und Energiewirtschaftsdepartementes (EVED) vom Mai 1989 vollständig. Die Stromkosten werden verursachergerecht zugeteilt, vorhandene Quersubventionierungen sind eliminiert. Den industriellen Kunden werden Preise verrechnet, die den von ihnen verursachten Kostenanteilen auch wirklich entsprechen. Für die Zukunft stellt sich das EVED freiwillige Zusammenschlüsse innerhalb der Elektrizitätswirtschaft vor, um den Markt zu rationalisieren.

Der Verantwortung bewusst: Auch wenn sich der freie Strommarkt durchsetzen wird, bleibt die Elektra Birseck auch ihren abgelegenen Kunden in der Region treu.

Strom der Freiheit: Die Marktöffnung ist für die EBM eine Herausforderung.

Verglichen mit dem Ausland ist die Schweiz ein Hochpreisland. Schweizerische Strompreise werden jährlich durch Abgaben und Beiträge an öffentliche Gemeinwesen von insgesamt 2060 Millionen Franken oder 4,45 Rappen pro Kilowattstunde belastet. Das entspricht einem Viertel des Endverkaufspreises von 17,75 Rappen für die Kilowattstunde. Alle anderen europäischen Länder, mit Ausnahme von Dänemark (9,3 Rp./kWh), belasten die Strompreise weniger. Zusätzliche Belastungen stehen in der Schweiz zur Diskussion.

Die Ideen reichen von einer Energie-Umweltinitiative mit Lenkungsabgaben über die Finanzierung des flexiblen Rentenalters mit einer Energiesteuer bis zu der Forderung nach einer Kohlendioxid-Abgabe oder nach Erhöhung der Wasserzinsen. Der Bericht über die Öffnung des Elektrizitätsmarktes der Arbeitsgruppe Cattin im Bundesamt für Energiewirtschaft emp-

KONKURRENZFÄHIGKEIT WAHREN.

Die Schweiz muss schon heute ihre Wirtschaft auf eine künftige Konkurrenz in und mit ganz Europa vorbereiten. Das gilt nicht nur für die Elektrizitätswirtschaft. Schon heute treten die Staaten miteinander in Konkurrenz, indem sie grossen Unternehmen verschiedene Rahmenbedingungen bieten. Die Schweiz braucht Reformen, die sie als Standort für grosse Unternehmen attraktiver machen, sonst verliert sie Arbeitsplätze und Wertschöpfungspotential ans Ausland. Das befürchtet der Bundesrat. Mit tieferen Strompreisen soll die schweizerische Wirtschaft international konkurrenzfähiger werden. Das fordert der Markt. Innerhalb der Schweiz gibt es allerdings gegenläufige Strömungen, oft mit ökologischem Hintergrund.

fahl, die Stromkosten stärker auf kommerzielle und finanzielle Kriterien auszurichten und neue und erneuerbare Energien nicht zu Lasten der Stromkosten zu fördern. Unter einer solchen Politik hätte der Umweltschutz zu leiden, weil ökologisch bedenklicher Strom aus dem Ausland die saubere und deshalb teurere Elektrizität vom Markt verdrängen würde. Von den Elektrizitätswerken wurde verlangt, dass sie ihre Konditionen noch besser den Bedürfnissen und Möglichkeiten von Industriekunden anpassen. Die Einführung des Zugangs Dritter zum schweizerischen Netz im Sinn eines Third-Party Access müsse gleichzeitig mit dem Ausland geschehen. Das System eines Alleinabnehmers für die ganze Schweiz wird verworfen.

Gut 90 Prozent des europäischen Stroms werden im gleichen Land erzeugt und verbraucht. Knapp 10 Prozent dienen dem internationalen Elektrizitätsausgleich. Das meiste davon ist hochwertiger Versorgungsstrom, der auch über lange Zeit konstant bleibt. Ein Teil davon ist Handelsstrom und wird an den Meistbietenden verkauft. Auf den europäischen Spotmärkten herrscht im Moment ein Überangebot. Das hat sinkende Preise zur Folge. Drei Rappen kostet die Kilowattstunde. Das entspricht etwa dem für die Herstellung verbrauchten Brennstoff. Betriebe mit hohem Stromverbrauch sind oft an tiefen Preisen interessiert. Demgegenüber steht für andere Betriebe eine hohe Versorgungssicherheit im Vordergrund. Vom Versorger wird eine stetig hohe Lieferbereitschaft mit möglichst konstanter und oberwellenfreier Spannung erwartet.

Strategische Partnerschaften in der Schweiz und in Europa

Strom ist nicht gleich Strom. Versorgungsstrom und Handelsstrom sind zwei verschiedene Produkte. Mit Billigstrom kann kein Betrieb seine Stromversorgung sicherstellen. Für die EBM ist der europäische Strom-Spotmarkt keine Bezugsquelle. Die EBM setzt auf eine qualitativ hochwertige Energieversorgung für ihre Kunden. Das vergleichsweise höhere Preisniveau ist durch ausreichende Sicherheitsreserven bei Produktion und Übertragung gerechtfertigt.

Mit der Liberalisierung wird Elektrizität immer mehr zur Handelsware. Der EBM fehlen allerdings die Voraussetzungen für den Einstieg ins Handelsgeschäft. Die strategische Aufgabenteilung zwischen der Aare-Tessin AG für Elektrizität (Atel) als Stromhändlerin und der EBM als Stromverteilerin scheint auch für die Zukunft wegweisend. Die EBM beschränkt sich deshalb auf ihr Kerngeschäft: die regionale Versorgung von Kunden. Dafür besitzt die EBM zwei Teilnetze, welche in der Regel getrennt betrieben werden. Das Nordnetz gehört zum Regelgebiet der Atel, das Südnetz zum Regelgebiet der BKW. In der rund um die Uhr besetzten Netzleitstelle wird das Hoch- und Mittelspannungsnetz ständig überwacht, um den EBM-Kunden eine kontinuierliche Stromversorgung zu gewährleisten. Zum Hoch- und Mittelspannungsnetz der EBM gehören insgesamt zehn Unterwerke, 690 Kilometer Kabelleitungen, 156 Kilometer Freileitungen und etwa tausend Transformatorstationen.

Beim Mittelspannungsnetz prüft die EBM eine Erhöhung der Netzspannung von heute 13 Kilovolt auf den Standardwert von 20 Kilovolt. Durch die Umstellung, die frühestens ab dem Jahr 2005 realisiert werden könnte, liessen sich grössere Energiemengen zu geringeren Kosten übertragen. Neue Netzteile müssten nicht gebaut werden. Beides würde die Kosten senken. Allerdings setzt eine Spannungsumstellung auch auf der Seite der Grosskunden Anpassungen und Änderungen voraus. Das ganze Leitungsnetz der EBM umfasst 997 Kilometer Freileitungen und 2575 Kilometer Kabel-

Energiekonzepte für die Zukunft

leitungen. Der Boden, auf dem das Leitungsnetz steht oder liegt, Allmenden und Strassenareale, befindet sich meist im Besitz von Gemeinden. In Konzessionsverträgen verpflichten sich diese, ihren Boden einem Versorgungsunternehmen für die flächendeckende allgemeine Versorgung der Endverbraucher zur Verfügung zu stellen. Die EBM bezahlt dafür ein Entgelt, die sogenannte Konzessionsabgabe. In den Jahren 1992/93 ersetzten die EBM und die 46 Schweizer Gemeinden des Versorgungsgebietes nach langwierigen Verhandlungen den bisherigen, 36 Jahre alten Konzessionsvertrag. Der neue Konzessionsvertrag lehnt sich an einen Mustervertrag der Bau- und Umweltschutzdirektion des Kantons Basel-Landschaft an. Als Konzessionsabgabe vergütet die EBM statt des bisherigen fünfzigprozentigen Gemeinderabattes seither 1,6 Prozent des Ertrags aus dem Elektrizitätsverkauf. Diese Vergütung teilen sich die Konzessionsgemeinden nach Einwohnerzahl auf. 1993 hat auch die Stadt Saint-Louis sowie das Syndicat Intercommunal pour la Distribution d'Energie Electrique (SIDEL) für die übrigen elf elsässischen Gemeinden mit der EBM einen neuen Konzessionsvertrag abgeschlossen. Er entspricht dem Mustervertrag der staatlichen Electricité de France und des französischen Gemeindeverbandes. Für die Konzessionsabgabe gilt weiterhin eine einheitliche Regelung im gesamten EBM-Versorgungsgebiet.

«IMPORTABHÄNGIGE» REGION.
Die Stromkonsumenten der Region Basel werden durch die Industriellen Werke Basel (IWB), die Elektra Birseck (EBM), die Elektra Baselland (EBL) und die BKW Energie AG (BKW) versorgt. Ein Fünftel des benötigten Stroms stammt aus Kraftwerken im Versorgungsgebiet selbst. Vier Fünftel müssen von aussen hinzugekauft werden.

Ein fester Platz im Verbundnetz

Rückgrat der sicheren, konstanten und stets ausreichenden Stromversorgung im Birseck bilden die ausserregionalen Lieferanten Atel und BKW mit ihren leistungsfähigen Übertragungsleitungen. 81 Prozent des regionalen Stromverbrauchs bezieht die EBM von der Atel und der BKW, die auch darum besorgt sind, dass Verbrauch und Stromproduktion ständig im Gleichgewicht bleiben, Schwankungen im Netz also ausgeglichen werden. An der Atel ist die EBM mit 10,5 Prozent beteiligt. Diese Beteiligung dient der EBM als Ersatz für fehlende eigene Kraftwerke. Der Lieferanteil der Atel allein macht heute 70 bis 75 Prozent aus. Mit der BKW besteht ein langfristiger Liefervertrag. Die BKW liefert Elektrizität für das EBM-Südnetz. 19 Prozent des Stromverbrauchs im EBM-Versorgungsgebiet stammen aus der Region selber. 13 Prozent kommen von den regionalen Kraftwerken in Birsfelden und Augst, 6 Prozent von lokalen Produzenten.

Das Kraftwerk Birsfelden (KWB) ist das grösste Laufkraftwerk der Schweiz und die grösste Stromproduzentin der Region. Die EBM ist am KWB mit 15 Prozent beteiligt und be-

Power für den Verkehr: Die elektrische Mobilität gewinnt an Wichtigkeit, ob auf der Schiene oder im Elektromobil.

Licht für Sicherheit: Die Beleuchtung öffentlicher Plätze und Strassen bleibt eine wichtige Aufgabe. Sie schafft Lebensqualität und verhindert Unfälle und Kriminalität.

Energiekonzepte für die Zukunft

ansprucht vertraglich 30 Prozent der Nettostromproduktion. Bis 1999 wird das Kraftwerk in mehreren Schritten erneuert und ausgebaut, wodurch die Jahresstromproduktion um insgesamt etwa 50 Millionen Kilowattstunden erhöht wird.

Im Kraftwerk Augst wird die Nettostromproduktion zu 80 Prozent vom Aargauischen Elektrizitätswerk (AEW) und zu je 10 Prozent von der EBM und der EBL übernommen. Das Kraftwerk Augst liefert der EBM etwa 25 Millionen Kilowattstunden jährlich. Über das Kraftwerk Augst ist die EBM indirekt mit dem Netz der Nordostschweizerischen Kraftwerke (NOK) verknüpft.

Der Strombeschaffungsmarkt von morgen

Die EBM-eigenen Kraftwerke in Dornachbrugg und Laufen geben jährlich 7,35 beziehungsweise 3 Millionen Kilowattstunden ans Netz ab. Verschiedene Eigenerzeugungsanlagen liefern derzeit rund sechs Prozent des Stromverbrauchs im EBM-Gebiet. Industrielle Birskraftwerke, Wärme-Kraft-Kopplungs-Anlagen, eine Gegendruck-Dampfturbine sowie diverse Notstromanlagen erzeugen etwa 63 Millionen Kilowattstunden jährlich.

Im Parallelbetrieb mit dem Netz der EBM erzeugen 40 Blockheizkraftwerke und ein Totalenergie-Modul in insgesamt 37 Anlagen etwa 16 Millionen Kilowattstunden jährlich. 1994/95 erstellte die EBM in der Abfalldeponie Hinterm Kessel bei Liesberg ein Deponiegaskraftwerk mit einer Leistung von 234 Kilowatt Elektrizität. Es erzeugt mittlerweile 0,9 Millionen Kilowattstunden jährlich. Schliesslich produzieren im Netzverbund vierzig Sonnenenergieanlagen etwa 243 000 Kilowattstunden; hinzu kommt noch eine Transitlieferung der BKW von 25 000 Kilowattstunden jährlich aus der EBM-Beteiligung am Sonnenkraftwerk Mont Soleil bei St-Imier. Die Gesamtproduktion an Solarstrom stammt zu 32 Prozent aus EBM-eigenen Anlagen. Die Strombeschaffung ist mit knapp 50 Prozent der grösste Aufwandposten der EBM.

Ihren künftigen Beschaffungsmarkt sieht die EBM weiterhin in Strombezügen aus zentraler Produktion mittels Beteiligung oder langfristiger Lieferverträge. Andererseits soll dezentral erzeugter Strom übernommen werden. Ohne Erneuerung der inländischen Kraftwerke oder der langfristigen Bezugsrechte im Ausland wird das schweizerische Elektrizitätsangebot nach dem Jahr 2010 rasch absinken.

Wegen der politischen Widerstände gegen den Ersatz bestehender inländischer Grosswerke dürfte die Bedeutung dezentraler Stromproduktion mit Anlagen im kleinen bis mittleren Leistungsbereich weiter zunehmen. Bereits heute ist es möglich, mit Gas, Biomasse oder Schweröl und adäquater Abgeltung der anfallenden Heizenergie Wärme-Kraft-Kopplungs-Anlagen wirtschaftlich zu betreiben. Die sich abzeichnende Öffnung des Elektrizitätsmarktes wird diesen Trend unterstützen. Heute noch werden bestehende Markthemmnisse für dezentrale Produktion abgebaut. Vermehrt werden Technologien mit kürzerer Abschreibungsdauer eingesetzt. Doch die Marktöffnung alleine produziert noch keinen Strom – und Transitleitungen werden auch künftig um Akzeptanz ringen müssen.

Forschung und Energietechnik: Für den Werk- und Denkplatz Birseck ist kostengünstiger Strom eine wichtige Voraussetzung. Das weiss die EBM. Und sie handelt danach.

Zielkonflikte setzen die Leitplanken für die Energiekonzepte der Zukunft: Elektrischer Strom soll, so die politische Forderung, möglichst umweltverträglich produziert werden. Auf der anderen Seite gilt es das Bedürfnis von Wirtschaft und Privaten nach bezahlbarer Energie und die europäische Marktöffnung im Auge zu behalten. Dezentrale Stromproduktion in Kombination mit Wärmeprojekten, vermehrte Dienstleistungsangebote, Förderung additiver Energieformen und Fortsetzung der strategischen Partnerschaft mit Grossproduzenten und Stromhändlern – dies sind die Konzepte, mit denen die EBM ins 21. Jahrhundert schreitet. Voraussetzung für das Gelingen ist freilich eine berechenbare Energiepolitik, die der EBM den Spielraum gibt, den sie für die flexible Umsetzung am Markt braucht.

Interview: Pascal Hollenstein

In die Elektrizitätswirtschaft ist Bewegung gekommen. Bereits vor 20 Jahren hat die EBM ihr Geschäft auf Wärmeanwendungen ausgeweitet und mit der konsequenten Förderung additiver Energieformen begonnen. Jetzt steht dem Energiedienstleister mit der Liberalisierung des Elektrizitätsmarktes die grösste Herausforderung seit der Gründung bevor.

Direktor Dr. Hans Büttiker zu den Perspektiven für die EBM.

Perspektiven für die Zukunft

DIE EBM UND DIE WÄRMETECHNIK.

In der Schweiz war die EBM eines der ersten Elektrizitätswerke, die sich intensiv mit Wärmeanwendungen zu beschäftigen begannen. Was haben eigentlich die Kunden von diesem Engagement? Anders gefragt: Was kann die EBM, was nicht auch ein normaler Heizungsinstallateur könnte?

Unser Engagement im Wärmebereich hat seinen Ursprung in unseren Bestrebungen zur sparsamen und rationellen Energieverwendung. Wir wollen die Primärenergie – in der Regel Gas – besser und wertigkeitsgerechter nutzen. Mit Wärmekraftkopplungsanlagen produzieren wir Wärme und Strom. Und wenn nun dieser Strom für den Antrieb von Wärmepumpen eingesetzt wird, also zusätzlich noch Umweltenergie genutzt werden kann, erreichen wir bei geringerer Schadstoffbilanz einen wesentlich besseren Wirkungsgrad als bei einem normalen Verbrennungsvorgang. Dabei ist es optimal, wenn die Wärmekraftkopplungsanlagen in Ballungsgebieten mit ihrem grossen Wärmebedarf betrieben und die Wärmepumpen vornehmlich in peripheren oder ländlichen Gebieten mit eher lockerer Überbauung eingesetzt werden. Das Stromnetz der EBM hat bei diesem Zusammenspiel eine wichtige Funktion. Strom und Wärme haben viele Gemeinsamkeiten. Die administrativen Aufgaben sind vergleichbar. Beide Energieformen sind leitungsgebunden. Beim Aufbau der Fernwärmenetze können wir unsere langjährige Erfahrung als Netzplaner und Netzbetreiber einbringen. Und ähnlich wie bei der Stromversorgung ist es auch im Wärmebereich von Vorteil, wenn man die Risiken, die man beim Einsatz von neuen Technologien eingehen muss, breiter abstützen kann.

Die EBM betont in jüngster Zeit immer wieder, sie habe sich vom reinen Stromversorger zum universellen Energiedienstleister gewandelt. Das klingt gut, Dr. Hans Büttiker, aber was muss man sich unter einer solchen Verwandlung genau vorstellen?

Bereits seit vielen Jahrzehnten übernimmt die EBM neben dem Stromverkauf Aufgaben, bei denen sie ihr Know-how und ihre Erfahrung aus dem Stromgeschäft einbringen und Synergien zur Primärtätigkeit nutzen kann. Ich denke da zum Beispiel an die Strassenbeleuchtung für die Gemeinden und Kantone oder auch an die Elektroinstallationen in Wohnbauten, beim Gewerbe und bei der Industrie. Seit bald zwanzig Jahren ist die Förderung der sparsamen und rationellen Energieverwendung im Zweckartikel unserer Statuten verankert. Bei dieser Aufgabe darf die Elektrizität nicht isoliert betrachtet werden, denn Strom ist nur einer unter den verschiedenen Energieträgern. Energieprobleme müssen ganzheitlich angegangen werden. Unsere Kunden wollen nicht Strom. Die meisten von ihnen können mit Begriffen wie Volt, Ampere, Kilowatt und Kilowattstunde nichts anfangen. Die Elektrizität ist vielfach nur Mittel zum Zweck. Unsere Kunden wünschen Wärme, Licht, mechanische Arbeit. Das sind die wahren Bedürfnisse, die es zu befriedigen gilt. Und wir betrachten es als unsere Aufgabe, als moderner Energiedienstleister unseren Kunden zu zeigen, wie sie möglichst sicher, kostengünstig und umweltgerecht zu diesen Energiedienstleistungen kommen.

Die EBM hat gezeigt, dass die moderne Verbindung von Strom und Wärme ökologisch sinnvoll ist. Aber sind diese Technologien auch rentabel – für die EBM und für Ihre Kunden?

Beim Thema Wirtschaftlichkeit sind wir zugegebenermassen auf einer Gratwanderung. Kurzfristig kann man im Wärmegeschäft keine grossen Gewinne erwirtschaften. Der Aufbau von Wärmeversorgungen, von Fernwärmesystemen, ist äusserst kapitalintensiv – auch hier eine Ähnlichkeit zur Stromversorgung. Die EBM geht pragmatisch vor. Wir sind überzeugt, dass grössere Fernwärmesysteme nicht realisierbar sind. Heute gilt es, Rosinen zu suchen, Quartierwärmekollektive, die wirtschaftlich betrieben werden können. Und ähnlich wie bei der Stromversorgung ist es vielleicht einmal möglich, diese kleinen Insellösungen zu einem grösseren Wärmeverbund zusammenzuschliessen. Langfristiges Denken ist angesagt. Energie wird in den kommenden Jahrzehnten wohl kaum billiger werden. Ich bin überzeugt, dass sich der Einsatz für die sparsame und rationelle Energieverwendung in Zukunft bezahlt machen wird. Und auch unsere Kunden sind heute bereit, für ökologisch sinnvolle Projekte einen kleinen Mehrpreis zu leisten, als Investition in die Zukunft sozusagen.

Wie sieht denn die Kundenbeziehung der Zukunft aus? Geht ein zukünftiger Bauherr einfach zur Elektra Birseck und bestellt Wärme und Strom?

Selbstverständlich. Die Idee mag heute noch etwas revolutionär erscheinen. Aber wir bieten unseren Kunden bereits heute die Möglichkeit an, von uns im Sinne eines Gesamtangebotes Strom und Wärme zu beziehen. Wir wollen dabei individuell auf die Kundenwünsche eingehen und möglichst massgeschneiderte Pakete anbieten.

Massgeschneiderte Energiepakete

Im Rahmen solcher Gesamtangebote können sowohl die Administration als auch der technische Unterhalt der Anlagen kombiniert werden, was sich letztendlich auch auf den Preis auswirken sollte. Hier müssen wir allerdings noch besser optimieren. Entsprechende Pilotversuche laufen, und ich bin überzeugt, dass unser Angebot in wenigen Jahren für das Gros der Kunden attraktiv sein wird.

Jeder Betrieb braucht Wärme und Strom. Kann ein Unternehmer in Zukunft mit einem Energiebudget für ein bestimmtes Produkt zu Ihnen kommen und Ihnen die gesamte Energieversorgung übergeben, so dass er damit nichts mehr zu tun hat?
Wir wollen in Zukunft unser Angebot in dieser Richtung erweitern und Universaldienstleister für Energiefragen werden. Dabei gehen wir pragmatisch vor und profitieren von den bisherigen Erfahrungen. Unsere Installateure sind in der Lage, auch heikle und anspruchsvolle Elektroinstallationen in Industriebetrieben, beim Gewerbe und in Verwaltungsgebäuden auszuführen. Für Hochspannungskunden übernehmen wir auf Wunsch Betrieb und Unterhalt der betriebsinternen Hochspannungsanlagen und erledigen im Mandatsverhältnis die gesetzlich vorgeschriebenen Kontrollen. Der Kunde profitiert vom grossen Know-how unserer Planer und Monteure, aber auch von unserer Logistik, von unseren Materialreserven und von unserem 24-Stunden-Pikett.
Bereits heute versorgen wir Gewerbegebäude und Verwaltungsbauten mit Wärme, und unter dem Titel «Contracting» werden wir diese Wärmedienstleistungen für Industrie und Gewerbe weiter ausbauen und optimieren. Die Kundenberatung wird immer wichtiger. Unter dem allgemeinen Preisdruck versuchen die Industrie- und Gewerbebetriebe auch die Kosten für die Energieversorgung zu senken. Dabei erwarten sie unsere professionelle Unterstützung. Wir bieten allen Kunden eine Erst- und Vorgehensberatung. Dazu gehören auch Energieanalysen und Energiebuchhaltungen. Dank unserem breiten Allgemeinwissen sind wir in der Lage, einfachere Optimierungsprojekte selbständig auszuführen. Bei komplexen Produktionsprozessen stossen wir jedoch an unsere Grenzen. Hier ziehen wir spezialisierte Ingenieurunternehmen bei.

Die Industrie klagt öfter, die hohen Stromkosten in der Schweiz seien ein massiver Standortnachteil. Mit der geplanten Liberalisierung des Strommarktes soll ihr die Möglichkeit eröffnet werden, den Strom auf dem Markt bei einem beliebigen Anbieter einzukaufen. Ist die EBM als Anbieter hier überhaupt konkurrenzfähig?
Die Strompreise in der Schweiz liegen im internationalen Vergleich – insbesondere für Grosskunden – im oberen Bereich. Wir leiden beim Bau von Kraftwerken und Leitungen seit Jahrzehnten unter den überrissenen Auflagen. Zudem wird der Strom – von der Produktion bis hin zum Endverbraucher – mit einer Vielzahl von Abgaben belastet. Die Elektrizität wird in der Schweiz als «Milchkuh» missbraucht. Jeder vierte Franken geht als Abgabe an die öffentliche Hand. Hier gilt es, den Hebel anzusetzen. Im Sinne gleich langer Spiesse wie die ausländische Konkurrenz müssen die Auflagen und Abgaben in der Schweiz reduziert werden. Andernfalls riskieren wir, dass auch in unserer Branche Arbeitskräfte und Wertschöpfung ins Ausland verlagert werden.

DIE EBM UND DAS VERSORGUNGSMONOPOL.

Die geplante Liberalisierung soll die Monopole der Elektrizitätswerke aufbrechen und dem Wettbewerb zum Durchbruch verhelfen. Einige Werke haben Bedenken angemeldet. Wie sehen Sie die Entwicklung?
Ich reagiere auf den Vorwurf «Monopolist» allergisch: Wir Stromlieferanten sind keine Monopolisten. Unsere wichtigsten Vertragspartner sind die Gemeinden. Sie haben die Möglichkeit, den Konzessionsvertrag mit uns zu kündigen und einen andern Vertragspartner zu suchen oder die Stromversorgung auf ihrem Gemeindegebiet mit einem eigenen Regiebetrieb sicherzustellen. Jedermann steht es frei, selber Strom zu erzeugen. Und zudem kann Strom bei vielen Anwendungen durch andere Energieträger, zum Beispiel mit Öl oder Gas, substituiert werden. Der Markt spielt also in weiten Teilen bereits heute sehr gut. Aber es ist absehbar, dass der Wettbewerb bei der Stromversorgung härter wird. Die Europäische Union hat die Marktöffnung im Elektrizitätsbereich ab 1999 beschlossen, und auch in der Schweiz dürfte die Liberalisierung des Strommarktes nicht aufzuhalten sein. Die schweizerische Elektrizitätswirtschaft ist eng mit der europäischen Stromwirtschaft verflochten. Ein Alleingang der Schweiz im Elektrizitätsbereich ist undenkbar; die Folgen wären fatal.

Die EBM ist weder im internationalen Stromhandel tätig, noch verfügt sie über grössere eigene Kraftwerke. Läuft sie damit nicht Gefahr, zwischen den Grossen der Branche zerrieben zu werden?
Unsere Stärke ist die regionale Verankerung. Als Genossenschaft mit über 40 000 Genossenschaftern sind wir breit abgestützt. Die verschiedenen Kundengruppen – Industrie, Gewerbe, Haushalt und öffentliche Hand – sind in unseren Organen, der Delegiertenversammlung und dem Verwaltungsrat, ausgewogen vertreten. Unsere Geschäftspolitik entspricht dem Willen unserer Genossenschafter. Wir kennen unsere Kunden und deren Bedürfnisse, und wir können rasch und unkompliziert darauf eingehen. Unser Vorteil ist die Kundennähe.

In der Branche finden zurzeit enorme Konzentrationsprozesse statt. Ist die EBM auch längerfristig in der Lage, diesen Kräften zu trotzen, oder drängt sich nicht auch hier ein Schulterschluss mit starken Partnern – vielleicht in der Region – auf?
Die Elektrizitätswirtschaft in der Schweiz mit den rund 1200 Werken ist ein Abbild unserer föderalistischen Strukturen. Aber der Wettbewerbsdruck wird die bereits heute feststellbare Konzentrationstendenz noch verstärken und zu weiteren Flurbereinigungen führen. Die Zusammenarbeit mit andern Werken hat bei der EBM Tradition. Sowohl mit unseren Lieferanten als auch mit unseren Nachbarn pflegen wir seit vielen Jahren partnerschaftliche Beziehungen. Darauf wollen wir aufbauen. Mit dem Ziel, unsere Effizienz zu steigern und unsere Kosten zu senken, müssen Doppelspurigkeiten vermieden werden: indem man zusammen mit Nachbarwerken gleiche Aufgaben gemeinsam löst, und mit einer klaren Aufgabenteilung zwischen Produzent, Überlandwerk und Versorger.

Was passiert bei einer Liberalisierung eigentlich mit den mittleren und kleinen Kunden der EBM? Besteht nicht die Gefahr, dass sie zwischen Stuhl und Bank fallen?
Die einseitige Ausrichtung auf die Interessen der Grosskunden wäre kurzfristiges Denken. Wir sprechen von progressiver Marktöffnung. Langfristig sollen auch mittlere und sogar Kleinkunden Zugang zum Markt erhalten und von der Liberalisierung profitieren können. Eine langfristig erfolgversprechende Unternehmensstrategie muss deshalb die Interessen aller Kundengruppen ausgewogen berücksichtigen. In abgelegenen Gebieten ist die Infrastruktur für die Stromversorgung kostenaufwendiger. Hier wird die Elektra Birseck gefordert sein, trotzdem eine gute Stromversorgung zu akzeptablen Preisen anzubieten. Gerade im Interesse dieser Kunden ist es wichtig, dass die Abgaben an die öffentliche Hand auf ein vernünftiges Mass reduziert und keine zusätzlichen marktwidrigen Auflagen geschaffen werden. Sie müssten einseitig durch die Kunden in den Randregionen getragen werden.

Branchenkenner sind sich einig: Die Zeiten, als man noch grosse Kraftwerke bauen konnte, sind vorbei. Wie wollen Sie in Zukunft den Elektrizitätsbedarf Ihrer Kunden decken?
Bei der Strombeschaffung sprechen wir bei der EBM von drei Ebenen: lokale Produktion im Versorgungsgebiet mit dezentralen Kleinanlagen, Strombezug aus den regionalen Wasserkraftwerken am Rhein und Einkauf bei den Überlandwerken. Die lokale Produktion deckt heute etwa 6 Prozent des Strombedarfs. Die Lieferungen aus den Rheinkraftwerken Birsfelden und Augst, die wir uns vertraglich und mit Beteiligung langfristig gesichert haben, tragen knapp 15 Prozent bei. Rund 80 Prozent der Elektrizität müssen wir in unsere Region importieren.

Impulse für die Region

Zur Bedeutung der dezentralen Produktion: Die EBM hat früh damit begonnen, kleine Kraftwerksprojekte im Versorgungsgebiet aktiv zu fördern. Das gilt für die Wasserkraft, aber auch für Wärmekraftkopplung, Sonne und Biomasse. Sind Sie auf dem richtigen Weg?
Im Interesse einer ausreichenden, sicheren, kostengünstigen und umweltgerechten Stromversorgung müssen sowohl auf der Nachfrageseite als auch auf der Angebotsseite sämtliche Optimierungsmöglichkeiten ausgeschöpft werden. Mit ihrem Engagement zur Förderung der sparsamen und rationellen Energieverwendung leistet die EBM ihren Beitrag auf der Nachfrageseite. Aber auch auf der Angebotsseite gilt es, sämtliche Potentiale auszuschöpfen. Die EBM ist dabei offen und hilft mit, neue Wege zu beschreiten.

Bei all diesen dezentralen Produktionsformen stellt sich auch immer wieder die Frage der Wirtschaftlichkeit.
Man muss hier etwas differenzieren. Bei der Photovoltaik liegen die Produktionskosten heute etwa zehnmal höher als bei Grosskraftwerken. Eine eigentliche Anbauschlacht wäre verfrüht und wirtschaftlich nicht zu verantworten. Aber mit unseren Pilot- und Demonstrationsanlagen und mit unserer Sonnenstromaktion unterstützen wir die Weiterentwicklung dieser Technologie, mit der Hoffnung, dass dereinst – in vielleicht 30 oder 40 Jahren – die Solaranlagen einen substantiellen Beitrag an unsere Stromproduktion leisten können. Hingegen ist es bereits heute möglich, Wärmekraftkopplungsanlagen in der Industrie oder in dicht besiedelten Gebieten wirtschaftlich zu betreiben, wenn es gelingt, die dabei anfallende Wärme optimal zu verwerten. Auch unsere Kleinwasserkraftwerke und unsere Deponiegasverstromung sind wirtschaftlich vertretbar. In vielen Fällen können solche Anlagen auch die Funktion von Notstromgruppen übernehmen, und in ihrer Gesamtheit reduzieren sie unsere Abhängigkeit von ausserregionalen Lieferanten. Deshalb werden wir auch weiterhin in dezentrale Produktionsanlagen investieren und den Anteil der lokalen Produktion verstärken.
Aber wir dürfen uns keine Illusionen machen. Wir werden für die sichere Versorgung unserer über 100 000 Kunden auch langfristig auf Lieferungen aus Grosskraftwerken oder auf Stromimporte aus dem Ausland angewiesen sein.

Braucht die Schweiz also auch weiterhin Kernkraftwerke?
Unsere Kernkraftwerke leisten heute einen Beitrag von über 40 Prozent an die schweizerische Stromproduktion. Ähnlich wie im EBM-Versorgungsgebiet wird es in den kommenden Jahrzehnten auch landesweit nicht möglich sein, mit dezentralen Anlagen die Stromproduktion aus Kernkraftwerken wirtschaftlich vertretbar zu ersetzen. Deshalb sind wir weiterhin auf Strom aus Grosskraftwerken angewiesen.
Eine Alternative wären Stromimporte aus andern europäischen Ländern. Mit einer solchen Sankt-Florians-Politik könnten wir unser politisches Kernenergieproblem exportieren. Gleichzeitig würden wir damit aber auch Arbeitsplätze und Wertschöpfung ins Ausland verlagern und uns in weitere Abhängigkeiten verstricken. Eine andere Möglichkeit wären fossil gefeuerte Kraftwerke, allerdings verbunden mit der ganzen Umweltproblematik.

LANDSCHAFT UND MENSCHEN.
Fossil gefeuerte Kraftwerke belasten eine Region ganz erheblich. Man spürt Ihre Zurückhaltung. Dr. Hans Büttiker, was bedeutet Ihnen die EBM-Region?
Eine Region mit über 200 000 Menschen: eine wunderschöne Landschaft, die mir viel bedeutet. Ich wohne hier und fühle mich hier zu Hause, und privat bin ich selbstverständlich Genossenschafter und Kunde der Elektra Birseck. Meine beruflichen Aufgaben bringen mir vielfältige Kontakte, und im Verlaufe der Jahre habe ich Land und Leute kennen- und schätzengelernt.

DIE EBM IN DER REGION.

Welche Impulse für die Region sind in der Zukunft von Ihrem Unternehmen zu erwarten?
Strom und Wärme. Unter diesem Titel werden wir unseren Kunden in Zukunft eine massgeschneiderte Energieversorgung anbieten. Dabei sind wir offen, neue Wege zu beschreiten, und leisten für die Entwicklung neuer Technologien unseren Beitrag. Zudem sind wir bereit, weitere Aufgaben zu übernehmen, bei denen wir unsere Erfahrung und unsere Infrastruktur optimal einbringen und Synergien nutzen können. Ich denke dabei auch an eine stärkere Zusammenarbeit mit unseren Konzessionsgemeinden, zum Beispiel im Wasser- und Abwasserbereich, bei der Entsorgung oder bei der Informatik für die Administration.

Die Gemeinden sind wichtige Vertragspartner. Wie beurteilen Sie das Verhältnis der EBM zu den Kommunen?
Die Pflichten und Rechte für die Stromversorgung sind im Konzessionsvertrag geregelt. Als Entgelt für die Durchleitungsrechte auf öffentlichem Grund erhalten die Gemeinden jährlich eine Konzessionsabgabe. Wir bauen unser Stromversorgungsnetz kontinuierlich aus. Dabei sind Zielkonflikte mit Anwohnern und Gemeinden unvermeidbar. Aber bis jetzt ist es uns immer wieder gelungen, zusammen mit den Beteiligten allseits befriedigende Lösungen zu finden. Das Verhältnis zu unseren Konzessionsgemeinden ist gut. Wir pflegen mit ihnen den Dialog auf verschiedenen Ebenen, und ich könnte mir durchaus vorstellen, dass wir die Zusammenarbeit in Zukunft auch auf andere Bereiche ausdehnen.

Ein Teil des Versorgungsgebietes der EBM liegt im Elsass, im Ausland.
Die Stromversorgung der 12 Gemeinden im Elsass durch die Elektra Birseck hat sich in den vergangenen 90 Jahren bewährt, sogar während der beiden Weltkriege. Wir haben vor wenigen Jahren die Konzessionsverträge für weitere 30 Jahre unterzeichnet. Unsere französischen Nachbarn sind in unserer Genossenschaft vollkommen gleichberechtigt und in unserer Delegiertenversammlung und in unserem Verwaltungsrat vertreten.
Die grenzüberschreitende Zusammenarbeit hat in unserer Region Tradition. Wir beschäftigen in Saint-Louis 20 Mitarbeiterinnen und Mitarbeiter, die bei uns nach französischem Arbeitsrecht angestellt sind. Die tägliche Zusammenarbeit ist in der Regel unproblematisch.

Die EBM beschäftigt derzeit fast 400 Mitarbeiterinnen und Mitarbeiter in den verschiedensten Berufen und ist ein wichtiger Arbeitgeber in der Region. Fast in allen Branchen werden Stellen abgebaut. Auch bei der EBM?
Im Interesse unserer Kunden ist es unsere Pflicht, unsere Dienstleistungen möglichst kostengünstig zu erbringen. Sparen und Rationalisieren sind Daueraufgaben, welche zum Teil auch mit Stellenabbau verbunden sein können. Mit zusätzlichen Dienstleistungen streben wir aber ein moderates Unternehmenswachstum an. Mit diesen neuen Tätigkeiten schaffen wir neue Arbeitsplätze, die voraussichtlich die in den herkömmlichen Bereichen eingesparten Stellen mehr als nur wettmachen.
Die gradlinige Personalpolitik der EBM hat sich längst bezahlt gemacht. Wir können auf viele erfahrene und einsatzfreudige Mitarbeiterinnen und Mitarbeiter zählen. Ich bin stolz auf sie. Ob Kader, Handwerker oder Verwaltungsangestellte: ich kann mich auch in Extremsituationen auf sie verlassen. Deshalb werde ich mich persönlich dafür einsetzen, dass die Elektra Birseck für sie auch in Zukunft ein fairer und verlässlicher Arbeitgeber bleibt.

Werfen wir zum Schluss einen Blick zurück und einen in die Zukunft: Wenn Sie die 100 Jahre der EBM überblicken, glauben Sie, die Gründer Stefan Gschwind und Fritz Eckinger wären mit der Elektra zufrieden? Und wie wird sich die EBM bis in 25 Jahren verändern?
Stefan Gschwind, der Politiker, und Fritz Eckinger, der Ingenieur, wären sicherlich stolz auf die EBM. Ihre Vision ist Realität geworden. Mit der Stromversorgung hat die Genossenschaft einen wesentlichen Beitrag an die Entwicklung unserer Region geleistet. Dabei ist es der EBM immer wieder gelungen, mit Neuerungen Schritt zu halten und sich den veränderten Rahmenbedingungen anzupassen.
Der fortschrittliche Geist der EBM-Gründer hat sich bis heute erhalten. Und auch die Gründungsidee ist bis heute leitend geblieben: mit der Genossenschaftsform allfällige Unternehmensgewinne an die Allgemeinheit zurückzugeben. Mit der Liberalisierung der Strommärkte stehen wir vor der wohl wichtigsten Weichenstellung in der Geschichte der EBM. Der Markt wird zukünftig ein forscheres Tempo diktieren. Rasche Entscheidungsprozesse sind von vitaler Bedeutung. Als Genossenschaft werden wir uns von alten Zöpfen und liebgewonnenen Gewohnheiten trennen müssen. Aber ich bin zuversichtlich. Im Verlaufe unserer 100jährigen Geschichte haben wir uns angeeignet, Aufgaben und Probleme auf unkonventionelle Art anzupacken und ausgefahrene Geleise zeitgerecht zu verlassen. Die Elektra Birseck steht heute auf gesunden Beinen und ist fit, sich in einem härteren Umfeld zu behaupten.
«Energie Bewegt Menschen» lautet unser Jubiläumsmotto. Es wird für die Elektra Birseck über das Festjahr hinaus Gültigkeit haben und für die Mitarbeiterinnen und Mitarbeiter in der täglichen Arbeit weiterleben. ▲

Glossar

ENERGIE VON A BIS Z.

Abgase sind gasförmige Stoffe, die bei Verbrennungsprozessen in Feuerungsanlagen der Haushalte, Industrie und in Verbrennungsmotoren entstehen. Je nach Art des eingesetzten Brennstoffs enthalten sie unterschiedliche Anteile an Stickoxiden, Schwermetallstaub, Kohlenwasserstoffen, Kohlenmono- und -dioxid, Wasserdampf, Russ, Schwefelverbindungen u.a.

Abwärmenutzung nennt man die Nutzung der bei allen Prozessen der Energieumwandlung entstehenden Abwärme. Bei relativ hohem Temperaturniveau kann die Abwärme direkt für die Raumheizung nutzbar gemacht werden. Eine Verwertung von Abwärme bei niedrigem Temperaturniveau kann in der Regel nur durch Abwärmeaufwertung, zum Beispiel durch Wärmepumpen, für die Raumheizung bewerkstelligt werden. Ein grosses Problem bei der Abwärmenutzung ist die Ungleichheit zwischen den Orten und Zeiten des Abwärmeanfalls und dem Bedarf an Wärme. Über Wärmespeicher und Wärmeverbundnetze kann dieses Problem teilweise gelöst werden.

Anschlusswert heisst die Summe der Nennleistungen aller an einer Kundenanlage angeschlossenen Verbrauchseinrichtungen. Der Anschlusswert wird in Kilowatt (kW) oder Kilojoule pro Sekunde (kJ/s) angegeben.

Ampere (A) ist die Masseinheit für die Stromstärke. Damit wird die Menge der elektrischen Ladungen bezeichnet, die je Zeiteinheit durch den Querschnitt eines Leiters fliesst. Rechnerisch ergibt sich die Stromstärke aus dem Verhältnis von Spannung zu Widerstand (Ohm'sches Gesetz). Eine 100-Watt-Glühlampe hat 0,45 Ampere, eine elektrische Kochplatte rund 5 bis 10 und eine Hochspannungsleitung rund 1000 A. Benannt ist die Einheit nach dem französischen Physiker und Mathematiker André Marie Ampère (1775–1836).

Beleuchtung war historisch gesehen der erste grosse Einsatzbereich für elektrische Energie. Auch heute ist elektrisches Licht für viele der Inbegriff des Stroms schlechthin. Mengenmässig stimmt das allerdings schon lange nicht mehr: In einem Durchschnittshaushalt entfallen unter 5 Prozent des Stromverbrauchs auf das Licht. Die Masseinheit für die Beleuchtung ist das Lumen (lm). Während eine 40-Watt-Glühlampe eine Lichtleistung von 430 lm erbringt, liegt bei einer 40-Watt-Energiesparlampe je nach Lichtfarbe die effektive Leuchtleistung bei 1600 bis 3200 lm. Mit gleich viel Strom lässt sich also 3- bis 7mal soviel Helligkeit erzeugen.
Eine stimmungsvolle und ausreichende Beleuchtung trägt wesentlich zum psychischen Wohlbefinden bei und verhindert Unfälle.

Biogas ist ein Brennstoff, der beim Verfaulen organischer Stoffe unter Sauerstoffausschluss entsteht. Das Gas setzt sich aus ca. 65% Methan, 30% Kohlendioxid und je 2% Stickstoff und Wasserstoff zusammen. Der Heizwert von Biogas beläuft sich auf 4 bis 7 kWh/m^3 Gas. Die EBM nutzt das Biogas aus der Kehrichtdeponie in Liesberg zur Stromherstellung.

Blockheizkraftwerke, auch Wärme-Kraft-Kopplungs-Anlagen (WKK) genannt, sind kleine Kraftwerke, bei denen der Generator für die Stromerzeugung nicht von einer Turbine, sondern von einem stationären Gasmotor angetrieben und das Kühlwasser bzw. die Abgaswärme gleichzeitig zu Heizzwecken genutzt wird. WKK-Anlagen eignen sich zur Wärmeversorgung einzelner Objekte oder Siedlungen, wobei der überschüssige Strom ins EBM-Netz zurückgespiesen wird. Die EBM bietet im Rahmen ihrer Wärmedienstleistungen verschiedene WKK-Pakete an. Der Vorteil von WKK-Anlage kombiniert mit Elektrowärmepumpe liegt insbesondere in ihrem konkurrenzlos hohen Nutzungsgrad und damit in ihrer Umweltfreundlichkeit.

Drehstrom ist im Sprachgebrauch die übliche Bezeichnung für Drei-Phasen-Strom mit einer Spannung von 380 Volt. Elektrische Verbrauchsgeräte mit hohem Anschlusswert werden an alle drei Phasen des Stromnetzes angeschlossen.

Elektrizität ist die Gesamtheit aller Erscheinungen, die auf ruhende oder bewegte elektrische Ladungen zurückzuführen sind. Zwischen entgegengesetzt geladenen Körpern besteht eine elektrische Spannung. Werden sie durch einen elektrischen Leiter verbunden, gleichen sich die Ladungen aus – es fliesst ein elektrischer Strom. Bewegte elektrische Ladungen erzeugen ein magnetisches Feld. Umgekehrt sind elektrische Ladungen durch magnetische Kräfte beeinflussbar. Auf dieser elektromagnetischen Wechselwirkung beruht z. B. das Prinzip des Elektromotors, des Generators und des Transformators.

Elektrowärmepumpen erschliessen Abwärme und Umgebungswärme und machen sie zu Heizzwecken nutzbar. Wärme ist in der Umwelt immer vorhanden. Wärmepumpen sparen Energie, verringern die Abhängigkeit vom Ölimport und sind in der Schweiz praktisch CO_2-neutral. Das Prinzip der Wärmepumpen gleicht einem umgekehrten Kühlschrank. Dabei entspricht die kalte Seite des Kühlschrankes dem Wärmetauscher ausserhalb des Hauses; er entzieht der Umgebung Wärme. Auf der warmen Seite wird die Wärme im Hausinneren wieder abgegeben. Wärmepumpen erfreuen sich in der Schweiz steigender Beliebtheit.

Energie ist das in einem Körper oder Stoff gespeicherte Vermögen, Arbeit zu verrichten oder Wärme abzugeben. Sie wird in Watt (W) oder Joule (J) mal Zeiteinheit gemessen. Die gebräuchlichste Masseinheit ist die Wattstunde (Wh), die einem Watt Arbeit während einer Stunde entspricht. Energie kann weder erzeugt noch vernichtet werden (Energieerhaltungssatz), sie kann lediglich ihre Erscheinungsform ändern. In thermischen Kraftwerken z.B. wird die chemisch gespeicherte Energie im Brennstoff zuerst in Wärme verwandelt (Verbrennung). Diese dient dazu, die Turbine anzutreiben (kinetische Energie). Im Generator erst entsteht der Strom.

Erdgas, Erdöl und Kohle sind fossile Energieträger. Sie sind im Lauf von Jahrmillionen bei der Verrottung von Pflanzen und Bakterien unter Luftabschluss entstanden und können nicht erneuert werden. Bei der Verbrennung fossiler Energieträger entsteht unterschiedlich viel CO_2, das nach neueren wissenschaftlichen Erkenntnissen zum «Treibhauseffekt» führen kann.
Deshalb sind derzeit Bestrebungen im Gang, die Nutzung dieser Energieträger weltweit einzuschränken. Ein Weg dazu ist die effizientere Anwendung dieser Energieträger, z. B. in Wärme-Kraft-Kopplungs-Anlagen oder in sparsameren Autos.
Dennoch ist Erdöl in der Schweiz nach wie vor der quantitativ mit Abstand wichtigste Energieträger.

Generatoren sind Anlagen zur Umwandlung von Bewegungsenergie in elektrischen Strom durch Induktion, d.h. durch Rotationsbewegungen elektrischer Leiter in einem elektrischen Feld. Moderne Generatoren verfügen über einen Wirkungsgrad von rund 99 Prozent.

Gleichstrom ist elektrischer Strom, der stets in gleicher Richtung fliesst. Im Gegensatz dazu ändert der Strom im Haushalt pro Sekunde 100mal die Fliessrichtung.

Joule (J) ist die Masseinheit der elektrischen Arbeit und der Wärmemenge. Benannt ist sie nach dem englischen Physiker J. P. Joule (1818–1889). 1 Joule entspricht einer Wattsekunde, d. h. der Arbeit, die ein elektrischer Strom bei 1 Volt Spannung und 1 Ampere Stärke in einer Sekunde verrichtet.

Kernenergie ist Energie, die durch Spaltung von Atomkernen freigesetzt wird. Die Energiegewinnung durch Kernspaltung wird heute vor allem zur Stromerzeugung in Kernkraftwerken genutzt. In der Schweiz stammen rund 40 Prozent des Stroms aus Kernkraftwerken.

Kohlendioxid (CO_2) ist ein farb- und geschmackloses Gas. Es wird von Menschen und Tieren als Stoffwechselprodukt ausgeatmet und von den Pflanzen durch Photosynthese zum Aufbau der Pflanzensubstanz absorbiert. Ausserdem entsteht CO_2 überall dort, wo kohlenstoffhaltige

Quellen-/Literaturverzeichnis

Stoffe verbrannt werden. Die grössten Emissionen entstehen derzeit durch die Verbrennung von Erdgas, Erdöl und Kohle. Sie sind deshalb problematisch, weil die Pflanzen nicht in der Lage sind, das zusätzliche CO_2 zu absorbieren, und deshalb die Konzentration in der Atmosphäre kontinuierlich ansteigt. Wissenschaftler befürchten, dies könnte auch zu einem Ansteigen der globalen Temperatur und damit zum «Treibhauseffekt» führen.

Notstromaggregate sind in der Regel von einem Motor angetriebene Kleinkraftwerke zur Stromerzeugung bei Leitungsunterbrüchen. Sie finden vor allem in Krankenhäusern und Firmen Verwendung, die auf eine unterbrechungsfreie Stromversorgung unbedingt angewiesen sind.

Regenerative Energien sind Energieformen, die von der Natur immer wieder neu gebildet werden. Technisch genutzt werden neben Sonnenenergie derzeit vor allem Wind, Biomasse, Biogas und Gezeiten. Auch die Wasserkraft ist eine regenerative Energie. Rund 60 Prozent des Schweizer Stroms stammen aus dieser Quelle.

Solaranlagen sind Einrichtungen zur direkten Nutzung der Sonneneinstrahlung. Photovoltaische Anlagen (PV) erzeugen aus den Sonnenstrahlen direkt elektrische Energie, thermische Solaranlagen dagegen Wärme. Die EBM fördert seit Jahren die Nutzung der Sonne als Quelle zur Strom- und Wärmeerzeugung.

Spannung wird in Volt (V) gemessen. Spannung besteht zwischen zwei Körpern mit unterschiedlicher Ladung. Werden sie durch einen Leiter verbunden, gleichen sich die Ladungen aus: Es fliesst ein Strom. Die Energie, die den Strom treibt, ist gleich der Arbeit, die gebraucht wurde, um die Ladungen auf die Körper zu bringen.

Transformatoren bringen Wechselströme von einer Spannungsebene auf eine andere. Um Verluste bei der Übertragung zu vermindern, wird Strom auf lange Distanzen mit sehr hoher Spannung transportiert. Mehrere Transformatorstufen sind nötig, damit dieser Strom in der Haushaltsspannung in die Steckdose gelangen kann.

Turbinen sind Maschinen, die Energie von Dampf, heissen Gasen, Wind oder strömendem Wasser in die drehende Bewegung eines Läufers umwandeln. Die Welle des Läufers ist dazu in der Turbine mit Turbinenschaufeln bestückt und wird ausserhalb der Turbine mit einem Generator zur Stromerzeugung gekoppelt.

Umspannwerke sind Anlagen, in denen mittels grosser Transformatoren Drehstrom hoher Leistung aus dem Hochspannungsnetz ins Mittelspannungsnetz und umgekehrt «übertragen» wird. Zu einem Umspannwerk gehören umfangreiche Schalt- und Sicherungsanlagen.

Volt (V) ist die Masseinheit der elektrischen Spannung und wurde nach dem italienischen Naturforscher Alessandro Volta (1745–1827) benannt. Im Haushalt sind Spannungen von 230 und 400 Volt üblich. Hochspannungsleitungen werden mit Spannungen von 220 000 bis 380 000 Volt betrieben.

Wasserkraftwerke machen aus fliessendem Wasser Strom. Grob lassen sie sich in Lauf- und Speicherkraftwerke unterteilen. Laufkraftwerke, z. B. an Flüssen, nutzen die dauernde Fliessbewegung des Wassers bei relativ geringem Druck. Dagegen arbeiten Speicherkraftwerke mit sehr hohem Druck. Das Wasser lagert in einem Stausee und kann je nach Bedarf in die Turbinen gelenkt werden. Speicherkraftwerke sind deshalb wichtige Spitzenbrecher in der Schweizer Elektrizitätsversorgung. 60 Prozent des Schweizer Stroms stammen aus Wasserkraftwerken.

Wechselstrom ist Strom, bei dem der Plus- und Minus-Pol ständig wechseln. Die Elektronen im Leiter fliessen deshalb ständig vor und zurück. In der Schweiz wechselt der Strom 100mal pro Sekunde seine Richtung. Als Masseinheit gilt hier das Hertz (Hz): 2 Richtungswechsel, d.h. eine vollständige Schwingung in einer Sekunde, entsprechen 1 Hertz. Der Schweizer Haushaltstrom schwingt demnach mit 50 Hertz.

Wirkungsgrad nennt man die bei einer Energieumwandlung gewonnene Energie im Verhältnis zu der aufgewendeten Energie. Der Wirkungsgrad ist immer kleiner als 1, da in der Praxis immer Verluste z. B. in Form von Abwärme, auftreten. Der Wirkungsgrad eines Heizkessels gibt z. B. an, welcher Anteil der im Brennstoff (chemisch) vorhandenen Energie bei der Verbrennung ausgenutzt wird (z. B. 83%).

BILDNACHWEIS.

Archiv EBM: Einband, 56 (2), 57, 59, 61, 62, 64, 67, 68, 69, 70, 74, 76, 82, 86, 88, 96, 102, 107, 112, 114, 115, 116, 117, 131, 135, 136, 139, 142, 170, 174, 177, 178 (3), 180, 181 **Archiv Atel:** 94, 133, 110 **Archiv INFEL:** 104, 147, 165, 166, 168 **Emanuel Ammon/AURA:** 154, 168, 170 **Bildagentur Baumann:** Einband **Blue Planet/R. Kaufmann:** 9 **H. R. Bramaz:** 182 **Roland Buergi:** 147, 165, 180 **Comet:** 140 **DesAir-Foto:** 151 **Hugo Jaeggi:** 6, 144, 184, 186, 188 **Foto Rolf Jeck:** 118, 122 **INSAT:** 54/55 **Keystone:** 92, 124, 128, 141, 143, 152, 153, 158, 182 **Novartis:** 165 **Christian Perret:** 174, 177 **RDZ:** 146, 156, 157 **Siemens:** 173 **Stadtarchiv Saint-Louis:** 98 **Marcel Studer:** 9 **Niklaus Waechter/AURA:** 166

QUELLEN- UND LITERATURVERZEICHNIS.

Schriftliche Quellen:

▲ Elektra Birseck, Münchenstein: Geschäftsberichte 1897–1996.
▲ Elektra Birseck, Münchenstein: Sitzungsprotokolle des Verwaltungsrates 1897–1997.

Literatur:

▲ Birkhäuser, Kaspar et al. 150 Jahre Saline Schweizerhalle 1837 bis 1987. Quellen und Forschungen zur Geschichte und Landeskunde von Basel-Landschaft, Band 28. Liestal 1987.
▲ Blumer-Onofri, Florian. Die Elektrifizierung des dörflichen Alltags. Eine Oral-History-Studie zur sozialen Rezeption der Elektrotechnik im Baselbiet zwischen 1900 und 1960. Quellen und Forschungen zur Geschichte und Landeskunde von Basel-Landschaft, Band 47. Dis.: Liestal 1994.
▲ Eckinger, Friedrich. 50 Jahre Elektra Birseck. Münchenstein 1946.
▲ Das Elektrizitätswerk Basel. Rückblick auf die Jahre 1899–1949. Basel 1949.
▲ Felber, Jakob. 50 Jahre Elektra Baselland 1898–1948: Festschrift zum 50jährigen Jubiläum. Liestal 1948.
▲ Frei Heitz, Brigitte. Industriearchäologischer Führer Baselland. Basel 1995.
▲ Golder, Eduard. 100 Jahre Birswuhr 1884–1984: Die Geschichte eines Bauwerks. Basel 1984.
▲ Grieder, Fritz. Glanz und Niedergang der Baselbieter Heimposamenterei im 19. und 20. Jahrhundert: Ein Beitrag zur wirtschaftlichen, sozialen, kulturellen und politischen Geschichte von Baselland. Liestal 1985.
▲ Gugerli, David. Redeströme: Zur Elektrifizierung der Schweiz 1880–1914. Habil.: Zürich 1996.
▲ Gugerli, David (Hg.). Allmächtige Zauberin unserer Zeit: Zur Geschichte der elektrischen Energie in der Schweiz. Zürich 1994.
▲ Müller, Gregor. Die Elektrifizierung des Kantons Baselland und der Heimindustrie der Seidenbandweberei 1895–1914. Liz.: Basel 1984.
▲ Ramseier, Walter et al. Münchenstein: Heimatkunde. 2 Bände. Arlesheim 1995.
▲ Rosenfeld, Lotte. Stefan Gschwind – ein Genossenschaftspionier. Basel 1968.
▲ Weisz, Leo. 50 Jahre Metallwerke AG, Dornach 1895–1945. Dornach 1949.
▲ Wyssling, Walter. Die Entwicklung der schweizerischen Elektrizitätswerke und ihrer Bestandteile in den ersten 50 Jahren. Zürich 1949.